信仰的力量

追寻泉州革命烈士心迹

汪冠峰　主编

中共泉州市委党史和地方志研究室
泉州市社会科学界联合会　编
泉州市闽浙赣边区革命史研究会

图书在版编目(CIP)数据

信仰的力量：追寻泉州革命烈士心迹 / 汪冠峰主编；中共泉州市委党史和地方志研究室，泉州市社会科学界联合会，泉州市闽浙赣边区革命史研究会编. -- 厦门：厦门大学出版社，2024.7. -- ISBN 978-7-5615-9443-8

Ⅰ. K820.6

中国国家版本馆CIP数据核字第2024CD1333号

责任编辑	薛鹏志　陈金亮
美术编辑	张雨秋
技术编辑	朱　楷

出版发行　厦门大学出版社
社　　址　厦门市软件园二期望海路39号
邮政编码　361008
总　　机　0592-2181111　0592-2181406(传真)
营销中心　0592-2184458　0592-2181365
网　　址　http://www.xmupress.com
邮　　箱　xmup@xmupress.com
印　　刷　厦门市明亮彩印有限公司

开本　720 mm×1 000 mm　1/16
印张　17.25
字数　280千字
版次　2024年7月第1版
印次　2024年7月第1次印刷
定价　78.00元

本书如有印装质量问题请直接寄承印厂调换

厦门大学出版社
微信二维码

厦门大学出版社
微博二维码

谨 以 此 书 献 给

中华人民共和国 75 周年华诞

信仰的力量

编委会

顾　　问：洪泽生
主　　任：周顺安
副 主 任：李培德　蔡琦瑜　叶芬蓉　王素华
主　　编：汪冠峰
编　　委：朱定波　朱清辉　陈小钢　汪冠峰
　　　　　和秀鹏　郑梅聪
编　　审：和秀鹏　郑新锋　林明华
编　　辑：李园春　朱定波　陈小钢　林丽珠

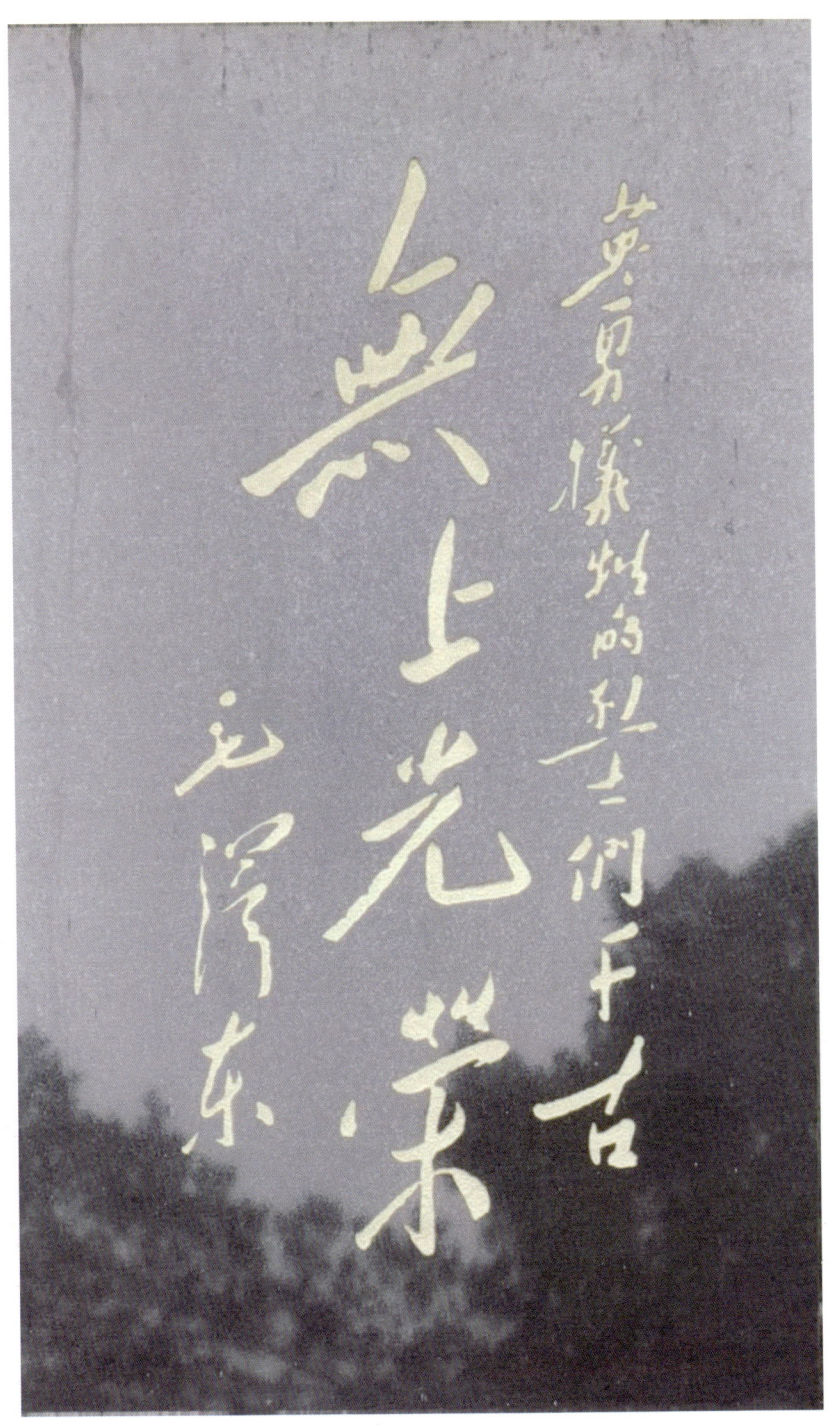

1952年11月,毛泽东为革命烈士题词"英勇牺牲的烈士们千古　无上光荣"

泉州市革命烈士纪念碑,主碑正面由中共中央政治局原委员、全国人大常委会原副委员长彭冲题词"革命烈士永垂不朽",背面由原中顾委委员、福建省委书记项南题词"功垂千秋,气贯长虹"

前 言

习近平总书记指出，信仰、信念、信心，任何时候都至关重要。小到一个人、一个集体，大到一个政党、一个民族、一个国家，只要有信仰、信念、信心，就会愈挫愈奋、愈战愈勇，否则就会不战自败、不打自垮。

泉州有着光荣的革命历史，泉州人民富有光荣的革命传统。在中国共产党领导的新民主主义革命斗争中，涌现出一大批党的优秀儿女。他们坚定践行入党誓言，踔厉奋发，前仆后继，以信仰挺起民族脊梁，以热血染红党的旗帜，以生命谱写壮丽史诗，从而竖起一座座不朽的历史丰碑，铸成共和国的坚强基石。

"历史是一面镜子。"为缅怀革命先烈的丰功伟绩，让新时代广大干部群众特别是青少年牢记历史，铭记英雄，以先烈为榜样，把红色基因一代代传下去，中共泉州市委党史和地方志研究室、泉州市社会科学界联合会、泉州市闽浙赣边区革命史研究会联合编纂出版《信仰的力量：追寻泉州革命烈士心迹》一书，向中华人民共和国75周年华诞献礼。在编纂过程中，我们从新民主主义革命时期泉州党史宝库中，撷取53位具有代表性的泉州革命烈士，追寻他们的革命心迹，挖掘他们的遗言、遗作、照片、革命遗址和革命故事，再现烈士光辉形象，突显信仰的力量。

在这53位革命先烈中，有骨香梓里、血溅桐城的永春农运先驱张大宣；有呕心沥血、献身革命的惠安起义红军总指挥陈平山；有浩劫摧磨志不灭的惠安红军团长蓝飞鹤；有"永春党的灵魂"、安南永德革命根据地创始人李南金；有戎马倥偬任几载、不屈英名万里传的红二支队创始人陈凤伍；有高呼"没有国，哪有家"的共青团福建省委书记董云阁；有高风亮节、史册留名的安南永德苏区党政军领导者李剑光；有钟山英魂、把生命献给人民解放事业的中共闽南特委书记李刚；有从目不识丁的农家妇女成长为妇女部长、手擎双枪驰骋疆场的巾帼英雄曾奎；有参加二万五千里长征的新四军政治部组织部长李子芳；有不畏艰难、踏遍青山，开辟省委南迁德化安全通道的中共泉州工委特派员吴天亮；有奋斗不息、铮铮铁骨的安南同边区武工队长林水芸；等等。书中一个个鲜活感人的革命事迹，一幕幕金戈铁马的斗争场面，让我们跨越时空，与先烈们进行一场"信仰信念信心"的对话。英雄的故事向我们昭示了一个深刻的道理："认识真理、掌握真理、捍卫真理，是坚定理想信念的精神前提。"这些顶天立地、宁折不弯的革命壮士，正是因为有了"认识真理、掌握真理、捍卫真理"的英雄底色，才有"石可破而不可夺坚，丹可磨而不可夺赤"的英雄豪气。他们视死如归的英雄壮举和义薄云天的革命豪情，时刻闪烁着真理与信仰的光芒，成为"指引和支撑中国人民站起来、富起来、强起来的强大精神力量"。

  本书以烈士牺牲时间为顺序，将先烈可歌可泣的英勇事迹分别整理，集编成书，旨在为讲好英雄的故事、革命的故事、共产党的故事、中国的故事提供具有地方特色的红色教材。泉州市老领导、闽浙赣边区革命史研究会顾问及相关单位为本书出版工作提出不少具有指导性的意见和建议，有关部门为本书出版给予鼎力资助，主创者和出版社编辑为保证成书质量做出无私奉献，从而保障了本书的顺利付梓。在此一并表示诚挚谢意。由于参考资料不足，编写水平有限，难免有不到之处，敬请读者批评指正。

编者

2023 年 10 月

目 录

骨香梓里，血溅桐城
　　——记永春农民运动先驱张大宣……………………………001

青春热血写春秋
　　——记对党忠诚、勇敢的活动家李文墨……………………007

为信仰而生，为信仰而死
　　——记革命知识青年陈琨………………………………………011

浩劫摧磨志不灰
　　——记惠安畲族英烈蓝飞鹤……………………………………016

意志比钢坚，信念比命贵
　　——记赤胆英雄林权民…………………………………………020

革命征途何惧死
　　——记惠北工农革命领导者吴敦仁……………………………024

头可断，志不可改
　　——记智勇双全的神枪手陈平山………………………………028

为农运奋斗不息
　　——记永春"东区赤子"颜步青…………………………………037

以文载道，战斗不息
　　——记安南永德苏区主要创始人李南金…………………………043

人民的疾苦就是我的疾苦
　　——记兢兢业业的革命播种人郭节………………………………048

为革命鞠躬尽瘁
　　——记永春"大虫"李永康…………………………………………052

没有国，哪有家
　　——记觉醒年代的革命先驱董云阁………………………………056

1

为人民利益，死而无怨
　　——记山城革命先驱郭子仲···059

男扮女装干革命
　　——记山乡革命烈火助燃者颜湖·······································062

热血扫平净光明
　　——记"雷公队长"陈凤伍···067

竭诚无私，忠于革命
　　——记安南永德苏区军事领导骨干李世全·························072

弃暗投明闹革命
　　——记安南永德苏区优秀军事干部黄福廷·························074

生命不息，战斗不止
　　——记官桥区革命委员会主席傅有智·································078

心甘情愿为人民
　　——记能文善武"大目黄"黄英··082

胜利一定是我们的
　　——记党的殷殷赤子曹海···087

铿锵誓言耀丹心
　　——记优秀的共产主义战士张德秀·····································089

只留清白在人间
　　——记永春党组织杰出领导者吴国清·································094

坚持到最后胜利
　　——记坚强英勇的游击队长颜泗德·····································099

军政兼优创苏区
　　——记安南永德苏区杰出领导人李剑光·······························104

执教鞭举红旗
　　——记革命火种的播撒者陈仲琪·······································113

跟着共产党走
　　——记赤诚为党的先锋战士李嘉宾·····································115

目 录

头可断，志不移
　　——记视死如归的革命者林多奉 ······ 117

热血洒榕桥，英风流千古
　　——记置生死于度外的革命英杰王村生 ······ 119

救民于水火
　　——记正气凛然的革命英雄林师柴 ······ 124

威震晋南，浩气长存
　　——记骁勇善战的晋南游击队队长尤大斧 ······ 126

用青春和信仰凝成生命慨歌
　　——记永春革命女杰李素明 ······ 131

枪林弹雨中捍卫革命理想
　　——记党的忠诚战士刘由 ······ 135

组织已决定，刀山也得上
　　——记革命添薪者卢明堂 ······ 141

小小红星放光芒
　　——记永不褪色的革命者叶忠 ······ 147

心中有党，永不迷失方向
　　——记钟山英魂李刚 ······ 151

上刀山下火海，也无所畏惧
　　——记奔国难为群黎的赤子许运伙 ······ 162

以服务人民为己任
　　——记模范县委书记吴永乐 ······ 169

赤子热血染山河
　　——记菲华英杰沈尔七 ······ 175

铁军战士筑丰碑
　　——记革命知识分子楷模李子芳 ······ 180

舍小家为大家
　　——记百折不挠的革命者李昭秀 ······ 190

赤胆丹心为革命
　　——记永德大地区特派员吴天亮 ································· 195

一片丹心照汗青
　　——记毓斌师魂林伯祥 ··· 203

赤忱系南国，热血洒北疆
　　——记八路军优秀军事干部林刚中 ································· 209

舍生忘死为革命
　　——记晋江沿海区党组织负责人刘廷都 ······························ 212

气昭日月，笔挟风霜
　　——记坚贞不渝的革命英杰郑家玄 ································· 216

走一村红一点，走一路红一片
　　——记开拓革命新区的能手黄竹禄 ································· 225

用生命点亮革命火把
　　——记南同边区党组织负责人陈火把 ······························· 230

为妇女解放而斗争
　　——记安南永德苏区妇女会主席曾奎 ······························· 233

青春无悔报祖国
　　——记践行誓言的光辉典范郑成竹 ································· 237

淬英雄之心，铸革命精神
　　——记智勇双全的指挥员陈绍痕 ··································· 241

壮志豪情踏山河
　　——记命途多舛的"特别党员"张强 ································· 245

为信念而死，死得光荣
　　——记安南同边区党组织负责人林水芸 ······························ 250

刚直豪爽，以身许国
　　——记深受拥戴的教导员王福庆 ··································· 255

参考文献 ··· 260

骨香梓里，血溅桐城

——记永春农民运动先驱张大宣

大得民心骨香梓里，
宣传农运血溅桐城。

这是泉州农民运动的先驱、永春县农民协会首任主任、中共党员张大宣牺牲后，社会各界为其举行追悼大会上的挽联之一，是对张大宣一生的确切评价。

张大宣烈士

张大宣，小名张端峭，1903年9月出生于永春鳌峰乡鳌西村一个书香门第。他13岁丧母，14岁失怙，遗下其兄妹3人，由继母养大。张大宣从小聪明过人，学习勤奋，生活俭朴，为人忠厚，伯父张顺璠很器重他，在经济上给予其接济，支持他和弟弟的学业。1920年春，张大宣以优异成绩考入厦门集美师范学校就读。其间，在五四运动影响下，集美师范的新文化运动日益高涨，张大宣开阔了视野，如饥似渴地接受新思想，阅读《向导》《新青年》等进步刊物，思想境界得到升华。1924年春，他毕业后回到家乡，倾注了大量心血，动员各方力量，创办鳌西村第一所小学——日新小学，传播新思想、新文化。

1925年，他为进一步探求革命真谛，在伯父的支持下，进入厦门大学深造。在校期间，张大宣积极参加厦门大学校内外声援上海反帝爱国的五卅运动、北京三一八惨案的声援大会和示威游行活动。由于他爱国热情高，斗争性强，表现突出，于1926年夏在厦门大学加入中国共产党。此逢国民革命军北伐前夕，他服从革命需要，中途辍学，回永春开展革命活动，先后在日新小学、润中公学任教。他白天做好教学工作，晚上和假日到附城学校串联，宣传

张大宣旧居

革命思想,酝酿成立学联组织。同年6月20日,永春县学校联合会在润中公学成立,张大宣被推选为临时主席,主持制定联合会章程。此后,他通过联合会,向教师们宣传马克思列宁主义,为设置阅览室的学校提供大量的革命书刊,在师生中享有威望。是年"双十节"纪念大会上,他作为县教育界代表上台讲话,呼吁当局维护教师权益,并措辞激昂地抨击时弊。

1926年11月,张大宣在家乡鳌峰组织农民协会,并向德化边界发展。1927年1月,张大宣、邱廉回等几名中共党员,从外地转入永春,建立中共永春支部,书记邱廉回。此时,东路北伐军入闽,在北伐战争不断取得胜利的形势下,永春农民运动蓬勃发展,张大宣致力于永春县农民协会的筹建工作。1927年3月,永春农民协会成立,张大宣被省农会委任为永春县农会主任,颜步青等人为执委,会员上千人。县农协会向会员颁发会员证,正面有"不劳动者不得食,宜用心宜协力";"会员里带此证者须认为同志有事协助之"。同时,发表《永春县农民协会筹备处宣言》,指出中国农民所受种种剥削,尤其是"民国十五年来,一股残暴的军阀,倒行逆施,弄到我们农民生命不保,就要求做牛马般的工作也不可得了";"农民阶级一切的气力都摧残到净尽,驯成为麻木不仁了";"如果要做彻底的革命,从根本上解决,一般革命的先觉者,就要去与农民为伍,我们农民也应联合起来,做有组织、有革命精神的民众";"现

骨香梓里，血溅桐城——记永春农民运动先驱张大宣

1927年9月1日，张大宣在泉州花巷被反动派暗杀而牺牲（洪志雄绘）

在我们的革命要北伐，是快要成功了，我们福建省也奠定了，我们福建的农民是要乘时崛起，共同奋斗，做彻底的革命工作。"提出农会宗旨是为改变农民被压迫剥削的困苦处境，使"永春各乡各农村的民众，都有严密的组织，都联合起来，成为团结有革命精神的民众"。号召"我们农民是应该赶快联合起来，做彻底的革命者"。提出革命口号："打倒资本主义大地主，打倒帝国主义的经济侵略者，反对不彻底的革命者，反对变相的新军阀，实行民生主义，节制资本，平均地权，改善农村生活，国民革命成功万岁，世界革命成功万岁！"这是永春县第一个革命的公开宣言。

此后，永春农协会在张大宣等人的领导下，全县各地农民纷纷组织起来，成立村农协会，鳌峰乡的后垄、溪碧、桥头埔、枣岭等村筹办农协会时，借鳌峰小学开群众大会，张大宣将孙中山遗像悬挂在会场正中，书写横幅"天下为公"，对联"革命尚未成功，革命仍须努力"。他经常向群众宣传革命宗旨，号召群众组织起来，激励民众继承孙中山先生遗志，致力于国民革命。农民群众深受启发，踊跃参加农会。各村农会开展减租减息、抗捐抗税、斗争不法地主运动，农民群众扬眉吐气。"四一二"反革命政变后，刚刚兴起的永春革命斗争面临被扼杀的危机。由于永春农民协会组织是以国共合作名义建立的，一些国民党左派人士参与了农运的发动领导工作，因此，农会仍为合法的组织，大部分党团员以此为掩护，转入秘密斗争。在白色恐怖气氛中，张大宣不顾个人安危，利用县农协会主任的公开身份，继续为大众的利益奔走呼号，发动群众开展抗捐减租斗争。暑假期间，他发动鳌峰300多人，参加县农协会在润中公学操场召开的永春千余人农民大会，宣传革命形势，号召群众开展减租、抗税、反迫害运动。会后举行示威游行，到国民党县政府请愿，要求废除苛捐杂税，惩治贪官污吏，反对政治迫害等。县长吓得躲在衙门里，紧闭大门，命令军警鸣枪威胁。

张大宣等领导的永春农协会的这些活动，直接触动了地方反动军阀豪绅的利益，他们对张大宣恨之入骨。由于张大宣是永春革命运动的主要领导者，在民众中有很高的威信和巨大的影响，反动派不便在永春对他公开下手。他们处心积虑，采用阴谋暗杀的卑劣手段。1927年9月1日，张大宣在赴福州参加省农会大会途中，乘坐人力车途经泉州城区花巷时，被跟踪预伏的刺客凶残杀害，牺牲时年仅24岁。

骨香梓里,血溅桐城——记永春农民运动先驱张大宣

张大宣追悼大会暨出殡仪式(洪志雄绘)

噩耗传来，永春县农民协会、各基层农会等各界人士，悲痛不已，县农民协会组织专人到泉州运回烈士灵柩。9月20日下午，在永春县西校场举行追悼大会暨出殡仪式，到会者2000余人。大会庄严隆重，各界送来花圈、挽联甚多，其中仙游县农民协会的挽联"大得民心骨香梓里，宣传农运血溅桐城"，对张大宣烈士的一生做了确切的评价。群众皆谓，"张君死有余荣"。

张大宣——永春革命先驱者，永春县乃至泉州地区第一位中共党员革命烈士，永垂不朽！

青春热血写春秋

——记对党忠诚、勇敢的活动家李文墨

"对党忠诚、勇敢。"

这是中共福建临时省委委员、省委秘书长、省委宣传部部长、省委巡视员吴亚鲁,于1928年巡视永春时对中共党员、共青团永春县委书记,永春农民运动的领导骨干李文墨烈士生前的高度评价。

李文墨,字西园,1908年出生于永春县东平乡冷水村。父亲是个热心家乡教育"助学可风"的长者,李文墨从小受其家庭和冷水小学的教育,勤奋好学,学业优异。小学毕

李文墨烈士

业后入莆田省立第四师范就读,在莆田中共地下党负责人陈国柱领导下,积极参加学生运动,1926年加入共青团。1927年"四一二"反革命政变后,由中共党员(曾任仙游县委书记)郭寿銮介绍,加入中国共产党。在学期间,李文墨与莆田哲理中学、莆田高中的闽南籍学生,组织"旅莆学生会",出版《醒报》宣传马克思列宁主义,揭露时弊,启发觉醒。同年秋,李文墨从莆田省立第四师范毕业回家乡,担任冷水小学校长,与隶属于中共闽南临时特委领导的永春支部接上组织关系,开展革命活动。

1927年11月,永春东区农民运动蓬勃发展,李文墨深入各村发动农民群众,宣传革命道理,开展有理、有利、有节的斗争。为了更好地领导农民运动,在中共闽南临时特委领导下,建立永春特支。永春东区各乡村农会在大革命时期就有普遍基础,永春特支审时度势,在霞林村正式成立东区农民协会,会员2000余人,委员21人。李文墨勇于斗争,对党忠诚,受到农民群众的拥戴,

李文墨家的祖宅，历经百余年依旧保存完好，现由其后人居住

被推选为农民协会的领导人之一。东区农民协会成立后，继续发动群众，开展大规模的减租、抗饷、反迫害运动，参加群众达6000多人，声势浩大。1928年2月，中共永春县委成立后，继续领导东区农民的斗争，举行大规模的抗捐示威游行，参加游行的有中共党员、共青团员、觉民社社员、农会会员及农民群众2000余人，李文墨和东区农协会领导人颜步青走在队伍的前面。游行队伍高举红旗，手执土枪、梭镖、岸刀，高呼口号，绕东区一周后向县城进军。驻守县城的民军尤赐福部官兵100余人闻讯慌忙向德化逃窜。东区一带的反动税兵、饷兵也逃之夭夭。游行队伍挺进县城，打开监狱，救出因抗捐被关押的群众。这次示威游行，显示了党把农民组织起来的力量，产生了深刻的影响，广大农民群众扬眉吐气。他与颜步青等人在东区组织"东区小学联合会"，出版《东升》半月刊、《烈火》小刊物，传播革命道理。他为这些刊物写了不少文稿，文章通俗易懂，深入浅出，幽默风趣，很有鼓动性。这些刊物成为发动群众斗争的火炬。

1928年9月，中共福建省委派吴亚鲁到泉州、南安、惠安、永春、德化巡视，传达党的六大精神，指导当地党委整顿党团组织，发展农民武装斗争，恢复在白区的工作。9月24日，李文墨作为中共冷水支部的代表，参加在永春五里街儒林后庙召开的中国共产党永春县第一次代表大会，后又参加共青团永春县第一次代表大会,当选为共青团永春县委书记,致力于青年运动。他积极配合中共永春县委武装组建东区民团的工作,与颜步青一道,争取到太平街几户商人的自卫枪支弹药,建立东区民团。这支党领导的人民武装,在东区开展减租、抗饷、镇压反动土豪劣绅和反迫害斗争,各村农民协会也纷纷惩治不法的土豪劣绅,有力地推动农民运动的发展。国民党反动派和地方反动势力惊恐万分,沆瀣一气,制造了"一一·九"事件,强缴东区民团枪支,东区农民协会颜步青、邱廉回等领导和骨干9人被捕,东区农民运动受到严重挫折。李文墨转移到永春中区、西区一带继续开展革命斗争。他说话幽默,善于打比喻,语言通俗易懂,宣传效果好。他还善于表演掌中戏(木偶戏)宣传革命道理,很受群众欢迎。时任中共福建临时省委委员(候补常委)、省委秘书长、省委宣传部长、省委巡视员吴亚鲁对他的评价是:"对党忠诚、勇敢";同志们都说他为人达观,目光敏锐,是一位出色的活动家。

1929年4月,中共永春县委成立东西区两个特支。李文墨负责西区工作,他积极开展西区的农运、工运、青运、妇运等工作,经常深入到桃场、石鼓、社山、埔头、鳌峰等地宣传发动群众,领导贫苦农民和反动派展开斗争,受到广大农民群众的拥护,革命斗争在农村中扎下了根。夏秋间,他和吴国清等在省立十二中、崇实中学、南湖中学及达埔一带学校中,组织学生会、教职员联合会及小学教师联合会,积极开展反军阀苛捐杂税、反基督教文化侵略的反帝宣传。1929年8月,朱德率红四军在永春福鼎、一都的革命活动产生深刻影响,鼓舞和推动永春革命斗争的发展。9月,省防军第一混成旅旅长陈国辉,于五六月间在龙岩被毛泽东率领的红军围歼,全军覆灭,只身逃回南安,打着"失之龙岩,得之永春"的旗号,纠集南安残部占据永春县城。1930年元旦,陈国辉借庆祝元旦的名义,强迫群众到西校场参加庆祝大会,进行反共宣传,向群众派捐派饷。李文墨等西区特支的领导执行县委揭穿其阴谋,发动群众开展减租抗捐斗争的决定,彻夜印刷传单和书写标语,率领进步学生和群众,抢先进入会场,在陈国辉未到之前,控制了会场。李文墨登台讲话,向群众宣传革命形势,揭露军阀的压迫剥削,号召群众组织起来,团结起来,参加工会、农会开展减租抗饷、反迫害斗争。接着散发传单、标语,组织群众示威游行,沿途高呼"反对苛捐杂税""要承认工会、农会为合法组织"等口号。游行队伍走到永春中学门口时,才被陈国辉调来的大批军警冲散。这次群众性减租抗捐斗争，沉重打击了军阀陈国辉的反动气焰。

1930年春，中共永春县委根据省委二月会议决定在全省各地举行武装起义及组织兵变的指示，组织领导鳌峰农民举行武装抗捐斗争。反共军阀陈国辉纠集重兵，一面策划以武力镇压鳌峰群众斗争，一面加紧搜捕共产党人。李文墨在五里街和城关一带活动，被敌人侦悉，处境十分危险，随即转移到东山启明小学，以教职员身份，继续开展斗争。由于坏人告密，暗探跟踪，于4月11日不幸被捕。敌人妄图从他口中掏出中共永春地下党组织情况，李文墨镇静坦然，在狱中受尽酷刑，坚贞不屈。他的父亲探狱时，一见儿子浑身是血、伤痕累累而老泪纵横。李文墨晓以大义，仍然风趣幽默，借用"过二十年又是一条好汉"来劝慰他父亲不要过分伤心。在狱中，他自知时间不多，让他父亲提来酒菜，款款而饮，表现出在敌人面前视死如归的傲然气节。

李文墨的"革命烈士证明书"

1930年5月11日，党的忠诚战士、共青团永春县委书记、中共永春西区党的负责人、东区农民协会领导人之一李文墨，在永春西校场壮烈牺牲，年仅22岁。

为信仰而生，为信仰而死

——记革命知识青年陈琨

陈琨，中共党员，曾任中共惠安县惠东区委负责人、惠安县委委员、福建红军独立第一师第二团政委、惠安县苏维埃政府筹备委员会副主席等职。1930年9月，在惠安起义屿头山鏖战中，英勇指挥作战，率部奋击来犯之敌。为掩护部队突围，子弹用尽，与敌搏斗，壮烈牺牲，年仅25岁。

陈琨烈士

陈琨，又名陈玉成，字琢余，1905年出生于惠安县五陈乡山尾村。其父陈乃英既是私塾老师又是中医先生，其母李盏温端贤淑，善理家务。陈琨从小在这样和睦的家境中成长，少年时先后在后张、涂寨、辋川、下社尾塾馆就读，1921年考入泉州高级农校学习。时逢中国社会经过五四运动洗礼，马克思主义在中华大地广泛传播，中国工人阶级不断壮大并走上政治舞台，中国共产党宣告成立，中国社会由旧民主主义革命迈向新民主主义革命时期。陈琨在革命形势的熏陶下，如饥似渴地阅读革命理论书籍，开阔了视野。国家民族危机和广大劳动群众的深灾重难，激发了他"国家兴亡，匹夫有责"的责任感，使他成为一个具有浓厚爱国主义情怀的革命知识青年。

1926年初，陈琨从泉州高级农校毕业后，带着爱人黄秀卿到晋江永宁山美头村沙美小学任教。是年冬，国民革命军入泉后，泉属地区共产党及共青团组织分别建立，隶属于中共闽南部（特）委，开展工农革命运动。中共党员董云阁回到家乡永宁组织农民协会，宣传马克思列宁主义，传播革命火种。在董云阁的影响下，陈琨与在永宁洋厝、金垵头等小学任教的惠安籍进步青

陈琨旧居

年李雨庭、李青阳、蓝飞凤等时常聚首,畅谈时局,探索革命真理。陈琨开始接受马列主义,逐步认清中国革命的方向。他在沙美小学,教唱革命歌曲,为农会书写标语等宣传品,热情讴歌农民的革命斗争。1927年8月,中共闽南临委派王德彰在惠安建立中共惠安特别支部。同年12月,把涂岭农民自卫军改编为工农革命军,实行土地革命,开展武装斗争。1928年初,惠安特支书记王德彰和惠安工农革命军军事干部林树勤、林泽民等人不幸被捕,惠安党组织和武装力量遭受破坏。是年冬,陈琨毅然从晋江永宁回到家乡,在山柄村创办"龙江小学",自任校长,聘请进步的青年教师,革新教学,招收女生,修建运动场,开展体育活动,编演"文明戏",设立"号鼓队""远足"等进步革新举措,深受学生的拥戴,博得群众的支持。在惠安教育界产生深刻的反响。

1929年6月,中共福建省委派朱思到惠安工作,恢复发展党团和群众组织。9月,在惠安城郭东张村召开惠安县第一次党代表大会,大会明确提出:争取群众,组织武装,开辟游击根据地,建立苏维埃政权。正式成立中共惠安县委和共青团惠安县委,辖5个区委,隶属中共福建省委。11月,惠安县委遭受敌人破坏，陈平山接任县委书记。1930年2月，中共福建省委在厦门召开第二次党代会，会议要求泉属党组织"应当力求深入群众，发动领导他们起来斗争，特别要注意联系到贫民雇农乡村工人特殊利益的要求。在武装斗争已经发动的地方，党应当坚决发展游击战争，力求推动各地斗争发展地方起义"。会后，省委先后派干部到惠安协助县委工作。陈琨由蓝飞凤介绍加入中国共产党。随后他和县委委员林权民等中共党员来往于五陈、后洋、前林、涂寨各村，为整顿党的基层组织，发展农民武装，建立农会、妇女会、办夜校做了大量的工作。其爱人黄秀卿也加入党组织，其妹陈珠是妇女会的积极分子。陈琨还推荐李雨庭、李青阳等人到泉州县委干训班受训。同年6月，陈琨任中共惠东区负责人，他以后洋为中心，将后洋民团常备队整编为党领导的武装力量，并扩大赤卫队。

后洋飞凤寺——红军二团军事会议旧址

1930年6月，中共泉州县委和惠安县委在贯彻省第二次党代会议精神做了许多工作，认为选择在惠北、惠东起义的条件基本成熟。因此正式向省委上递《关于在惠安举行武装起义的报告》，省委经过认真研究表示同意。为慎重起见，省委7月初派王德和苏阿德到泉州、惠安巡视，传达省委同意在惠安举行武装起义的决定，并具体研究起义的计划方案。下旬，省委书记罗明听取王德汇报后,即深入泉州巡视,建立中共泉州特委,负责领导惠安起义,并在惠安东岭湖埭头村召开泉州特委和惠安县委联席会议,会议决定蓝飞凤任惠安县委书记,增补蓝飞鹤、陈琨、吴敦仁为县委委员。成立福建红军独立第一师、福建红军惠安总指挥部、惠安县苏维埃筹备委员会,陈琨任红军独立第一师第二团政委、惠安县苏维埃筹委会副主席。8月,泉州特委和惠安县委根据省委指示,在山霞镇五陈山尾村陈琨家召开会议,具体研究制订起义方案。会后,陈琨夫妇全力投入起义的准备工作,举行起义需要制作红旗、袖章,但经费没着落,陈琨夫妇毫不犹豫地献出一枚结婚金戒指买红布,黄秀卿和庄康带领妇女会员和夜校妇女班的学员冒着危险起早贪黑赶缝起义队旗和袖章。

惠安县五陈乡苏维埃政府旧址——宣美陈氏大宗祠

1930年9月16日凌晨,红二团在后洋村举行庄严的授旗、宣誓大会,宣布红军纪律。团长蓝飞鹤下达出击命令后,政委陈琨带领突击队,赶在队伍前头,直捣山柄村民团的巢穴,打响惠东地区起义的第一枪。陈琨等指战员英勇威猛,在密集的枪声和激烈的军号声中,杀得敌人措手不及,一举攻克山柄民团炮楼,没收不义之财。张贴《福建红军惠安总指挥部布告》《福建红军独立第一师第二团布告》,广泛散发《泉属地方起义告民众宣言》《告惠安工农兵》等传单。宣告山霞五陈乡苏维埃政府成立,建立了惠安第一个乡级红色政权。随后两天,蓝飞鹤、陈琨率红二团继续扩大战果,逮捕山腰民团总杨瑞庵,清算安固村高利贷者吴明新,收缴前园村民团枪械,镇压前林村恶霸反革命分子林亮川、林孝纯。红二团于18日进驻东桥屿头村,占领屿头山。

为信仰而生，为信仰而死——记革命知识青年陈琨

惠安县后洋村的惠安起义纪念园红二团集结地纪念雕像

1930年9月19日凌晨，敌林寿国部营长陈忠缪带二个连一个迫击炮排，纠集县民团计1000多人枪，分路由石井、赤埕、后曾向东桥镇屿头山进犯。陈琨率红二团战士据守屿头山制高点，利用有利地形阻击敌人，打退敌人多次冲锋。敌人在多次强攻不下的情况下，出重赏招募"敢死队"，在密集炮火轰击下，"敢死队"潜登上山，窜入正面阵地。陈琨和二营长曾赉弼率部奋起反击，战斗十分激烈，曾赉弼营长壮烈牺牲，虽守住阵地，但终因敌我力量悬殊，敌军凭其精良武器压向红二团阵地。在这危急关头，陈琨当机立断，及时报告团部机关迅速北撤，自己率部分战士阻击敌人，掩护主力后撤。激战中，他身负重伤，战士们要扶其下火线，他却凭山石作掩体，下令战士们撤离阵地，最后子弹打尽了，同敌人搏斗，血洒屿头山，壮烈牺牲。

陈琨牺牲后，黄秀卿正当临产，辗转至涂寨九峰寺颓垣中生育。因产后风寒感染，母子不幸双亡。

陈琨夫妇为中国人民的解放事业，用他们年轻的生命，谱写了为信仰而生，为信仰而死的壮丽篇章，他们永远活在人们心中。

浩劫摧磨志不灰

——记惠安畲族英烈蓝飞鹤

"横胸铁血扫难开，浩劫摧磨志不灰；遍地铜驼荆棘变，游魂应逐战旗来。"

这是中国共产党员，曾任中共泉州特委组织部长、福建红军惠安总指挥部第二团团长蓝飞鹤参加领导惠安起义，失利后被捕入狱第三天吟成的狱中诗，表明共产党人坚韧不拔、义无反顾地为党为人民的革命事业牺牲一切的崇高气节。

蓝飞鹤烈士

蓝飞鹤，畲族，原名蓝福来，字一翀，1901年5月生于惠安县涂寨新亭村。1919年在集美学校就读，受五四运动先进思想的影响，积极参加社会的实际斗争，1920年，因罢课闹学潮被开除出校。同年秋进入泉州省立第十一中学（今泉州五中）读书，又因参加学潮，被学校开除。1921年春，就读于泉州私立明新师范学校，在校期间与进步师生组织"明新剧社"，编演现代话剧《里籍冤魂》，宣传提倡五四运动的新文化、新思想、新科学。毕业后，于1923年受聘于厦门禾山方梯中学任教。目睹日本浪人、英美水兵种种令人发指的罪行，目睹反动官吏躬身媚外、奴颜婢膝的劣迹，他填《长相思》一词："笑羊虽，哭羊虽。鹭岛无山不瘴岚，遥看双泪洒！生何堪，死何堪！生死关头静坐参，君心甘未甘？"为寻找改造社会、拯救国家的真理，他于1925年只身出国，到新加坡英属沙劳越诗巫小学任教。他看清了西方世界的丑恶社会面貌，与当地华侨群众建立了亲密关系，后因组织领导沙劳越贫苦华侨请愿、反迫害、争人权的斗争，被驱逐出境，1927年冬回国。1928年冬，结识中共党员陈平山，1929年初加入中国共产党。从此,他为党的事业呕心沥血,创办东岭民团,建立党的武装,把自己的家作为党的活动据点。

1930年初,蓝飞鹤奉调厦门,在中共福建省委领导下,具体负责领导厦门港区的工运工作。发动港区工人同反动军警展开多次斗争,配合省委重大斗争部署。同年7月,省委为加强泉州党组织武装斗争的领导力量,调蓝飞鹤任中共泉州特委组织部长,负责领导泉州城区的工人运动、惠安农运和兵运工作。在泉州城区,他发动、组织人力车夫、泥匠、木匠、搬运工人在中山南路与涂山街交叉点举行工人集会大示威;在惠北十八乡,他以农会群众武装为基础,以党员为骨干,带领1000多名群众武装,分两路击败来征收田亩捐的股匪汪汉民一连匪军,取得抗捐斗争的胜利。

1930年8月,省委根据中央决定,讨论通过了《准备全省武装起义,争取全国胜利》的政治决议案,同意泉州特委举行惠安起义报告。省委书记罗明到泉州、惠安巡视,并在惠安湖埭头村召开会议,对惠安起义方案做出重要指示。会议决定成立福建红军惠安总指挥部,蓝飞鹤被任命为福建红军独立第一师第二团团长。

惠安起义筹备会遗址

惠安武装起义屿头山战斗纪念碑

9月16日，红二团在惠安后洋村授旗誓师举事。红二团在团长蓝飞鹤与政委陈琨率领下，一举攻克山柄民团的碉堡，击毙民团总陈鸣周，镇压号称五陈恶霸、"土皇帝"陈奕昭。并召开群众大会，烧毁陈鸣周父子的债券、田契，宣布没收其财产分给贫苦群众，公布陈鸣周、陈奕昭的罪行，张贴"福建红军惠安总指挥"的布告，正式成立"五陈乡苏维埃政府"，张贴苏维埃政府施政纲领。17日下午，红二团进驻湖埭头村休整，这时蓝飞鹤疟疾病复发，党组织决定他暂时撤到革命基点村隐蔽养病，但他婉言拒绝。18日，为同惠北红一团会师扫清道路，他率红二团成功突袭前林村敌军据点，镇压反革命分子林亮川、林孝纯。黄昏率部队抵达屿头村宿营，随即部署村落周边的警戒和屿头山的兵力部防，自己带病坚守在战地指挥所。19日，敌海军陆战队、县民团常备队及乡镇反动民团1000余人，围攻屿头山主阵地。他从容部署，指

蓝飞鹤革命烈士陵园

挥若定,在敌人猛烈的炮火攻击过后,率部与敌人激战,多次打退敌人进攻。在激战中,政委陈琨、营长曾赉弼壮烈牺牲。他及时率部从敌军较薄弱的山北面突围,部队冲出包围圈后,他带警卫班负责断后,边打边撤。蓝飞鹤因病体弱,不幸被捕,被押送惠安县监狱。

在狱中,国民党惠安县长陈乃扬妄图从蓝飞鹤打开缺口,剿灭惠安地下党组织,对蓝飞鹤劝降说:"只要你不干共产党的事,以你的才华,到这边来,地位一定在我们之上。"蓝飞鹤严正回答:"我是共产党员,今天落在你们手里,要杀要剐,一任听便,但要在我身上找便宜,那是枉费心机的!我倒是要你们懂得,共产党人是不怕死的,是杀不绝的,人民已经觉醒,革命势在必胜!"撕碎了敌人的诱降计谋。他坚贞不屈,令敌人恼羞成怒,被加上脚镣,反剪双手上了手铐,送进关押红军的第三囚室。他鼓励同狱的红军战士:"不要灰心,我们的事业是正义的,我们做得对,只要一息尚存,就要为共产主义斗争到底!"在落狱的第三天,他吟诗明志:"横胸铁血扫难开,浩劫摧磨志不灰。遍地铜驼荆棘变,游魂应逐战旗来。"

惠安县后洋村的惠安起义纪念园蓝飞鹤烈士雕像

1930年9月26日,临刑前他写下绝笔:"云儿、雏儿:你父已完成志愿,望你们长大后继承父志,努力!"一路昂首阔步,走向刑场,高呼"中国共产党万岁"!蓝飞鹤英勇就义,时年29岁。

意志比钢坚，信念比命贵

——记赤胆英雄林权民

"杀死一个林权民，还有很多林权民在战斗！"

林权民，1928年加入中国共产党，1929年作为学生党员代表参加中国共产党惠安县第一次代表大会。曾任中共惠安县委委员、共青团惠安县委书记。1930年参加惠安起义，起义失利后，不顾个人安危，返回惠东地区做善后工作，不幸被捕，受尽种种酷刑，英勇牺牲，年仅19岁。

林权民烈士

林权民，1911年2月出生于惠安县东岭乡辛垵头村。他3岁时，因家贫被卖到涂寨乡大坝内村，养父林伦是一名技艺颇高的修理榨油坊的木匠。由于经常受地主恶霸欺凌，林权民的姐姐遭受村里恶霸的污辱而自尽，只好举家迁居东岭乡前林村。年幼的林权民目睹地主恶霸的残酷与专横，父母遭受的苦难、生活的辛酸，在他幼小的心灵中萦绕着"穷人为什么受欺凌呢？"的发问。

1925年，林权民转入惠安公学就读。1926年11月，北伐军胜利进入惠安，中国共产党在惠安公学建立中共惠安公学支部，15岁的林权民积极投入共产党领导的反对贪官污吏、打倒土豪劣绅、减租减息的群众斗争中，深受教育和启发。1927年，正当他满怀继续升学、寻找革命理想的强烈欲望之际，母亲因病去世，父亲为他操办了婚事。1929年初，他毅然辞家到集美学校师范部就学，结识一批惠安籍中共党员，增长许多见识，学到许多革命道理，找到脑海中许多问号的答案，懂得只有革命，才能摧毁罪恶的世界；只有与反动统治者做不调和的斗争,穷人才能翻身做社会的主人。他团结志同道合的同学,踊跃参加校内外火热的革命斗争。林权民的革命行动引起学校当局的注意,终以莫须有的罪名将他开除。回乡后,经中共党员陈平山介绍,林权民加入中国共产党,在前林村、东埭村一带开展革命活动。

1929年7月,林权民作为青年学生党员代表,参加中国共产党惠安县第一次代表大会。9月,任共青团惠安县委书记。11月,任中共惠安县委委员。遵照惠安县第一次党代会"争取群众、组织武装、开辟游击根据地,建立苏维埃政权"的决议,林权民与县委其他同志,在惠安播撒革命火种,发动群众,开展抗粮、抗捐、抗税、抗租、抗债斗争,组建农民赤卫队,建立惠安革命据点,将惠东许多村庄的革命活动搞得有声有色。

1930年,林权民与泉州特委、惠安县委部分领导,为贯彻省第二次党代会"举行地方起义,建立苏维埃政权"的决议精神,深入到惠安涂寨乡和弄村,涂岭乡乌面宫、大埔园寺相继召开加强党的宣传教育和组织群众武装的工作会议。会后林权民与惠东片区的负责同志以及上级派来的干部一道,以后洋村为活动中心,整编凤阳民团常备队为地下党的武装骨干力量,扩大赤卫队队伍。7月,省委同意泉州特委、惠安县委关于在惠安举行武装起义的决定。林权民和其他领导人分别深入到湖埭头、前林、大岞、港墘、净峰、小岞、尚村、苏坑等重点村加强建设党的基层组织,部署起义的具体工作。8月,特委和县委在五陈山尾村召开会议,全面研究起义计划,制订起义具体方案、具体任务和具体分工。会议决定林权民与红二团团长蓝飞鹤、政委陈琨等领导惠东起义。林权民日以继夜忙碌、奔波,全身心地投入起义的筹备工作。9月16日凌晨,惠东起义打响,历时4天,因敌众我寡,起义失利。林权民与蓝飞凤等率部经埔殊村向型厝村突围。脱险后即将部队分散掩蔽,林权民却深入白色恐怖区,先后由东固尚村交通站乘渡船至奎壁头村转入惠北山腰小学交通站,然后经古县辗转到涂岭林角村与陈平山、吴敦仁等会合。随后,在泗洲村召开会议,总结经验教训,研究安排善后工作。会议决定林权民等回惠东继续做好起义失利后的善后安顿任务。此时,整个惠东,处处潜伏敌人的鹰犬,林权民毫不畏惧,妥善安置党组织的重要骨干。10月16日,林权民在东房村不幸被捕。

10月17日黎明时分,敌人把林权民押到前林村,妄图通过林权民一举扑灭地下党组织。敌人胁迫他供出"谁是共产党员？谁是头头？""只要你如实供出，就保全你的生命，保你全家无事。"林权民大义凛然，横眉冷对，眼睛里射出愤怒的光芒，把满腔怒火化作震撼敌胆的一吼："所有的人都是共产党！""谁是你们的头人？""我——林权民！"一场惨绝人寰的酷刑开始了，敌人把林权民吊起来，用磨尖的铁线凶残地刺穿他的耳朵，并威吓说："哪些人是共产党？到底说不说？"林权民忍着剧痛，耳朵的鲜血一滴一滴往下淌。被迫前来围观的群众低着头，眼里噙着泪，心里流着血。林权民咬紧牙关，怒目圆睁，决不屈服，嘴角流露出蔑视的笑意。恼羞成怒的敌人，拿着多把剪刀像饿狼一样扑向林权民，剪碎林权民的皮肉、耳朵。林权民浑身鲜血淋漓，倾刻间成为血人。敌人又用盐卤浇在林权民血肉模糊的身上，用烧红的铁烙烙林权民的皮肉，点燃整束香灸林权民的眼睛。林权民几次昏厥，又几次苏醒过来，尽管气息奄奄，还是用尽生平最后一口气，义正词严地警告这伙杀人魔鬼："杀死一个林权民，还有很多林权民在战斗！"他喘着气，又用微弱而严厉的声音对刽子手说："今天你杀死我，明天会有更多的人来杀死你！"酷刑持续到傍晚，敌人把林权民折磨到仅存一息的时候，才将其枪杀，还逼迫村中青壮年每人都要朝林权民的遗体射击一枪。但这些青壮年受过林权民的教育，谁愿意往他身上打枪呢！最后，敌人用斧头将林权民的躯体砍成六大块，抛到前林的海埭里。

林权民烈士纪念碑

惠安县后洋村的惠安起义纪念园林权民烈士雕像

党的忠诚战士,年仅19岁的林权民,以短暂的一生,闪耀着中国共产党人为革命英勇献身的不灭光辉。

革命征途何惧死

——记惠北工农革命领导者吴敦仁

"人,迟早总有一死,为革命而死,有何可惧!"

这是惠安早期中共党员,曾任中共惠安县临委学生支部负责人、林角村党支部书记、惠北区委负责人、惠安县委委员吴敦仁留下的名言。

吴敦仁,原名吴有土,1906年2月生于惠安涂岭林角村。1921年考入集美师范学校,接受马克思主义的熏陶和启迪,积极参加地下党领导的校内外学生运动。1926年秋师

吴敦仁烈士

范毕业后,参加地下党领导的集美学生回乡宣传队,到惠安城关、涂寨、崇武、山腰、坎头、大前黄、割山和涂岭等区乡,开展反帝反封建的宣传活动。同年12月,加入中国共产党。1927年1月,任中共惠安县临委学生支部负责人,成为惠安县中共地下党早期8名党员之一。其间,正处于国共合作大革命时期,吴敦仁由党组织委派任国民党惠安县临时党部的组织干事、县学生联合会执委。为配合中共惠安县临委进一步推动工农革命运动,吴敦仁以学生联合会名义,在国民党县政府机关内以地下党骨干组成钱粮监督委员会,对征收农民钱粮实行监督,打击土豪劣绅,并起草《为打倒土豪劣绅告惠安民众书》,列举土劣罪行,号召人民起而诛之,在社会上引起强烈的反响,推动工农革命。

1927年4月16日,国民党右派在惠安实行"清党"反革命政变。吴敦仁受党组织指派回母校鼎新小学任教,利用教师身份在惠安北部农村开展革命

革命征途何惧死——记惠北工农革命领导者吴敦仁

吴敦仁亲手起草《为打倒土豪劣绅告惠安民众书》（洪志雄绘）

活动。他经常到田间或农舍同贫苦农民交谈，分析"农民终年辛苦劳动，过的都是牛马般的生活"的原因，指出"农民要摆脱这种困境，只有组织起来，打倒剥削阶级"，启发农民与地霸劣绅进行斗争。5月，吴敦仁与中共闽南部委派来负责惠安县临委工作的施岑侬、许彩英，在涂岭组织有会员60人的"互助团"，创办农民政治训练班，筹备组织农会和农民武装。六七月间，先后在涂岭林角村成立涂岭农会协会和涂岭农民自卫军。同年8月，吴敦仁任中共林角村支部书记，在惠安特支领导下，配合农民自卫军进行3次武装抗捐斗争。12月，涂岭农民自卫军更名为惠安工农革命军。

1928年1月，吴敦仁与吴国珍代表惠安党组织出席中共福建省临委召开的紧急扩大会议后，及时向特支传达省委关于领导农民由抗捐抗税转向武装起义，实现土地革命的决定。吴敦仁等人率惠安工农革命军与国民党海军陆战队杨献秋营在涂岭泗洲激战，毙敌30多人，俘敌70余人，缴获各种枪械200多支，取得了工农革命军成立以来的重大战果。此后，由于隐蔽斗争的需要，吴敦仁于1928年11月转移到越南。1929年10月，他返回故乡，虽身患脊椎骨病，上下床都困难，但他仍与同志们保持联系，坚持革命斗争。

吴敦仁烈士纪念碑

1930年6月，吴敦仁任中共惠北（涂岭）区委负责人，同年7月任惠安县委委员。他配合县委，发动路口、涂岭、菱溪和"十八乡"的三宋、前烧等村近千名农民，联合开展武装反抗股匪汪汉民征收烟苗捐的斗争，痛击百余名匪徒于菱溪，取得"抗捐拒匪"斗争的胜利。为惠安起义后进军三坪建立游击根据地打下基础。同年9月，吴敦仁和福建红军惠安总指挥部总指挥陈平山、红一团秘书长吴国珍共同领导惠北起义。起义失利后，国民党反动派派出大批军警民团，疯狂追剿、杀害共产党员和红军战士，白色恐怖笼罩，一片腥风血雨。同志们劝他暂时隐蔽，以防万一，他泰然地答道："人，迟早总有一死，为革命而死，有何可惧！"他置生死于度外，仍坚持在惠北继续开展党的工作。他与陈平山、吴国珍、陈冬水，对涂岭区委进行了整顿，迅速在涂岭驿坂、樟脚、陈田等地建立党支部和农会组织，开辟了涂岭至三坪山区的游击活动区，同国民党反动军警进行坚决的斗争，使北起枫亭、园庄，南至驿坂，西至三坪纵贯30里的区域成为武装游击"赤化区"。

1930年12月26日晚，吴敦仁不幸遭敌刺杀，胸部和肩胛多处中弹，为革命献出年轻的生命，年仅24岁。

头可断，志不可改

——记智勇双全的神枪手陈平山

"烈士之血，革命之花。"

"个人不同意见可以保留嘛，少数服从多数，这是规矩。"

"头可断，志不可改。"

陈平山，大革命时期的中共党员，曾在黄埔军校附设宪兵教练所（时称"本校四期"）学习，参加东征和北伐战争。1927年，先后参加南昌起义和广州起义。1928年，回到福建漳州、厦门一带工作。同年夏，在晋江、南安、惠安组织领导地下革命斗争。1930年9月，在中共福建省委和泉属特委领导下，指挥发动惠安起义。曾任中共惠安县委书记、泉州特委军委书记、福建红军惠安总指挥部总指挥、福建红军独立第一师第一团团长兼政委等职。1931年1月7日，在开辟惠安、仙游交界的三坪山区游击根据地的活动中，遭敌暗害而不幸牺牲，年仅27岁。

陈平山烈士

陈平山，学名陈震寰，乳名目阿，今泉州市泉港区涂岭镇樟脚村人，1904年出生于一户穷苦的基督教徒家庭。父亲陈品，当过厦门基督教会和惠安城关基督教堂的义工。母亲郑晏，普通农妇。兄弟三人，陈平山排行第二，因家境十分困窘，童年常上山放牧、砍柴、拾草及帮忙家务劳动，先在本村教堂所办私塾学习，后随父到惠安时化学校就读。在学校，他勤学好问，刻苦钻研，手不释卷，默思不已，直到领悟方休，执教老师十分赏识、器重他，认为此生日后必震寰宇，特为他取学名"震寰"。他不但学业出众，而且爱憎分明，极其痛恨仗势欺人以富压穷的行为。有一次，土匪汪连之子与时化学生发生纠纷，事后带来两个荷枪实弹的彪形大汉欲抓人。面对恶棍，陈平山挺身而出，据理力争，汪连之子理屈词穷，只好悻悻而去。

陈平山旧居

1923年底至1924年初，李大钊的学生庄竹秋等人发动惠安北部的山腰、郭厝、峰尾一带农民武装抗捐斗争，消灭军阀王永彝部杨增福团的一个连，获得抗捐斗争的胜利。中共中央机关报《向导》曾两次予以报道，声援惠安人民的英勇斗争。陈平山耳闻目睹这场尖锐的斗争，逐步认清帝国主义、军阀、官僚的反动本质，从而激起他爱国反帝的热情。与此同时，《共产党宣言》《新青年》《向导》及《星火周报》等革命书刊已流传至惠安各地，陈平山如饥似渴地阅读，深受革命思想的熏陶。

1925年，上海"五卅惨案"的消息传到惠安，陈平山怒不可遏，带领一批进步同学突破校长的阻挠，冲出校门，广泛联络其他学校的学生罢课、罢考。组织宣传队前往周边集镇和英办"仁世医院"等地声讨军阀买办、帝国主义的罪行，支持上海工人反对帝国主义的斗争，并因此未能获取毕业证书。下半年，前往厦门鼓浪屿英华中学续学。在社会现实的斗争中，在革命理论的指导下，他下定决心，投笔从戎。

1925年秋，陈平山和张邦彦、李建才、陈凤琪、周凯等经国民党福建省党部临时执行委员许卓然介绍,到广州报考黄埔军校。初到广州,陈平山先在宪兵队当差。11月,参加由广东革命政府组织的第二次东征,讨伐军阀陈炯明。1926年1月9日,报考黄埔军校,被录取黄埔军校附设宪兵教练所(时称"本校四期")学习,改名"平山"。在军校,他不仅努力攻读军事理论课程,还刻苦训练军事技能,很快练就一手好枪法,成为军校里的"神枪手",夜间燃香插地,举枪射击,百发百中。同学们都称赞他"文武双全"。同时,参加黄埔军校左派学生组织"青年军人联合会",积极参与对该校国民党右派组织"孙文主义学会"的斗争。在黄埔军校加入共产主义青年团,随后转为中国共产党党员。

1926年5月,陈平山参加北伐先遣队,从广东出发,进军湖南,先后参加进攻醴陵战役,奇袭汀泗桥战役,攻打贺胜桥,两次围攻武昌城。因在围攻攻坚战中负伤,返回广州养伤。11月,伤后返校继续学习,转入黄埔军校五期第一学生队第四队十四区队。

1927年4月12日,蒋介石在上海发动反革命政变。5月18日,黄埔军校也开始"清党",陈平山等众多左派学生被拘禁珠江辎重艇上。5月下旬,陈平山泅水脱险上岸,前往上海寻找党组织。后来辗转到江西九江一带,追随叶挺部队参加南昌起义,一路战鼓楼、破老盘营、攻松柏巷、取贡院、劫监狱。南昌起义失利后,又跟随叶挺投身第四军教导团,参加广州起义。12月11日,广州起义枪响,在激烈战斗中,陈平山头部负伤,裹扎着纱布,坚持不下火线,仍然冲锋在前,英勇杀敌。并在战斗中,与朝鲜籍军官金武亭结下深厚友谊。

1928年1月,中共福建临时省委在厦门召开执委扩大会议,确定了当时党的任务:健全扩大党的组织,领导农民抗捐抗税,镇压土豪劣绅,实行土地革命,由武装起义转为游击战争,以后汇合成为总起义。党组织派陈平山回福建工作,在漳州与福建临时省委接上联系,省委指派他于漳州、厦门两地开展地下革命活动。在厦门,他经常到码头工人中宣传革命思想,发动工人群众投身革命。每次外出,都经过一番巧妙的化装,时而斗笠汉装,时而西装革履,时而扮成黄包车夫,拉着一辆黄包车到洋人管辖的太古码头。

1928年3月前后,陈平山通过同学介绍进入张贞部,并担任营长。他关心贫困战士疾苦,揭露克扣军饷、随意打骂士兵等行为,在张贞部队中发展党员。4月3日,陈平山因与地下党接触,被张贞部逮捕,关押在漳州镇台街法院。

在监狱里，陈平山受尽严刑拷打，血肉模糊，因刑得病，但他临危不惧，毫不屈服。他坚贞的革命气质，深得一位管狱人员的崇敬，为他代请医师陈培基至狱中治疗。在治疗过程中，陈平山与陈医师认了乡亲。陈医师冒险与漳州地下党组织取得联系，长泰籍共产党人杨淑和等人组织营救，采取"刈桶"办法，放下吊篮，将身负重伤的陈平山营救出狱。

7月间，陈平山按照组织要求，到晋江、南安、惠安一带开展兵运、农运、学运等工作，发展党员和党组织。他深入农村贫苦民众中，广泛宣传党的纲领、政策，经常到惠安开展工作。当时惠北农会遭敌破坏，白色恐怖笼罩惠安，在这种情况下工作，随时都有遭敌捕杀的危险。但为了革命，陈平山不畏险阻、忠贞不渝地奔走于群众之中，与惠安城关党组织负责人蔡竹如取得联系，以蔡的家乡小田船村为接头点，与蔡竹如、卢明堂等人共同发展和组织了城关面业工会、轿夫工会和秘密农会、互助会、读书会等。成立惠安县立中学党支部。利用仁世医院，掩护过往革命同志。经蔡竹如介绍，认识了进步青年蓝飞鹤。

1929年二三月间，党组织授意蓝飞鹤到惠安东岭办民团，为党组织争取掌握一部分枪杆子，并掩护陈平山开展党的地下活动。4月间，陈平山返回家乡涂岭，设法恢复农协组织。短短两个月，陈平山走遍了山区各个村落，他患有胃病，外出身边常携带止痛药。由于工作繁忙，有时胃病发作忘了服药。辛勤的汗水，换来丰收的硕果。6月10日，陈平山在大埔园寺召开30多名骨干分子参加的会议。此后，涂岭的农民协会如雨后春笋，蓬勃发展，拥有农民协会会员二三千人，农民自卫军一千来人，武装力量按村落编为13个连。7月，根据组织安排，陈平山转战惠东，以陈振元的身份到东岭赤涂尾里仁小学当教员，以此为掩护恢复和发展净峰、东桥、小岞沿海一带的党组织。化名打入康伯沧为首的惠安民团内部，并经常化装为蓝飞鹤的卫兵，到惠安县城开展兵运工作。年底，到南安县溪尾、莲塘一带，以小学教员为掩护，开展地下革命活动。1930年初，通过同学的关系，策动陈国辉、陈佩玉（土著军阀）内部的"兵变"，发展蓝飞鹤、林权民、朱汉膺、蓝飞凤等加入中国共产党。

1930年4月，为贯彻二月省党代会精神，福建省委任命陈平山为泉州特委军委书记。泉州特委应革命发展需要，在泉州梅石书院开办干部培训班，参加培训的青年三四百人，主要课程内容有马列主义基本原理、党的基本知识以及国内外的政治形势。陈平山不仅为培训班选送不少的进步青年,还通过关系,从晋江"渔会"筹集许多物资以济培训班急需。在陈平山直接领导下,南安籍学员返乡后积极工作,其中溪尾少先队一度发展到19个中队。

5月间,惠安地下党积极分子会议在涂寨和弄村黄尧宾家中召开,陈平山、蓝飞鹤、蓝飞凤、林权民等人参加。会议确定惠北以涂岭为活动中心,惠东以后洋为活动中心,着重抓紧整顿和加强地方武装力量,扩大革命武装队伍。会后,陈平山、蓝飞鹤、吴敦仁、陈兴桂、陈冬水等在涂岭路口村创办"青年俱乐部",以俱乐部为核心,在周邻几个乡村办夜校,建立妇女会、少先队等组织,进一步发动组织群众。恢复和重建惠北、惠东两个区委,三朱、长箱、赤土埔、路口、后头、东乡、城关、后洋、湖埭头、下坂、前林、东埭等12党支部,党员60名,成为当时全省地方党组织发展最快、党员最多的地区之一。

6月间,省委两次指示泉州特委迅速领导农民开展"五抗"斗争,组织武装起义,建立苏维埃政权。7月,省委常委、团省委书记王德到泉州召开会议,传达省委同意泉州特委在惠安举行起义的决定,并研究具体的起义计划。决定由陈平山等同志共同领导"惠安起义"。

7月初,陈平山、蓝飞鹤等回惠安,抓紧武装起义准备工作。他们利用其社会、同学等关系,深入到县城的民团常备队、短枪队和海军陆战队驻县城的两个排,以及辋川民团等处加紧兵运工作。

不久,省委书记罗明到泉州、惠安巡视工作,在惠安湖埭头村胡文炳家召开泉州特委和惠安县委会议,听取陈平山、蓝飞鹤关于武装起义准备工作的汇报,甚为满意。指出:起义后应迅速转向山区,开辟游击根据地,以打通泉州、漳属、闽西交通线,使闽西南游击区连成一片。决定成立福建红军惠安总指挥部,任命陈平山为总指挥;成立福建红军独立第一师,下辖惠北为第一团,陈平山任团长兼政委,惠东为第二团,蓝飞鹤任团长,陈琨任政委。相应成立惠安苏维埃筹备委员会,主席陈兴桂,副主席陈琨、陈冬水。会后,陈平山和特委、县委其他领导人分头到各地,加紧起义前的各项准备工作。

8月,特委、县委为建立惠东、惠北两地交通联络的"辋川走廊",陈平山、蓝飞鹤偕省委苏阿德组成突击组在辋川、西山、大前黄等18乡,夜以继日地突击发展秘密农会点,以及鸢山小学、醒民小学2个交通站,打通"辋川走廊",畅通惠东、惠北两地的交通联络线。当月,领导起义的特委和县委负责人在惠安山霞五陈山尾村陈琨家中召开会议,全面研究起义计划。具体行动方案是:惠东突破,惠北打援,合攻县城,进军三坪。"惠安起义"武装组织编为团、营、连、排,归福建红军惠安总指挥部所辖,吴国珍任秘书。第一团下辖3个营7个连,主攻地主豪绅陈速生,伏兵陈潼关,阻击来自莆田林寿国援敌。第二团下辖2个营,计划6个连,下设宣传队,主要消灭崇武张灿民团,收缴民团兵工厂武器及物资,以壮大自己的力量。

9月上旬,陈平山回到涂岭与吴敦仁、吴国珍等人一起投入紧张而严密的组织工作。工作基本就绪后,立即在大埔园寺召开大会宣布成立红一团。14日夜,红一团战士佩挂"红军"臂章,集结于恒德寺,陈平山向战士做简短动员,准备举事。驻蓝田股匪汪汉民的弟弟汪云龙带20名驳壳枪队员,窜入涂岭绅士章寿卿家中,意在窥探我红军起义风声。陈平山、吴敦仁两同志闻悉后,不顾个人安危即赴章家,利用当时官匪矛盾,阐明我党政策,晓以利害,使其不敢妄动。为防止意外,吴敦仁留在章家,以牵制汪云龙。

一团暴动集合地点——涂岭恒德堂

15日凌晨,陈平山等领导人带领起义队伍分头出发,一部分兵力压制陈速生的老家西吴村,控制其家族出援。主力部队攻打涂岭街陈速生武装据点,营长陈木、陈山德及吕好成等去砸门。因铁门坚固砸不开,再加上反动武装据守反击,战斗进展不顺。时近天亮,邻村群众不明真相,鸣锣聚众向涂岭街冲来。为避免与群众发生误解冲突,陈平山下令撤出阵地,驻守于涂岭泗洲、洪厝坑一带。

16日,陈平山、吴敦仁再到涂岭街,当面责斥陈速生的罪行,并限令他交出侵吞的全部公款。陈速生不得不当面表示服罪,答应全部退赔,并连夜逃往上海。与此同时,16日至19日,红二团激战多场,并未能及时与红一团沟通联系,终因寡不敌众失利,政委陈琨牺牲,团长蓝飞鹤被捕后英勇就义。

惠安起义失利后,9月29日,陈平山、蓝飞凤、林权民、吴敦仁、陈兴桂、吴国珍、陈冬水等在涂岭泗洲村召开会议,总结起义的经验教训,研究善后工作,决定在惠北建立游击根据地等。

10月下旬,省委派王德到涂岭传达省委决定:惠安党组织归中共莆属特委领导,陈平山留在惠北领导开辟惠安、仙游、晋江交界的三坪游击区。

根据省委指示和泗洲会议精神,在陈平山直接领导下,涂岭区委迅速整顿恢复涂岭、大路、南埔、路口、菱溪、赤土埔等地党支部和农会,并利用地方绅士黄逸谋出面组织"涂岭团防",以村"联防"为名,从中培训游击队骨干,掌握地方武装,表面防匪,实质对抗国民党、民团的入侵。在水窟、路口、乌面宫、驿坂等地设立岗哨,过境人员,事先须与"团防"

陈平山烈士纪念碑

头可断，志不可改——记智勇双全的神枪手陈平山

1931年1月7日，陈平山在寨后村苦鸟笼湾处遭敌伏击枪杀（洪志雄绘）

联系,经检查同意方可通过。初步形成北起枫亭,南至驿坂纵贯30华里地带的游击区,区内国民党的党、政机关逃撤一空。

革命烈士陈平山名言:烈士之血,革命之花

陈平山杰出的革命活动能力,引起反动派万分恐慌和嫉恨,国民党当局悬赏一千块银圆通缉他,反动豪绅陈速生策划的暗杀阴谋也在加紧。1931年1月7日,陈平山接莆田特委通知,迎接莆田特委和红军教导队进驻三坪游击区。陈平山当日由仙游园庄赶回涂岭拟商讨迎接准备工作,途经寨后村的苦鸟笼湾处,被著匪颜选的爪牙伏杀,身负数弹,壮烈牺牲。

陈平山同志短暂的一生,是革命的一生,他忠于党、忠于人民,胸怀坦荡、作风正派,富有为革命事业的献身精神和革命乐观主义精神。他历尽艰辛、出生入死,百折不挠、英勇奋斗,为组织农运、兵运,发展党的组织,开辟游击区,为革命事业做出重要贡献,不愧是一位优秀的共产主义战士。

为农运奋斗不息

——记永春"东区赤子"颜步青

"我们生活为什么这样苦？苦是谁给我们带来的？我们要解除痛苦，只有组织起来，团结一致，打倒地主恶霸、土豪劣绅，建立自己的政权，才能彻底翻身解放。"

这是永春早期中共党员、永春农民运动先驱颜步青同志的革命心声。

颜步青，原名颜登梯，又名颜金皆。1907年11月出生于永春县东平乡东山村上茅，从小随父旅居南洋。1919年，其父送他回乡，在永春冷水、鹏翔小学读书。1924年春，小学毕业后考入福州私立三牧坊中学学习。

颜步青烈士

在学期间，他接受中共地下党的教育，思想进步，加入共青团，积极参加革命活动。他利用寒暑假回乡，经常向群众宣传反帝反封建、反压迫、反剥削的革命道理。1926年11月，东路北伐军入闽，各界热烈响应。在此前后，在上海、广州、厦门、福州求学的永春籍党团员，受党团组织委派纷纷回乡开展工运、农运、学运、政务和建党活动。中学毕业的颜步青，受厦门共青团和总工会派遣，回到永春开展革命活动，随后转为中共党员。他发动乡亲创办东山第一所小学——启明小学，并任校长，聘请思想进步的教师，以学校为阵地，以教员的身份，向学生和群众宣传政治形势、党的主张。年底，他发动组织农民群众，成立东山村农民协会，并担任主席，委员有颜金河、颜添美、颜礼眼等人。村农协会址设在启明小学，东山上茅祖厝成为农协会活动的主要场所，颜步青在大门横楣上题写"藏器待机"四个大字，表达积蓄革命力量、

颜步青创办的东山启明小学

等待革命斗争时机到来,以实现革命目标的坚定信念。后来,随着东山农运的兴起,会址迁到东山祖厝,颜步青经常与农协会骨干利用学校集会,下乡访贫问苦,向学生、群众宣传"我们生活为什么这样苦?苦是谁给我们带来的?我们要解除痛苦,只有组织起来,团结一致,打倒地主恶霸、土豪劣绅,建立自己的政权,才能彻底翻身解放"的道理。循序渐进地启发群众,激发群众的革命斗争热情。他组织农协会骨干出版革命刊物《桃浪》,宣传党的政治主张、工农革命思想,宣传减租、抗饷、抗税。当地有个地痞颜楼,长期对农民催捐逼税,作威作福,群众恨之入骨。颜步青组织会员进行说理斗争,把土劣气焰打下去,使其威风扫地,群众拍手称快,从而促进了群众的觉醒,提高斗志,扩大了农协会组织,农协会声威大振。

1927年1月,中共永春支部成立,隶属于中共广东区委直隶的闽南特委,颜步青为支部成员。他与林诗必等人联络东山附近村落的农会骨干,互相呼应,在东区(永春县城以东,今属桃城镇的桃东、洛阳、济川等村和东平镇)先后组织10多个村农协会,使东区农民运动蓬勃兴起,迅速发展。同年3月,永春县农民协会成立,省农会派张大宣任县农会主任,颜步青等人为执委,会员逾千人,这是泉属地区第一个县农会。颜步青等人组织东区农民群众1000多

永春五里街儒林后庙的中共永春支部旧址

人于3月9日举行抗捐示威游行,抗议当局强征"烟苗捐",提出"烟苗捐""须由贪心下种者负责,其余不必收费"。县禁烟处伙同驻扎县城的民军营长派兵以武力催收。10日,县禁烟处派兵到东区五美社催捐,遭到农民群众的包围和辩论。士兵理亏,空手而归。13日,禁烟处派员、民军派兵30余人,荷枪实弹,再次到东区罗口村强征烟苗捐。群众见来势凶恶,纷纷逃避,士兵开枪阻止,打死了寡妇邱爱婶。东区农民群情激愤,在颜步青等带领下,抬着邱爱婶的遗体游行至县署抗议,要求严惩凶手。3月20日,泉州兴泉永政治监察署派员将县禁烟处长徐毓芬解往泉州,这一斗争显示了永春党组织所领导的农民运动的浩大声势。

1927年4月12日,蒋介石在上海发动"四一二"反革命政变。4月24日,永春国民党右派召开"拥蒋护党"大会,到处搜捕共产党人。在严峻形势下,颜步青更加警惕,注意斗争策略,深入发动和联系群众,取得群众的支持和掩护。有一次颜步青到县城开展工作,混入农会的异己分子李瑞麟派人埋伏在桥头,企图杀害颜步青。群众知悉后,急报颜步青,才免遭暗算。面对恶劣的斗争环境,颜步青接应从福州白色恐怖中转移到永春的共产党员蔡铁佛、余更生,安排在润中公学和东山小学任教,聚集力量,继续斗争。同年11月,在中共永春县特支领导下,东区农民协会在东平霞林村龙山达墘洋林厝成立,会员2000多人，是当时永春县最大规模的群众组织，颜步青被推选为农协会领导人之一。他积极配合党组织，吸收进步农协会骨干秘密建立"觉民社"，有10个分社、280人。通过觉民社领导公开的农协会活动，并发挥极大作用，东区农民斗争向更高阶级发展。

永春东区农民协会第一次代表大会宣言
（1928年9月17日）

窃自民七以后，吾永人之受军匪摧残已至不胜书。加以土豪专横，地痞作歹，屠弱小民几处绝境。凡关心桑梓者，对此莫不奔走号呼，冀拯斯民于水火。同人等亦属永民一分子，敢不黾勉从事，共挽危局，此东区农民协会之所由组织也。东区农会建立大纲有五：

（1）遵守党义，唤起农民以为根本革命。

（2）组织民团以专保护东区各农村之安宁，不为军匪之非法侵犯，而对于县治有服从任何方面管辖之正式官军之命令，所有国家公订钱粮及税项之正供者一律遵纳。

（3）东区民团遇有战事发生有防守本区地域之必要，无事则仍归农，不受任何官军之提调。

（4）凡本区内之农友，因为纠葛事情而具递理由书来会投告者，则本会应开会调停，如有不遵判者，听其到县上诉。

（5）凡有益于农民之各项事业，如改造农村教育，促进农民生活，种树果，兴水利，本会当极力谋助之。

同人等对此莫不晨夕惊心，冀达最后之目的，但在幼稚时期，难免空雷无雨之诮。所望邦人君子，共体时艰，乐为援助，则厚幸焉。

永春东区农民协会第一次代表大会诸同人启
中华民国十七年古历八月初四日

永春东区农民协民协会第一次代表大会宣言

1928年2月，中共永春县委成立。在县委领导下，颜步青等东区农协会领导人有组织有计划地领导农民开展减租、抗饷、反迫害斗争。中旬，东区农协会组织一次大规模的示威游行，参加的有共产党员、共青团员、觉民社员和农协会员共2000余人。他们高举红旗，手执土枪、梭镖、岸刀等武器，高呼口号，先绕东区一周，然后向县城进军，吓得盘踞在永春县城的民军尤赐福部官兵100余人慌忙向德化逃窜；驻东区一带的税兵、饷兵也逃之夭夭。颜步青、李文墨、蔡铁佛等带领队伍挺进县城，打开监狱，救出因抗捐被捕的无辜农民。这次游行示威，显示了农民组织起来的力量，扩大了政治影响，广大群众扬眉吐气。同年9月，省委巡视员吴亚鲁到永春，在东区会见永春县委和东区农协会领导同志，随后召开中共永春县第一次代表大会。10月，县委深入东区检查指导农运工作，整顿觉民社，改组东区农协会，颜步青任东区农协会执行委员会主席。为落实省委指示，县委着手抓人民武装队伍的组建，当时太平街群众集资购买一批枪支，以防土匪民军骚扰。县委派颜步青去做工作，用这批枪支组建东区民团。东区民团是共产党在永春建立的第一支人民武装，党领导这支武装在东区顺利地开展了双抗和反迫害斗争。

1928年10月18日，在永春县委支持下，颜步青等东区农协会负责人，在东区太平寺广场召开东区群众大会。大会由区农协会主持，公审破坏农民运动的反动分子蓝番、郑季冬，通过群众表决，颜步青亲手将蓝、郑两犯就地枪决。群众欢欣鼓舞，声势震动闽南。会后，各村农协会都行动起来，东区农运进入高潮，村农协会成为各村最高权力机构，一切事情都要农协会解决。大路头农协会对一个抵制农运的土劣罚款30银圆，洛阳村农协会也严惩了一个拒不减租的地痞。许多因减租而产生纠纷的事，都得找村农协会解决，真正是一切权力归农协会。1929年7月，省委在《政治通讯》第9期刊载："永春在去年九、十月间，党曾领导东乡农民斗争，当时发展很快，群众工作也算不错。"东区农民运动的迅速发展，震惊了国民党反动派，惊呼："东区农运过火了，赤化了，东区是共产党的根据地。"于是军阀和当地反动派串通一气，密谋策划了1928年11月9日事件。事前三天，湖洋民团在东区附近追缉一逃匪，而该匪却被东区民团抓到，双方发生争执，湖洋团兵回去向其团长刘子宽哭诉。刘子宽借此机会勒令东区民团将该匪交出，受到颜步青等的拒绝。11月9日，刘子宽到东区，假装协商解决问题，暗中派一连团兵包围农协会所在地，强缴东区民团枪械，颜步青等东区农协会执委及东区民团骨干等9人被捕。

颜步青被捕后，作为共产党要犯先解押泉州，再转漳州牢狱监禁，受尽种种严刑拷打，身体遭受严重摧残，始终坚贞不屈。党组织和东区群众千方百计，设法营救，其父从南洋赶回耗尽资财多方斡旋，最后由南洋华侨公会致电省政府，方获释放。出狱时已奄奄一息，虽然其父尽力延医抢救，终因伤势过重无法医治，于1931年6月在厦门逝世，年仅24岁。

一生为永春农运奋斗不息的先驱者，颜步青烈士的革命精神永励后人！

以文载道，战斗不息

——记安南永德苏区主要创始人李南金

"他是永春党的灵魂。"

这是中共厦门中心市委对安南永德边区党和游击武装的主要创始人李南金的高度评价。

李南金，原名李世混，1907年2月12日生于永春达埔乡岩峰村。少年时期在永春达新小学读书，后又到泉州求学。他求知若渴，博览群书，擅长文学，写下不少言志文章，在《南星》等杂志上发表。他眼光敏锐，勤于思考，深切同情百姓备受病灾折磨的境遇，在课余寻遍医学书志，辑录秘方良药，希望能为贫苦百姓排除病痛，救急扶危。随着年纪增长，他意识到劳苦大众的贫弱，决不是医治肉体所能解决的，必须帮助他们抗击各种邪恶势力的压迫和剥削。他又苦练武术，希望能以好侠尚义之举，为民排忧解难吐气伸冤。他耳闻目睹多少人对邪恶势力的反抗，不但没能挣脱自身的枷锁，反而招致更残酷的镇压。面对灾难深重的乡亲，满目疮痍的家园，天昏地暗的社会，他深为苦闷和彷徨。于是，他抱着忧国忧民的心情，悻悻地离开家乡，远渡法属安南，以教书为生。在安南，他看到仍然是弱肉强食、尔虞我诈的现实，国弱侨贱，华人过着寄人篱下、弯腰低眉的屈辱日子。虽有满腔抱负，但出路在何方？

1928年秋，李南金毅然回国，在中国共产党领导的上海中华艺术大学文科班深造，他接触大量的进步书刊，如饥似渴地阅读马列主义著作和革命文学作品。他聆听过鲁迅的演讲，鲁迅反帝反封建的硬骨头精神，对他有深刻

李南金烈士

的影响,他说:"鲁迅先生是个极有骨气的文学大师,他的文学才能,毫不妥协的战斗精神,是值得崇敬的。"他积极投身于工人和文化界的爱国运动中,致力于反帝反封建斗争。1929年,李南金加入中国共产党,他坚信只有共产党才能救中国于危难,拯民族于水火,决心为党的事业奋斗终身。

李南金旧居

1930年6月,李南金从大学毕业后,接受党组织派遣,回永春开展革命活动,任中共永春县委宣传委员,着手在永春城关建立党的秘密据点。他巧妙地利用在县建设局任职的合法身份,主编《建设月刊》,用笔名"觉因"在月刊上发表文章,以幽默含蓄的笔调,巧喻暗讽的手法,揭露社会的黑暗,宣传革命。他利用公务活动的机会和进步团体教职员联合会,在社会上广交朋友,进行秘密宣传、串联活动,培养和吸收积极分子,秘密发展一批共产党员,在邻近的安溪、南安的夹际小学建立党支部。同时在家乡达埔岩峰村建立党团支部和农会、互济会、妇女会、儿童团等组织,开展"抗租、抗捐、抗税、抗粮、抗债"的斗争。他还亲自主编《磨砺》刊物,宣传革命,唤起民众。同年11月,李南金代理永春县委书记,全心身地投入开辟安南永边区的工作。他通过猎户陈体,在安溪东溪建立据点,又与郭节在佛子格、山后、贞洋、小溪等地建立据点，使建立安南永边界游击根据地条件逐渐成熟。在他的努力下，建立了以安溪佛子格为中心的中共安南永特区委，并兼任特区委书记。

永春达埔岩峰书院旧址（现已翻建为岩峰小学）。1930年秋，省委派李南金在此建立党团支部和群众组织，为开辟安南永特区培养一大批革命骨干

李南金一方面加强党的组织建设，一方面加强游击队的组建工作。他在组织农会进行"五抗"斗争的基础上，组建一支40多人，用火枪土枪武装起来的游击队。为了扫除革命障碍，他亲率游击队，在东溪陈体的配合下，攻打豪绅地主组织的"议事会"，击伤其头目陈仲修，活抓土劣陈忠晨。首战告捷，特区人民深受鼓舞。为促进武装斗争的进一步发展，李南金加紧筹集枪支弹药、筹粮、筹款，并先后派出两批游击队骨干到漳州游击队学习军事。1931年初，安南永特区的革命烽火，引起敌人的恐慌，陈国辉部到处搜捕共产党员，李南金的家9天被抄11次。为了保存刚刚建立的革命力量，中共福建省委指示永春县委负责人分散隐蔽，李南金由省委调到漳州、石码一带工作，随后又调任中共同安特支书记。从春到秋，李南金尽管几经辗转，工作环境十分艰苦，但始终以坚强的信念，为党的事业奔走。中共厦门中心市委首任书记王海萍给他的评价是"很老实，能吃苦、性情好，群众关系不错，对党忠诚"。

1931年10月，李南金参加在厦门召开的厦门中心市委扩大会议，会议传

安溪佛仔格中新厝旧址。1930年冬，上级党组织派李南金在此开展安（溪）南（安）永（春）三县边界的革命斗争。1931年12月，李南金在此建立安南永临时县委并任书记，隶属厦门中心市委

达中央关于"保护苏区，扩大游击区"的指示，研究开辟游击区的具体任务。同年11月，厦门中心市委决定开辟安南永游击区。12月，李南金以中共厦门中心市委特派员身份，回永春领导开展游击战争。他在曾活动过的安溪佛子格，先后数次召开党的会议，传达厦门中心市委关于在安南永三县边界开展游击战争、将永春的党团骨干调入安南永边区的指示，并成立中共安南永临时县委，他担任书记。为了尽快打开局面，他派郭节到安溪小溪恢复和发展党组织，吸收小溪农会主席杨七入党；派李剑光、李世全、林绍琼、李晓山等到安溪芸尾、东溪、后寮、温泉、龙居，南安蓬岛、华美、山后，永春达埔、洋角、圳古、坑园一带恢复组织，发展群众，发展农会，筹集武器，开展土地革命，基本形成了以佛子格为中心的安南永边区红色区域，为开展游击战争打下坚实的基础。1932年春，厦门中心市委派陈凤伍等一批军事斗争骨干来安南永游击区加强领导工作。3月23日，李南金与陈凤伍从东溪到佛子格开会，途经芸尾时，由于反动地痞告密，遭到护路局（烟苗捐局）叶范畴驳壳枪队的伏击。在危急之际，李南金立即反击，杀开血路，脱离险境。但陈凤伍是外地人，初来乍到，地形不熟，陷入敌人的包围，为了保护战友，李南金不顾个人安危，

毅然回头冲入敌群,掩护陈凤伍突围脱险。面对步步逼近的敌人,李南金打光手枪子弹,赤手空拳,同敌人搏斗,不幸被捕。4月24日,李南金在安溪县城英勇就义,年仅25岁。

李南金壮烈牺牲,安南永游击区失去一位优秀的领导者。1932年4月,中共厦门中心市委给中央的工作报告中沉痛地指出:"最近,李南金被捕(他是永春党的灵魂,市委派他去恢复工作),工作上是一大损失。"李南金牺牲后,安南永德的革命者赓续先烈的未竟事业,同年5月1日,正式成立中国工农红军闽南游击队第二支队(简称红二支队)。5月18日,红二支队支队长陈凤伍率队处决了告密者,为李南金同志报仇。11月,中共安溪县委升格为安溪中心县委,领导安南永德地区空前规模的游击战争,建立了隶属于中央苏区的安南永德苏区。

人民的疾苦就是我的疾苦

——记兢兢业业的革命播种人郭节

"人民的疾苦就是我的疾苦，要革命就要不怕苦，不怕死。"

郭节，马来亚归侨，1929年加入共青团，1930年转为中共党员，曾任中共佛仔格支部书记、南安永特区委宣传委员、安南永临时县委委员等职，是安南永边区党组织和革命根据地的创始人之一。1932年被捕牺牲，年仅26岁。

郭节烈士

郭节，原名郭云浓，学名方浓，1906年出生于安溪县魁斗乡佛仔格村的一个晚清秀才家中。少时随亲属往马来亚谋生。由于国弱民穷，目睹海外华侨受欺凌的现实生活，怀着拯救中华民族愿望，于1928年毅然回国，在厦门结识中共党员郭子仲，一道回到南安、安溪佛仔格毗邻的偏僻山区——南安华美山后乡。他们办起农民夜校和山后小学，郭子仲任校长，郭节和2位德化籍进步青年为教员，在这个山高密林、文化落后的山区启蒙新文化和新思想，传播革命道理。因而招致当地封建势力的反对，在蓬华十三乡民团长陈春的胁迫下，校董会遂辞退郭节等教师，郭子仲也被迫离开学校。

1929年初，郭节由中共党员陈登沃介绍转往永春夹际育才小学任教。在此期间，中共永春县委按照党中央确定的关于开展土地革命和武装反抗国民党反动派的总方针，在中共福建省委的领导下，加强在安南永边界乡村发展党的组织、发动农民武装、实行土地革命、开展游击战争的力度。郭节在育才学校很快就融入革命行列，他在学校里经常接近进步教师，接受党组织的教

中共安溪中心县委旧址、郭节旧居——中新厝新貌

育。同年秋,他在育才学校加入共青团,1930年4月转为中共党员。他以教师职业为掩护,积极开展革命活动。他白天上课,晚上回佛仔格办农民夜校,教农民识字,同贫苦农民交朋友,讲贫富不均的现实,启发农民要解除贫困和剥削,只有团结起来与国民党反动派、地主劣绅作斗争,推翻封建统治制度,建立自己的政权,穷苦人才能翻身解放的道理。在他的努力下,在佛仔格一带组织起农会、妇女会、儿童团,成立佛仔格农民武装,并吸收郭汪洋、郭大霖等同志入党。同年秋,建立中共佛仔格支部,他担任支部书记,隶属永春县委。

1930年6月,中共党员李南金受党组织委派回永春开展革命工作,担任中共永春县委宣传委员,注重加强创建安南永边区党组织和游击武装的斗争。同年11月,李南金代理永春县委书记。他深入安溪东溪、佛仔格、南安山后和永春达埔、夹际一带开展工作,年底,建立中共安南永特区委员会,李南金任书记,组委李剑光、宣委郭节,下辖五个党支部。此后,郭节在安溪芸美、小溪等地开展工作,他常与同志们说:"人民的疾苦就是我的疾苦,要革命就要不怕苦,不怕死。"他日夜工作,爬山涉水,寒暑不避,风雨不移,挨家挨户访问贫苦农民。他没有先生"架子",平易近人,细心倾听穷苦农民的迫切要求。他循循善诱，教育贫苦农民，引导他们挖穷根、找生路，提高贫苦农民的阶级觉悟，鼓励他们同反动派、地主豪绅进行勇敢的斗争。经李南金和他等一批同志的积极工作，共产党在安南永边区一带深得人民群众的信赖和拥护。

1931年春，安南永边区的东溪、芸美、小溪、贞洋、镇抚都建立了赤卫队、农会、妇女会、儿童团、互济会等革命组织，开展了轰轰烈烈的抗租、抗税斗争，革命运动蓬勃发展。魁斗民团团长陈凤远凭借反动武装，横行乡里，鱼肉百姓，巧立名目，横征暴敛，肆意掠夺佛仔格群众，如每派10元捐税还要外加2元"草鞋礼"。群众如果交不起，他们就抓鸡鸭、抢棉被、搬农具、牵耕牛，搞得鸡犬不宁，人心惶惶。对此，郭节深入发动、组织群众，同反动派展开针锋相对的斗争。有一次，4个团兵窜到佛仔格收捐税，郭节带领六七个手执刀枪的农民同他们斗争，抓住两个团兵，并把他们狠揍一顿。这使民团更加怀恨在心，从此他们更经常派武装到佛仔格骚扰抢掠。同年夏，省委巡视员翁成金巡视永春、安溪、德化。秋，厦门中心市委决定发展永春、安溪的游击战争。冬，李南金到安溪佛仔格与郭节联系后，即召集党、团骨干开会，传达厦门中心市委关于在安南永三县边界建立游击区的决定，同时建立中共安南永临时县委，郭节任县委委员。在县委的领导下，安南永德革命活动中心逐步向安溪转移，形成了以佛仔格为中心的安南永边区游击斗争基地。

1932年1月，国民党安溪县公路局和当地民团到佛仔格强征捐税，遭到群众抗拒，便由魁斗民团长陈凤远带匪兵前去强砍树木。山林是山区人民的命根子，为了保护群众的切身利益，郭节召集佛仔格的群众，揭露陈匪凤远破坏山林的罪行，号召群众同陈匪展开面对面的斗争。他带领群众同荷枪实弹的陈凤远据理力争，陈匪恼羞成怒，命匪兵押走郭节，愤怒的群众纷纷拥上前去，将匪兵团团围住。郭节考虑到陈凤远土匪成性，凶恶残忍，会狗急跳墙向手无寸铁的群众开枪。在这一触即发的紧要关头，为了保护群众的生命安全，他不顾个人安危，毅然挺身而出，劝导群众离开，并说一切由他一人承担交涉。

郭节被捕后，陈匪从他的大衣袋里搜出一支短枪，把他押解到县警察局，投进监狱。在狱中，敌人用尽种种刑罚，要他说出共产党活动情况，但他守口如瓶，坚不吐实，保护了党组织和同志的安全。在狱中，他不忘自己是一名共产党员,关心教育难友,宣传穷人求解放的道理,鼓励难友,只要穷人组织起来,就有力量与反动派作斗争,就能求得翻身解放,并嘱附因欠税坐牢的贞洋群众易豆种出狱后到佛仔格与共产党员郭大霖取得联系。同年4月24日,郭节在安溪县城就义,为革命献出年轻的生命,年仅26岁。生前著有《花鹃》一书。

郭节烈士纪念碑

为革命鞠躬尽瘁

——记永春"大虫"李永康

"我这头大虫是专门对付坏人,保护好人的。"

李永康,1927年参加永春东区农运,1930年入党,曾任中共永春县委委员、安南永临委委员、安溪县委宣传委员。在开辟安南永游击区斗争中,与敌作战有如赫赫山君,磅礴山谷;下岗猛虎,威慑敌群。对待人民却如殷殷孺子,情同手足。人们亲昵地称呼他的绰号"李大虫"。1932年夏不幸被捕,9月在安溪就义,年仅24岁。

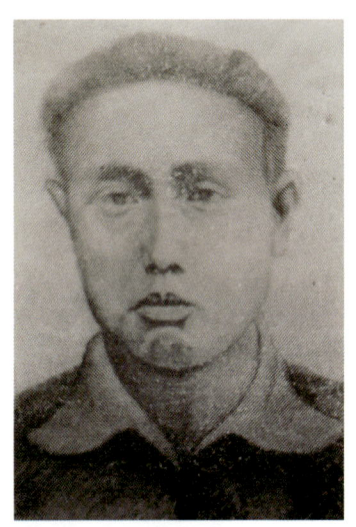

李永康烈士

李永康,又名安世,字载寿,别名李大虫,1908年4月出生于永春县东平乡太平村。其父是晚清武官,任过德化提标之职。李永康少时受到父亲的严格管教,就读太平学堂,后进入永春润中师范学习。

1927年师范毕业后,李永康先后在内碧、外碧、太平、花石等学校任教,耳闻目睹永春人民深受地方军阀土劣的压榨,在黑暗动乱的社会中痛苦挣扎的现实,深为震动。他开始与冷水小学校长李文墨、教员李晓山、花石小学教员吴国清等中共党员、进步青年密切交往,阅读一些宣传马克思列宁主义的革命书刊,受到革命思想的启迪,从封闭的家庭束缚中解脱出来,投入革命行列。同年11月,在中共永春特支领导下,成立东区农民协会,李永康积极参与农运活动,白天坚持教学工作,晚上和李文墨等人到邻近各村访贫问苦,发展农会会员,宣传革命道理。

李永康旧居

1928年2月,中共永春县委成立。在县委领导下,永春东区农民运动蓬勃发展。李永康积极主动地投入农协会组织的减租、抗饷、反迫害斗争,以及在太平寺广场枪决破坏农民运动的恶霸牙爪蓝番、郑季冬的公审大会,经受农民运动的实践锻炼,表现出爱憎分明,勇敢坚定的品格。他家是一座宽敞、舒适的传统结构砖瓦房,其父经常外出经商,其母善良而富有同情心,他经常把整夜奔走劳累的同志带到家里歇息,他把自己的家,变为革命者的温暖之家。每逢同志们来家,其母不分日夜,张罗饭食。若遇雨天,同志们的衣服湿了,其母连忙拿出家里的衣服让大家换下,又连夜把湿衣服烘干,以供第二天照常穿用,避免受人怀疑。同年11月,东区农民运动受挫。李永康在东区的活动,引起当地土豪劣绅恶霸的不满,纷纷指责其父"纵子作孽"。他父亲权衡利害得失之后,对永康施加压力,严令他不得再外出参加活动。否则,要他离开家乡,不要在眼前生事。这时的李永康,经过了革命斗争锻炼,革命思想有较大的飞跃,坚定了拯救苦难同胞的信念,在艰苦的革命斗争与舒适的小家庭之间,他选择了前者,决心离开家乡,投入革命洪流。

1929年10月,《中共福建省委致泉属各县指示信》针对军阀混战和民众备受苛捐杂税沉重压迫的形势,强调必须发动群众抗捐。11月,中共永德县委召开扩大会议,贯彻省委指示,决定领导鳌峰群众武装抗捐,因事起仓促,斗争方针超越主客观条件可能，于1930年5月举行的鳌峰武装抗捐斗争被陈国辉残酷镇压。永春的革命斗争转入达埔一带，逐步向安南永德边区发展。李永康与李晓山一起到达埔，在中共永春县委宣传委员李南金领导下，继续开展革命活动，建立农会、妇女会、儿童会、互济会等组织。由于李永康忠诚刚毅、组织性强、表现突出，被吸收加入中国共产党，不久担任中共永春县委委员。1931年5月，共青团福建省委巡视员翁成金来永春、德化巡视工作，到达埔、太平、蓬壶等地向永春党团县委负责人和李永康等人了解工作情况。中共厦门中心市委成立后，翁成金受遣再次到永春，在达埔召开党的会议，传达中央关于"保护苏维埃，扩大游击区"的指示。中共永春县委根据中央指示精神，决定把革命斗争区域逐步由达埔向安溪、南安边界发展，建立安南永特区。李永康参加了这次会议，并受命到永春岱山一带发展党、团、农会组织，领导群众进行"五抗"斗争。同年12月，中共厦门中心市委决定开辟安南永游击区，成立安南永临时县委，书记李南金，李永康等8人为县委委员，同时抽调一批永春党团骨干到安南永边区从事开辟游击区工作。

1932年1月，李永康等人受安南永临时县委派遣，深入安溪的小溪、龙居、温泉一带开辟工作，发展党团及各种群众组织，开展"五抗"斗争。4月上旬，根据厦门中心市委的指示，安溪、永春游击队在魁斗佛仔格土楼正式整编为闽南工农游击队第二支队，在斗争中逐步形成了以佛子格为中心，包括安溪的佛子格、芸美、东溪、镇抚、后寮和南安的山后、华美、蓬岛以及永春的达埔、岱山、羊角、圳古、坑园等乡村的安南永游击斗争基地。4月20日，毛泽东率红军东路军攻占漳州，给安南永德地区的斗争和工作的进一步发展创造了极为有利的条件。4月底，厦门中心市委宣传部长许依华和市委特派员许包野，在安溪黄口小溪村建立中共安溪县委，代替安南永临时县委，领导安南永德四县边区的革命斗争，书记李剑光，李永康担任宣传部长。安南永德边区的游击战争开始进入迅速发展的新阶段。

此后，安溪县委根据厦门中心市委指示精神，利用国民党十九路军入闽之机，开展"五抗"斗争，实行土地改革，打击地霸、民团和土匪，建立政权，扩大游击武装。李永康全身心地投入斗争，对革命忠心耿耿，疾恶如仇，作战勇猛，加上体格魁梧，气魄轩昂，肤色黝黑，人们绰号他"大虫"。他豪爽地说："我这头大虫是专门对付坏人，保护好人的。"李永康一生的经历，正如他所说的一样，与敌人作战有如赫赫山君，磅礴山谷；下岗猛虎，威慑敌群。而对待同志，对待人民却如殷殷孺子，情同手足，亲密无间。因此，在安南永游击区，人们都亲昵地称呼他的绰号。当年与他共事过的老领导粘文华、翁成金，在回忆录中还是将他叫作"李大虫"。

1932年8月，闽南工农游击队第二支队根据安溪县委决定，组织打击安溪县中兴大地霸叶火国。各村赤卫队千余人配合，分兵三路，把叶火国的土匪民团四面包围，激战4个多小时，李永康身先战士，勇猛冲杀。叶火国见势不妙，遁入炮楼顽抗。闽南工农游击队第二支队没收其粮食、牲畜分给贫苦民众。事后，叶火国勾结驻湖头的十九路军梁世骥部，对彭区、黄口等游击区大举反扑，抓去群众数十人。李永康为组织掩护群众转移，留下殿后，不幸被捕。9月，在安溪县城英勇就义，年仅24岁。

没有国，哪有家

——记觉醒年代的革命先驱董云阁

"没有国，哪有家？"

这是曾任共青团福建省委组织部长、福建省总行委常委、共青团福建省委书记、中共闽南特委副书记、厦门中心市委常委、组织部长等要职的董云阁留下的名言。

董云阁，又名董光泰，1908年生于著名侨乡福建省晋江县永宁镇后山村（现属石狮市）的一个华侨家庭。1926年冬，他加入共青团，任集美学校团支部书记，不久转为中共党员。1927年调到中共厦门市委机关，1928年底主持共青团厦门市委工作，1929年6月任共青团福建省委组织部长。1930年8月，福建党团组织组成总行动委员会，董云阁任总行委常委。同年11月，任共青团福建省委书记。12月，任中共闽南特委副书记，与书记陶铸等到漳州恢复党团活动，并深入漳属各县组建工农游击队，开展武装斗争。

1931年3月，中共福建省委机关遭敌破坏后，回厦门与蔡协民

董云阁烈士

董云阁旧居

没有国，哪有家——记觉醒年代的革命先驱董云阁

1929年7月，董云阁被任命为共青团福建省委组织部部长（洪世雄绘）

等主动组成临时省委,担负指导全省革命斗争的重任,直到中共厦门中心市委成立。革命暂时遭受挫折,白色恐怖笼罩着厦门,董母十分担心他的安危,曾多次要他到菲律宾去,董云阁都婉言拒绝,对母亲说:"没有国,哪有家?"丝毫不留恋优裕的家庭生活,置个人安危于度外,继续为党工作。

1932年春,董云阁任中共厦门中心市委常委、组织部长,受厦门中心市委的委派,带着市委关于"由游击战争发展到地方起义,创建游击根据地"的指示,以党巡视员的身份到莆田、仙游等地巡视工作。同年4月,毛泽东率中央红军东路军攻克漳州,厦门中心市委领导人集中力量,发动漳州和周边地区的革命武装力量,配合红军,协同作战。董云阁留在厦门坚持领导工作。5月,厦门中心市委书记王海萍不幸被捕,在危难之际,董云阁主持厦门中心市委机关工作。不久,也被国民党特务跟踪而被捕。在狱中,他坚贞不屈,正气凛然,严守党的机密,保持了共产党人的崇高气节。

不久后,董云阁被敌人杀害于厦门禾山海军司令部,年仅24岁。

董云阁烈士与夫人高秀真合葬墓

为人民利益，死而无怨

——记山城革命先驱郭子仲

"我为人民利益，死而无怨！"

这是1926年加入中国共产党，曾在厦门、南安开展革命活动，参与组建中共安南永特区委，担任中共安南永临时县委委员、安溪中心县委委员的郭子仲于1933年春被捕后，在狱中受尽酷刑，留下的遗言，表达了一位共产党人为信仰而死的坚贞气节。

郭子仲，1908年12月出生于安溪县镇抚（现参内镇镇东村），成长于南安蓬华镇山后乡（现山城村）。1924年考入集美商科学校，1926年春转入厦门中山中学就读，加入中国共产党。1927年到厦门寿山小学任教，1928年在厦门思明东路开办"鹭潮书社"，传播革命新文化。同年秋，郭子仲和郭节从厦门回到南安与安溪佛子格毗邻的偏僻山区——南安山后乡，办农民夜校、山后小学，传播马克思主义。1930年春，他被迫离开山后小学，到蓬岛小学任教，以学校为阵地，成立了"启慧社"和"互济会"。暑假期间返回山后乡，成立中共山后支部。是年冬，参与组建中共安南永特区委员会，把三县交界处的农村力量联络在一起。1931年12月，厦门中心市委成立中共安南永临时县委，郭子仲任委员，并组建了安南永游击队。1932年春，在山后领导农民协会进行反霸斗争。

山后乡地处安溪佛子格与南安蓬岛乡的中间地带，与这两乡有着宗族血亲关系。山后乡境内山高林密，地势险峻，有18个自然村。当地有句俗话"山后十八窑，不是落就是出"。这里居高临下的有利地形，进可攻，退可守，又

郭子仲烈士

郭子仲在南安蓬华镇山城村的祖厝

容易发现南安诗山和永春、安溪方面的来犯之敌，是兵家必争之地。1932年4月，郭子仲任中共安溪中心县委委员。此后，在安南永边区发动群众，发展党团组织和农会、妇女会、赤卫队等群众组织，输送骨干充实发展闽南工农游击队第二支队的武装力量。

山城革命烈士纪念碑

1933年初，为保证边区革命斗争的顺利进行，郭子仲拟就"擒贼先擒王"的计划，经安溪中心县委批准，1月28日，率游击队在蓬华街的双莲池畔处决南安蓬华十三乡民团团长洪某，打击反动派的嚣张气焰，鼓舞了边区人民的革命斗志。国民党南安当局随即进行反扑，派出军警与当地民团加强蓬华地区反共、反革命地方武装力量，继续抓捕共产党人，镇压革命群众，实行白色恐怖。同年2月4日，郭子仲不幸被捕，被秘密押送至南安溪美国民党军第三六一团军事监狱。在狱中，郭子仲受尽酷刑，严守党的秘密，宁死不屈。姑母郭幼探监时，看到侄儿被摧残得血肉模糊，不禁老泪纵横，问道："孩子，你究竟犯什么罪，为什么受此刑罚？"郭子仲坚定地说："我没有罪，我为人民利益，死而无怨！"接着又说："我如能出狱，就继续我的事业，如不能，当效先烈，留取丹心照汗青！"

　　郭子仲被捕后，党组织多方设法营救他，各界进步人士及群众也纷纷要求释放郭子仲。国民党反动当局慑于群众威力，唯恐日久生变，1933年4月10日将其在南安溪美处决。郭子仲同志英勇就义，年仅26岁。

男扮女装干革命

——记山乡革命烈火助燃者颜湖

颜湖，1927年1月在马来亚加入中国共产党，隶属中共海外支部。回国后，经中共厦门党组织介绍与德化特支取得联系，在德化开展革命斗争。曾在国民党福建省防军陈国辉混成旅做兵运工作，1932年10月任中共德化工委书记，1933年4月被捕，5月12日在永春西校场英勇就义，年仅24岁。

颜湖烈士

颜湖，原名曾昭湖，又名颜传湖，1909年出生于德化县霞碧虎井村。家里世代务农，5岁时，他被卖给三班一个颜姓村民为子。他8岁入学，学习很用功，成绩优异，但因家贫14岁就辍学，接着就去当学徒工做瓷器。1925年，颜湖跟随养父前往马来西亚麻坡谋生，投奔亲戚颜义广家。后经介绍，父子俩去给资本家当雇工。不久养父身染重病，返回祖国，颜湖就单身留在马来亚做工。但他想到自己生身父母家破人亡的情景，想到自己为谋生远离祖国来到异国他乡，仍然受到资本家的压迫剥削的命运，心中无限惆怅。1926年12月，在颜义广的带领下，他毅然参加了共产党领导的地下斗争活动，走上了革命的道路。1927年1月，颜湖在马来西亚由颜义广介绍加入了共产党组织（当时马来西亚尚没有建立马共，马来西亚的共产党组织，系中共海外支部）。在党的领导下，颜湖积极参加了工人群众在麻坡城进行示威游行，后又参加工人罢工，抗议资本家对工人的无理迫害等。由于颜湖积极参加地下斗争活动，组织上考虑到他的安全，通知他改名为陈新民，于1927年12月返回祖国。他取道厦门时，与中共厦门党组织接上关系，党组织派员同他一起回德化，与中共德化特支取得联系。

男扮女装干革命——记山乡革命烈火助燃者颜湖

三班镇泗滨村的颜湖旧居

在中共德化特支的领导下,颜湖全心身投入革命斗争,他在三班泗滨办起了夜校,名义上是召集瓷工和附近的农民读书,实际上是通过夜校传播革命道理。开始时只有七八人参加,后来报名入学的有二三十人。穷人们通过夜校学习,唱革命歌曲等,提高了阶级觉悟,纷纷控诉反动派苛捐杂税给百姓带来的痛苦,痛斥旧社会的剥削压榨,大胆起来参加革命斗争。颜湖还在其家中安排一个场所,让各种不同对象的群众,利用空闲时间,到这里聊天、唱歌曲参加娱乐活动,以此来掩护地下党同志开展革命工作。为解决活动经费,颜湖卖掉自家田地作为革命经费。在党组织的领导下,丁溪、盖德、土坂、下寮、高蔡等地也办起了夜校,并在丁溪、盖德、土坂、三班及仙境等地设立几个中心点的联络站,由颜湖、苏兴里、张顺月、林书作、李其森等人负责点上的组织工作,发动农民组织农会和妇女会等,把革命运动轰轰烈烈地开展起来,参加革命斗争活动的群众多时达2000多人,壮大了革命力量。此后,德化革命斗争有了新的发展,革命活动范围也逐渐扩大,先后建立中共德化县委、德化区委,隶属于中共福建省委。1930年国民党福建省防军第一混成旅长陈国辉镇压中共永德县委领导的鳌峰农民武装抗捐斗争后,即率兵入德化,击败德化民军徐飞龙部,安南永德四县均划为第一混成旅辖区,陈国辉便进行疯狂"剿共",大肆捕杀共产党人,德化党组织遭受破坏,革命活动处于低潮，泗滨夜校也就此停办。

1930年秋，颜湖受党组织委派打进混成旅郑魁生连任庶务长，秘密开展革命活动，通过老乡关系，与颜泗德、颜礼纳等结谊。在颜湖的启发下，颜泗德等人的革命思想逐渐成熟，积极投入党领导的兵运工作。颜湖从改革膳食制度入手，士兵每天由原来吃两餐改为吃三餐，每星期日进行加菜，士兵们更加欢喜，从而团结了一些人，为地下党出力，把枪支弹药拿出来交给地下党，又把每月节约的饷银接济地下党。颜湖还利用职务的方便，四处串联，夜间还男扮女装出外贴标语、发传单，传播革命消息等。不久，该连移防泉州城区，颜湖、颜泗德等人经常利用夜间，在城区中山公园、凤凰亭、涂山街、浮桥等处张贴革命标语、散发传单等，打乱敌人思想防线，牵制敌人的后方。1932年4月，毛泽东率中央红军东路军攻占漳州，有消息说要进攻泉州，泉州城区的国民党当局与驻军惊恐不安，颜湖、颜泗德等人在连队中秘密串联十几名骨干，从思想上组织上做好准备，以便为迎接红军攻城时做好内应。后因红军回师中央苏区，没有实现进攻泉属的计划。又因国民党军阀混战，派系斗争日渐粉墨登场，颜湖与颜泗德、颜礼纳等十多人，脱离混成旅，回德化三班开展革命活动。是时闽南工农游击队第二支队成立后，为加强安南永德游击区的武装斗争，厦门中心市委派泉州特支书记粘文华为市委特派员，到安溪检查指导，并留在安南永德游击区工作。

颜湖男扮女装的照片

1932年10月，中共安溪县委为加强德化党组织建设，派县委委员杨七到德化丁墘、三班等地，与颜湖、林书作、李其森等人联系，成立中共德化县工作委员会，颜湖任县工委书记。在县工委领导下，在三班、丁墘、盖德、土坂建立了四个党支部，并在三班、丁墘、土坂、盖德等十多个村，组织了农会、工会和赤卫队等，开展抗租抗税等"五抗"斗争。400多户农民和手工业者等参加了这一斗争活动。颜湖在泗滨昭阳宫召开会议，发动窑工抗交"窑烟捐"；在盖德村发动农民抗交"膏火田"地租，将每年的租谷拿来办曙光小学；在丁乾、彭湖则抗交"烟叶捐"等等。这些斗争取得胜利后，给群众很大的鼓舞，有许许多多的人民群众成批地参加了革命活动,仅三班一个村,就有100多人参加。县工委除了继续在上列地区领导组织农会、开展减租税活动外,更主要是进行武装斗争。为了与中共安溪中心县委更好地联系,县工委开辟建立了两条交通线:一条是从三班往永春四班,经龙头庵一个交通站到达永春革命根据地;另一条是从丁墘、盖德通往苏坑到达永春革命根据地。交通路线的建立,使德化与永春两地党组织的联系更为密切。闽南工农游击队第二支队成立后,支队长黄英和安溪中心县委委员粘文华多次带领游击队到德化领导开展武装斗争。县工委为了发动群众配合游击队开展武装斗争,颜湖等通过城关附近的几个主要联络点进行串联,组织人员在公路沿线各村落的一些山头上准备大火堆,以吹竹筒和打手电为信号,周围都燃起了大火。当时游击队的枪支不多,为了虚张声势,发动群众用鞭炮装在鱼篓里,噼噼啪啪地放起来,像机枪一样,吓得敌人晕头转向,只好龟缩在县府里不敢出来。县工委还组织革命群众在公路沿线村落烧毁公路桥,砍电杆、割电线,以破坏敌人的交通、通信设施。当每次武装骚扰时,三班、丁溪、土坂、盖德、仙境等村都有革命群众直接参加行动,有时一个村落参加的多达几十人甚至近百人。

1933年春,由于革命队伍日益发展壮大,为对付敌人的"围剿",中共德化县工委把建立革命武装力量作为工作重点。为解决武器装备,党组织加强对敌军的教育瓦解工作。颜湖曾派人争取了张雄南的副官吴杰。吴曾先后两次秘密送给第二支队长短枪12支,第一次有短枪2支、驳克枪和步枪各4支,送到奎斗万古桥给游击队,由粘文华、颜湖、黄鸿英等接回。三班党组织对张雄南的营长颜春进(三班人)做了许多工作,颜也为游击队和党组织通风报信。盖德党组织曾派李凤植到山坪,打进张成福匪部,其任务是"联系群众(指下属士兵),等待时机",又争取到林青龙匪部的排长林辉煌,使其向游击队缴出长短枪各一支。此外,党组织还曾计划派人到陈清如和涂友情等匪部开展工作。连当时在国民党县府里当勤务人员的曹和,也秘密地参加游击队的活动,他不仅透露当局的许多情况,甚至将县府内部地图拿出来交给游击队。

1933年4月下旬,颜湖等接到中共安溪中心县委参加在安溪佛子格召开纪念闽南工农游击队第二支队成立一周年大会的通知,于4月24日同杨七前往并带去两面镰刀斧头的红旗要赠送给大会。途经永春达埔的岭头亭,被驻达埔的反动民团团长颜沧溪带领民团兵,把杨七拦住检查,颜湖因身上带有红旗，发现杨七被搜身，即闪身溜跑。民团兵穷追不放，不幸被捕，身上被搜出两面红旗，当天中午即被敌人押到永春县城国民党第十九路军第181旅部。杨七也同时被捕，因敌人不认识他，盘问颜湖，颜湖为了掩护同志，坚定地回答说"过路人，不认识"。在颜湖的掩护下，敌人在杨七身上又搜不到什么可疑的东西，被关押几个月后释放回安溪。颜湖被捕后，安溪中心县委得知消息，想办法营救，但没有奏效。

永春西校场溪埔国民党屠杀革命志士的刑场。1933年5月12日，中共德化县工委书记颜湖被杀害于此

颜湖被捕后，受尽了敌人的严刑拷打，敌人用铁丝捆绑，用烧红的步枪通条刺入手心，昏死过去，又用凉水泼醒。但是他坚决不泄露党的秘密，昂首挺胸，凛然以对，痛斥敌人。1933年5月12日，颜湖在永春县西校场壮烈牺牲。就义前，颜湖昂首阔步走上刑场，他那视死如归的气节让在场群众感动得流下眼泪。

颜湖同志坚贞不屈的革命精神，体现出了一个共产党人崇高的英雄气概。

热血扫平净光明

——记"雷公队长"陈凤伍

"瘴气乌烟染世界,热血扫平净光明。"

"众人在狱中,言语不相通。同是一日死,革命再成功。"

这是土地革命战争时期中国工农红军闽南游击队第二支队的创始人陈凤伍烈士留在安溪的墨宝。

陈凤伍,1907年出生于海南文昌县一个农民家庭,从小学文习武,练就一身好武功,在高中读书时加入中国共产党。1926年参加北伐战争,任排长。1927年四一二反革命政变后,回海南开展革命活动。后因敌人通缉,于1929年往马来亚参加马共领导的革命活动,又被英属殖民当局驱逐出境。在香港找到党组织后,经中共南方局介绍给两广省委,再由两广省委介绍他到福建,由福建省委派到漳州游击队工作。1932年3月,中共厦门中心市委为了加强对安溪游击队的领导,开辟安南永德红色苏区,把他从漳州调往安溪。陈凤伍到安溪后,在市委巡视员许包野的帮助下,对游击队进行整顿,清除不良分子,吸收贫苦农民到游击队来,把安溪游击队整编为"闽南工农游击队第二支队",陈凤伍任支队长,庄毓英任党代表。陈凤伍具体负责军事工作,他明确指出:二支队的首要任务就是要在安南永德一带扫除那些阻碍我们革命事业发展的民团、股匪、土豪劣绅,为建立新苏区铺开道路。他经常向队员讲述,打击土豪劣绅目的是为广大劳苦大众解除压迫和剥削,讲述向敌人夺枪的故事,鼓舞大家斗志,提高大家的阶级觉悟,还亲自示范精湛的射击和格斗技能,逐渐提高二支队的

陈凤伍烈士

战斗力。在此后的一年多时间里,陈凤伍率二支队从小到大,转战安南永德一带,同国民党反动军队、反动民团作坚决的斗争。

1932年4月8日夜,陈凤伍率游击队执行中共安南永临时县委袭击陈国辉在安溪金谷设立的"烟苗局"的战斗命令,从佛子格向金谷进军。半夜时分,在内应同志的配合下,游击队和赤卫队等武装一举捣毁"烟苗局",缴获手枪5支,银元400多元。贴出布告,署名"闽南工农游击队第二支队,支队长雷震动,党代表陈一声","雷振动""陈一声"者,意为游击队如春雷初响,震动大地。取得了第二支队初战的胜利,沉重打击了军阀陈国辉勒收烟苗税的嚣张气焰。

1932年4月20日,陈凤伍又带领第二支队攻打安溪蓬莱烟苗局。经过两个小时的战斗,敌人爬上屋顶狼狈逃窜,擒获蓬莱烟苗局长,缴获步枪1支,电话机1部,法币1000元,鸦片数十斤。4月底,陈凤伍率第二支队开赴蓬莱,逮捕恶霸林向玉,召开群众大会,对其公开审判,执行枪决。布告署名支队长陈凤伍,党代表庄毓英。厦门中心市委宣传部长许依华,在安溪金谷小溪召

陈凤伍挥笔写下对联"瘴气乌烟染世界,热血扫平净光明"的地方——登虎榜关帝庙

开党团干部会议,建立安溪县委,陈凤伍任县委委员,具体负责军事工作。尔后,陈凤伍率第二支队转战安溪的上智、美滨、黄口、芸美等地,击毙恶霸胡乃贵、刘贵贤,著匪叶孔雀、地痞陈尚岁等,削弱地方土劣反动势力。

1932年8月初,陈凤伍率领第二支队和赤卫队1000多人,攻克国民党蓬莱区公所(新丰土楼),没收反动民团长张长明在鼓圩店的浮财,分给贫苦群众。9月1日,率第二支队在蓬莱公开审判匪首苏山水,随即又在1200多名群众配合下,攻打中兴大地霸叶火国。在这一系列的战斗中,第二支队的政治影响日益扩大,群众拥护共产党的革命热情日益高涨,青年踊跃参加游击队,队伍不断壮大。

1932年10月,国民党第十九路军和反动民团疯狂进攻安溪元口、坂顶和佛子格根据地。为避敌锋芒,陈凤伍根据县委指示,率二支队转战永春达埔后,出击洑溪等地,镇压陈国辉部属、土豪地霸陈家泽、黄家寿,发动贫苦群众,组织农会和赤卫队。在永春岩峰,击毙大恶霸李有文、潘士力,并张贴布告,宣布李、潘罪行,没收其家产,分给贫苦群众,还除掉地霸拳师潘士清。消除这些地头蛇,在永春震动很大,群众拍手称快,称第二支队是"雷公队""陈凤伍比雷公的神通还广大",纷纷要求参加游击队。第二支队很快就发展百余人,编为3个中队。同年11月,陈凤伍任中共安溪中心县委常委。

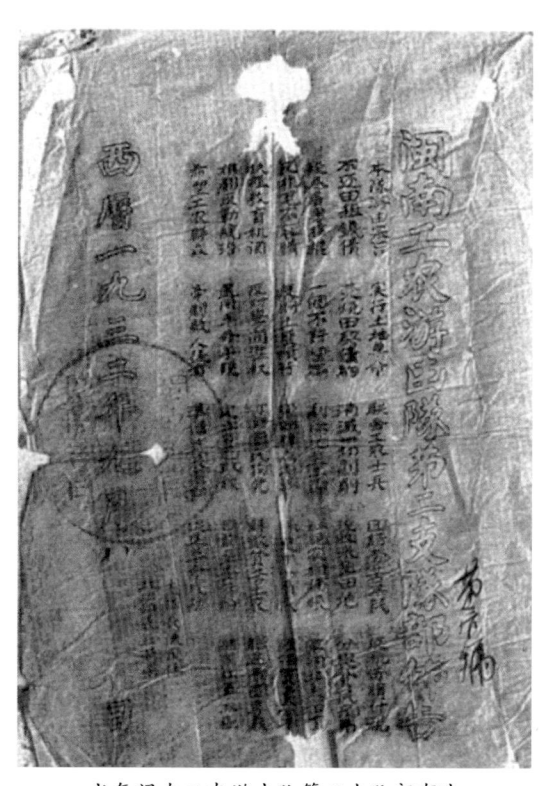

当年闽南工农游击队第二支队部布告

1933年春节期间,陈凤伍带领第二支队转战南安,攻打南安蓬岛民团,消灭团兵10多名,缴获步枪4支,驳壳枪1支,子弹300余发。后又在南安山后,配合赤卫队镇压土豪劣绅郭朝庆等3人，领导群众抗租抗税斗争。在战隙期间，陈凤伍针对战士来自四方、思想复杂、纪律松懈等问题，及时地进行政治思想教育，严肃部队的组织纪律性。部队在南安文章和安溪元口休整时，曾先后发现3名混进队伍的不良分子为非作歹、强奸妇女、抢劫群众财物。他查明情况后，集合队伍，当众宣布他们的罪行，立即予以枪决，维护了二支队的威望。同年5月1日，陈凤伍在贞洋召开的闽南工农游击队第二支队成立周年纪念大会上作《一年来游击战争的总结》指出，游击队是中国共产党领导的劳苦工农大众的武装，是一支被压迫群众的队伍，是反动派及土豪劣绅、民团、土匪的死对头。我们得到劳苦群众的热烈拥护，队伍从小到大，转战安南永德一带，取得了一个又一个胜利。这是劳苦群众的胜利，反动派是不会甘心的，大家要进一步团结起来，武装起来，为反抗国民党反动统治，反对苛捐杂税，实行土地革命，成立苏维埃政府而斗争到底。会上，闽南工农游击队被正式命名为中国工农红军闽南游击队第二支队（简称红二支队），陈凤伍任红二支队支队长。由于党的坚强正确领导，根据地得到巩固扩大，安南永德形成一片红色区域，安溪中心县委决定在地势险要、群众基础较好的登虎榜建立官桥区苏维埃政府。陈凤伍主持成立大会，在登虎榜关帝庙大厅两旁的墙壁上题写对联"瘴气乌烟染世界，热血扫平净光明"，抒发了一位革命者打碎旧世界，建立光明灿烂新世界和为崇高信仰奋斗到底的革命豪情。同年7月，为筹备县苏维埃政府，安溪中心县委调整红二支队领导人，陈凤伍改任红二支队政委。

1933年8月25日，安溪县革命委员会（又称安南永德苏维埃政府）在东溪成立，标志着安南永德苏区正式形成，进入鼎盛时期，这引起国民党反动派的极大恐慌和仇视。国民党第十九路军第一八一旅旅长和安溪县政府县长，民军头目等相互勾结，密谋策划，暗中拉拢并买通红二支队大队长王观兰（被收编的原土匪头目），设下圈套，导致发生陈凤伍等安溪中心县委和红二支队领导骨干12人不幸被捕的"青云楼事件"。敌人用铁线贯穿被捕同志的耳朵，绕山路经码头押往安溪县城。在狱中，敌人对陈凤伍等施行各种酷刑，用竹刺插指甲缝，坐老虎凳，灌煤油、辣椒水等，妄图逼陈凤伍等供出党组织和游击队的秘密，并要他们写悔过书，声明不再参加共产党。面对敌人的各种刑罚和欺骗利诱，陈凤伍英勇不屈。他用木炭在牢房中的墙壁上写下了这样的

热血扫平净光明——记"雷公队长"陈凤伍

陈凤伍手迹——瘴气乌烟染世界,热血扫平净光明

诗句:"众人在狱中,言语不相通。同是一日死,革命再成功!"鼓励狱中同志坚贞不屈,勇于为革命献身。12位难友都抱定宁死不屈的决心,一致表示斗争到底,任凭敌人严刑酷打,始终保持共产党人的革命气节,有7位同志牺牲在狱中。9月17日晚,敌人用铁线捆绑陈凤伍等5人,押赴安溪县城凤冠山上的刑场,陈凤伍知道最后时刻到了,他忍着疼痛,一出狱门就高呼:"中国共产党万岁""中华民族万岁"。敌人用枪托凶狠地打他,并声嘶力竭叫嚷:"你死到临头,还充什么好汉!"陈凤伍昂首挺胸,慨然道:"你们杀吧,杀得了我们,却杀不尽劳苦大众,我们的血不会白流!你们终究逃不了人民的审判!"他同难友们一起高唱《国际歌》,奔赴刑场,英勇就义,牺牲时年仅26岁。

竭诚无私，忠于革命

——记安南永德苏区军事领导骨干李世全

"至死也不能变节。"

李世全，1930年秋加入中国共产党，曾任中共安溪县委委员、中共安溪中心县委执委、红二支队副支队长、支队长，带领红二支队转战安南永德边区，四次变卖田产1000多元，支持苏区游击战争。1933年9月，在安溪蓬莱"青云楼事件"中牺牲，年仅25岁。

李世全烈士

李世全，字于华，1908年出生于永春达埔岩峰院前财源厝。初中毕业后，他在厦门、德化当过店员，与贫苦民众朝夕相处，深知人民疾苦。1930年春，中共永德县委领导的永春鳌峰反匪抗捐斗争失败，在革命斗争遭受严重挫折，到处一片白色恐怖的严峻时刻，李世全挺身而出，以自己家作为掩蔽所，掩护同志，支持革命。同年夏，中共福建省委派李南金回永春开展革命工作，李世全积极配合李南金，在达埔建立农会、妇女会、儿童团、互济会等群众组织，开展"五抗"斗争，通过一系列考验。同年秋，李世全加入中国共产党，在达埔和安南永边区宣传发动群众。1931年任永春游击队负责人，同年底，被派到漳州游击队学习军事。1932年，在安南永边区开辟工作，发动群众打土豪，收缴枪支弹药，筹集活动经费，扩大游击武装，先后任中共安溪县委委员、安溪中心县委委员、闽南工农游击队第二支队副支队长。动员家中亲人4次变卖田产1000多银元，用来购买武器装备和粮食，支持游击战争。1933年7月，中共厦门中心市委全面调整安南永德党政军的领导人，李世全任中国工农红军闽南游击队第二支队支队长，他坚决执行党的决议，作战勇敢，冲锋在前，带领支队转战安南永德边区，拔除反动据点，壮大革命声势。

在安溪中心县委领导下，1933年8月25日，在安溪东溪召开有500多名代表参加的安南永德工农兵代表大会，选举产生了安南永德苏维埃政府（安溪县革命委员会）。正当安南永德苏区的土地革命战争迅速发展之际，在军事进攻屡遭失败后的国民党反动当局，密谋策划，暗设圈套，指使安溪股匪匪首王观兰率部混入红二支队，编为第四大队。同年9月8日，由于安溪中心县委主要领导人轻信被收编的匪首，接受其"邀请"，带领李世全等12位党政军领导骨干，到安溪蓬莱温泉青云楼，中了敌人的圈套，不幸被捕。在狱中任凭敌人威逼利诱和肉体折磨，始终坚贞不屈。实现了他对继母说过的豪言："母亲啊！敌人凶残，我们随时都有被捕的可能，要是被敌人抓去，致死也不能变节！"

李世全牺牲时年仅25岁，始终保持共产党人的高尚气节。

李世全旧居

安溪蓬莱青云楼

弃暗投明闹革命

——记安南永德苏区优秀军事干部黄福廷

士兵们，
你们抛别了父母和妻孥，
请思量，你们为谁而杀人？
认清谁是朋友，谁是仇敌，
莫把那杀敌的子弹乱放。
士兵们，
请倒转枪口向敌人瞄准，
枪杀那压迫你们的仇人。
工农红军不是敌人，
是你们一家的兄弟，
……
你们应当想到自己的工农出身，
工农分子就要去实行，
打倒地主资产阶级国民党，
驱逐帝国主义出境。

黄福廷烈士

这是中国工农红军闽南游击队第二支队军事教官、副支队长兼大队长、安南永德苏区优秀军事干部黄福廷留下的遗作《倒回枪头推翻资产阶级的囚徒》。

黄福廷，又名黄智廷，广东省高要县人，生于1908年。他早年在国民党第十九路军担任排长，为人正直，富有爱国心。1932年1月28日，日本侵略军进攻上海，驻防上海的第十九路军在全国人民抗日高潮的推动下，奋起抗战。

由于蒋介石采取"攘外必先安内"的不抵抗政策,国民党政府与日本签订了卖国的《淞沪停战协定》,迫使第十九路军停止抗战,撤离上海到福建"剿共"。亲历淞沪抗战的黄福廷对国民党政府不抵抗政策十分愤慨,决意寻找机会脱离第十九路军。同年端午节,第十九路军毛维寿师进驻泉州后,黄福廷所在的一八一旅被派往安南永德"剿共"。在红色区域,他耳闻目睹红军游击队与人民的鱼水关系,深感共产党得民心,下决心投奔红军游击队。

1932年冬,有一天,黄福廷带士兵执行任务后回到安溪金谷营地时,又饥又寒,疲惫不堪,竟没有饭吃。他心头顿时燃起了愤怒的烈火,决心不再为国民党卖命,即转身外出,寻找红军。他走到乌土时,被红军游击队发现。游击队员向他喊话,他即隐蔽起来,边举枪边问道:"你们是红军吗?"支队长陈凤伍听出是广东口音,便用广东话对他宣传共产党的政策,红军战士出示红臂章,并告诉他:"我们就是红军!"黄福廷认清确实是红军,即放下武器,兴奋地站出来,诚恳地要求参加红军游击队。他被同志们带到佛子格,受到红军游击队指战员的热情欢迎。此后,黄福廷全身心地融入红军的革命斗争中去,在领导和同志的关心、帮助下,他领悟了革命道理,懂得了红军宗旨,思想上有了新的飞跃。由于他既有实战经验,作战技能又好,枪法准,又能平易近人、善解人意,大家都很喜欢向他学军事。随着红二支队在土地革命战争中不断发展壮大,他被任命为闽南工农游击队第二支队军事教官。他多次参加第二支队在安南永德地区打土豪、击杀反动分子、袭击反动民团,与"剿共"的国民党驻军、地方军阀作战,得到了磨炼。1933年春,黄福廷加入中国共产党,从一名旧军队的军人成为一名有信仰、理想坚定的共产党员。

1933年5月1日,经过一年的军事斗争锤炼,闽南工农游击队第二支队不断得到加强和壮大,队伍发展到100余人枪。中共安溪中心县委在安溪贞洋召开闽南工农游击队第二支队成立一周年纪念大会,将闽南工农游击队第二支队正式命名为中国工农红军闽南游击队第二支队(简称红二支队),黄福廷被任命为第二大队大队长,兼任红二支队军事教官。在纪念大会上,黄福廷发表了题为《倒回枪头推翻资产阶级的囚徒》的诗作,希望旧军队的士兵认清敌友,把枪口对准真正的敌人——帝国主义、地主资产阶级和国民党反动派。

黄福廷英勇善战,在战斗中,总是冲锋在前,勇敢杀敌,表现了对革命的忠诚。1933年6月,他与林青山等人在贞洋击退敌军一个排的多次进攻,掩护乡亲们安全转移。7月,中共安溪中心县委任命黄福廷为红二支队副支队长兼第二大队长。同月底,第十九路军一八一旅旅长张励率两个团入安溪进行"清剿",妄图消灭红二支队,镇压革命群众的夏收斗争。中共安溪中心县委立即采取应对措施,将红二支队分为三路,分头骚扰打击敌军。黄福廷带领第二大队在官桥区配合特务队、赤卫队,加强乡村布防,实行赤色清乡,打退敌人的进攻,保卫夏收斗争的胜利果实,巩固了中心区域。经过一个多月的斗争,红二支队粉碎了敌军的"围剿",敌军损兵折将,一些官兵携带武装,投奔红军。在斗争中党的威信越来越高,党组织得到了发展壮大,"创造了官桥区二十里整块的赤色区域和许多零星个别的赤色乡村"。

1933年8月,红二支队驻扎在大山石竹庙时,探悉洣溪陈子模买了11支枪办民团,每星期都请十九路军为他们擦洗枪支。石竹庙离洣溪不远,红二支队经过周密的调查研究后,决定巧夺枪支,并把任务交给黄福廷。这一天,黄福廷乘民团长陈子模去达埔开会之机,先派出10多名游击队员,埋伏在民团驻地周围,自己化装成十九路军士兵,大摇大摆地走向民团驻地,假意要为民团洗枪。他对民团兵说,明天我们要演习,没有时间,今晚我来把你们的枪擦洗好。民团兵看来人是十九路军士兵的行头,未有疑虑,便把枪支集中起来,交给他。黄福廷接枪后,趁敌不备发出秘密信号,埋伏在周围的游击队员,如猛虎下山直扑过去,吓得民团兵目瞪口呆,游击队就这样巧妙地夺了9支枪。至今群众中还流传着智勇双全的黄福廷智取民团枪支的事迹。

1933年8月25日,中共安溪中心县委在东溪召开安南永德四县工农兵代表大会,选举产生安南永德苏维埃政府。安南永德苏维埃政府的建立,标志着安南永德苏区革命斗争的进一步深入和发展。红色政权建立后,人民群众更加广泛地开展土地革命。当时报刊惊呼"安南永德边界之土共""大肆活动""各乡农民……纷纷参加匪党"。国民党政府在军事"清剿"未能扑灭革命烈火,便转变策略,国民党安溪县长、民军头目和第十九路一八一旅旅长等多次策划,设下圈套,指使安溪股匪头目王观兰伪装投靠革命,接受红二支队改编,打入红军游击队内部,骗取信任,伺机反目。1933年9月8日,发生"青云楼事件",导致黄福廷与陈凤伍等安溪中心县委和红二支队领导干部等12人被捕入狱。

在监狱里，黄福廷受尽了种种折磨。面对敌人轮番审讯，软硬兼施，诱降、逼降，他大义凛然，始终坚贞不屈，表现出共产党人的英雄气慨和高尚的革命气节。由于敌人反复施行惨无人道的法西斯酷刑，这位坚强的共产党员在刑具上壮烈牺牲，年仅25岁。

安溪凤冠山革命烈士纪念碑，碑文记载着在青云楼事件中遇难的黄福廷等12位革命烈士的事迹

为悼念黄福廷等12位烈士，1958年5月，安溪县人民政府在凤冠山建立"革命烈士纪念碑"。

生命不息，战斗不止

——记官桥区革命委员会主席傅有智

"苏维埃政府是工农兵自己的政府，是我们劳动大众经过艰难斗争，用血汗换来的，现在我们劳苦大众当家做主人了。我们要在共产党的领导下，加紧团结，武装起来，坚持'五抗'斗争，实行土地革命。积极、勇敢地保卫红色根据地，保卫我们的政权。"

这是傅有智当选官桥区革命委员会主席，在成立大会上的即席讲话，表达了一位革命者的心声。

傅有智烈士

傅有智，又名友智，安溪县蓬莱登虎榜人，1911年8月出生。少年时代在家乡小学读书，后到厦门鼓浪屿普育小学和厦门市同文书院（同文中学）续读。中学毕业后在德士古洋行当雇工，天天接触社会，耳闻目睹国民党黑暗统治下，劳苦民众生活水深火热，而洋行老板却不劳而获，过着豪华奢侈腐朽糜烂生活，激起他内心的愤怒与不平，决心献身革命，立志救国拯民。他广泛接触同文书院的进步师生，议论社会政治，抨击时弊。1929年秋，他被同文书院共青团支部吸收加入团组织。翌年夏，转为中共党员，担负着同文书院团支部及店员团支部的领导工作，成为共青团厦门市委的干部之一。1930年5月4日，他被选为厦门赤色总工会执行委员会委员。

中共福建省委继五二五厦门劫狱胜利后，决定于7月25日在厦门港渔行口广场举行一次打盐局的飞行集会。在这次飞行集会上，傅有智因身上被敌人搜出党的刊物而被捕。在狱中，敌人对他严刑拷打，威逼利诱，妄图迫使他供出厦门党组织。他大义凛然,坚贞不屈。7月31日,傅有智再次被刑审,刑审官:"傅先生,如果你不想作共产党的屈死鬼,我可保你荣华富贵,前途无量。要是执迷不悟,哼,招魂幡就在门外。何去何从,请自便吧!"傅有智坚定地回答:"我是堂堂男子汉,绝不后悔我走过的道路,要杀便杀,你少啰嗦!"当晚,傅有智和另一位同志被刽子手神秘押赴厦门打石字海滩枪杀,幸好没击中要害,5颗子弹从脸部、耳根、颈边及肩膀、腋下穿过,身上留下9个弹孔,浑身鲜血淋漓,昏死过去。刽子手们将两具尸体拖到一起,便缩回巢穴,待天明验尸收埋。半夜时分,傅有智苏醒过来,他忍着钻心的剧痛,以惊人的毅力,磨断绑在身上的绳索,趁着雨夜蹒跚地走到海边,在艄公帮助下,回到鼓浪屿三哥家。三嫂苏示惊喜交加,给他擦净血迹,换上衣服,并请来一位台湾籍大夫为他敷药,熬了一碗热汤给他喝下。对傅有智说:"住在这里很不安全,应趁早离开,回安溪老家治伤。"她用药膏贴在他的脸部伤口处,并给他一把伞,叮嘱:"如果敌人问你,就说是牙痛。"缓过气来的傅有智在黎明前潜出了厦门市区。翌晨,国民党警察局派人到刑场验尸收埋,发现少了一具尸体,查到被磨断的绳索,认定傅有智没有死,立即派出大批军警严密搜查无果。厦门《江声报》曾以奇闻登载了这件惨杀案,傅有智死里逃生,一时成为厦门的街谈巷议。

傅有智脱险回安溪后,在中共福建省委的安排下,与安溪党组织接上了组织关系。他治好枪伤,毅然地投入安南永德红色根据地的斗争。在安溪县委的领导下,傅有智首先在家乡登虎榜组织农会、妇女会、赤卫队,发展党的组织,建立党支部。后又在横坑、上智、竹塔、福山、码头、仙都、岭头等地开展革命活动,建立农会和党的组织,配合游击队消灭地方土劣和匪首,使这一地区的土地革命出现了新局面。1932年4月,傅有智任中共官桥区委书记。同年11月,任安溪中心县委委员,兼官桥区委书记。为更好地开展"五抗"斗争,他宣布取消一切捐税,解除农民的疾苦。他先从自家做起,不收农民的租谷,把没收地主、匪首3万多斤粮食和土豪的浮财分给贫苦农民。还带领赤卫队和农会配合红二支队先后处决了横坑、竹塔、码头等地的6个土豪地痞和民愤极大的反动分子,缴获登虎榜匪首土劣的枪支。在以他为书记的官桥区委的坚强领导下,官桥区二十里周围的劳苦群众在当年的夏收斗争中,首次不要交租,可以说是封建社会中有史以来破天荒的奇闻。

1933年8月24日,安南永德第一个区级苏维埃政府——官桥区革命委员会在登虎榜成立,傅有智当选为主席。会上,他发表了鼓舞全区人民革命斗志的讲话,并签发通电,宣告官桥区革命委员会成立。号召全区广大革命群众帮助红军游击队作战,狠狠打击国民党反动军队、反动民团及守望队,收缴反动派的武器,充实游击队的战斗力量;在赤卫队、少先队员中,选拔积极、勇敢、忠实的先进分子到游击队去,扩大游击队队伍。没收地主的土地,分给贫苦农民。《通电》还规定,游击队员及其家属分得的田,由革命委员会训令团体代为耕种。随后傅有智召开区政府工作会议,成立文化教育委员会、妇女救国会、分田委员会等组织,制订政府各部门的工作计划,要求各委员会深入发动群众贯彻实施。区苏维埃政府机关设在蓬莱登虎榜傅氏祠堂,隶属于安溪中心县委。8月25日,安溪县革命委员会(又称安南永德苏维埃政府)成立,官桥区苏维埃政府直隶于安南永德苏维埃政府。官桥区苏维埃政府成立后,群众欢欣鼓舞、奔走相告:有了自己的政府,再也不怕反动派来欺侮了。

安南永德第一个区级苏维埃政府官桥区革命委员会旧址——安溪蓬莱登虎榜傅氏祠堂

　　然而,正当革命事业顺利发展,红二支队取得节节胜利,安南永德苏区日益扩大之际,1933年9月8日,发生了一次震惊八闽的重大流血悲剧——青云楼事件,傅有智与安溪中心县委、红二支队领导干部等共12人不幸被捕。

在牢狱中，他们受尽各种严刑拷打，始终坚贞不屈，有7人牺牲于狱中。9月17日，敌人将傅有智等5人集体枪杀于安溪县城凤冠山。

傅有智同志为共产主义伟大理想的坚定信念，为人民的解放事业第二次奔赴刑场，献出年轻的生命，年仅22岁。他可歌可泣的英雄事迹，在安南永德人民心中代代传颂。

心甘情愿为人民

——记能文善武"大目黄"黄英

"人在狱中心向党,相信总有一天劳苦大众会得解放。到那时,革命红旗高高飘扬,我们同声合唱翻身歌。"

"我下定决心,不管风吹浪打,愿把自己的一生献给人民,为了人民的利益,即使死了,也心甘情愿!"

这是曾任中共安溪中心县委常委、宣传部长,红二支队参谋长兼第三大队大队长、代理支队长黄英留下的革命心声。

黄英,又名黄鸿英,海南岛人,生于1908年。因为他长着一对大眼睛,人们又叫他"大目黄"。他早年在家乡海南参加革命,并加入中国共产党。海南革命失利后,组织上派他去马来亚。在马来亚几经辗转与党组织接上关系,继续从事革命活动,后被英殖民当局驱逐出境,经香港转到汕头,由汕头党组织介绍到厦门。在厦门与中共福建省委接上组织关系,重新分配工作,从事工运和学运活动。不久,遭特务跟踪而不幸被捕,关禁在厦门思明监狱。

黄英烈士

1931年3月5日,省委机关遭受破坏。在省委秘书处工作的范国华被捕入狱,同黄英关禁在一起。虽是初次相识,但共同的理想信念把他们俩的心连接在一起,面对敌人的严刑逼供,他们从容以对,坚贞不屈,始终未暴露自己的身份。在狱中,他们互相关照,互相鼓励,黄英常对范国华说:"人在狱中心向党,相信总有一天劳苦大众会得解放。到那时,革命红旗高高飘扬,我们同声合唱翻身歌。"憧憬着革命胜利的时刻。他还说:"我下定决心,不管风吹浪打,愿把自己的一生献给人民,为了人民的利益,即使死了,也心甘情愿。"表达了一个共产党人为党的事业,为人民的翻身解放的革命心迹。

九一八事变发生后,在中国共产党领导下,抗日救亡成为全国人民的紧急任务和普遍要求,全国抗日救亡运动风起云涌,各地学生、工人纷纷举行罢课、罢工,向国民党政府请愿、示威,要求释放政治犯,共同抗日,抵抗日本侵略者。1932年9月,厦门国民党警备司令部迫于舆论压力,释放五名"政治犯",黄英和范国华才得以出狱。他们很快就与党组织接上关系,经中共厦门中心市委委派到安溪,参加安溪县委和游击队的领导工作。此时,安溪县委在厦门中心市委领导下,通过秋收斗争,得到"非常之快"的发展,安南永德四县游击区逐步连成一片。黄英迅速融入火热的斗争中。他深入农村发动民众,建立农会,惩处土豪劣绅,收缴武器,建立农民武装,开展抗捐斗争。他曾与特派员粘文华、县委委员杨七等人深入德化,与德化工委书记颜湖会合,成功地争取德化民军张雄南副官吴杰。吴杰先后两次秘密送给第二支队长短枪12支。第一次有短枪2支、驳克枪和长枪各4支,送到奎斗万古桥,由粘文华、颜湖、黄英接回游击队。

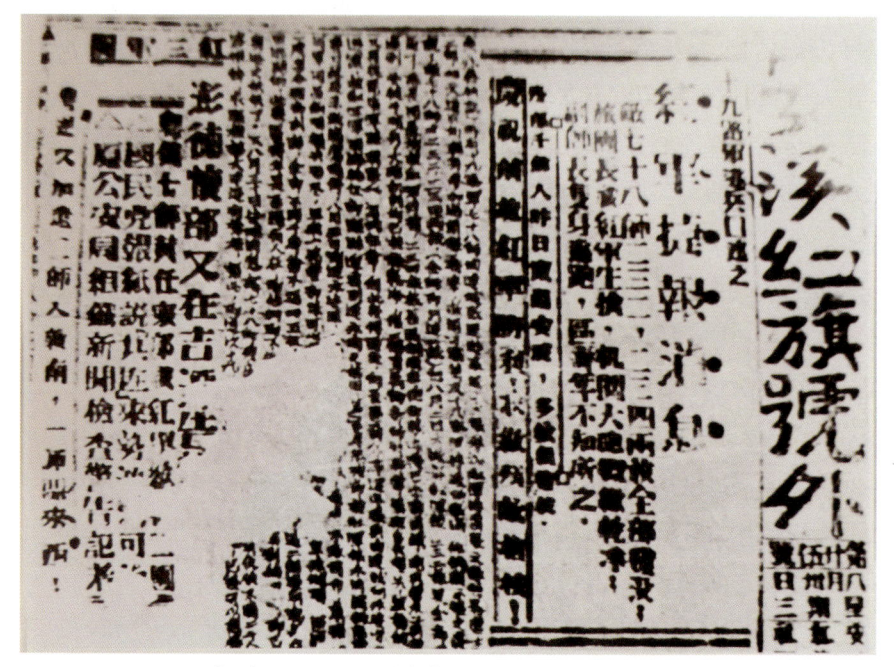

报道红三军团胜利消息的《安溪红旗》"号外"

安南永德游击区南靠漳州游击区，北临闽西苏区。中共厦门中心市委为巩固扩大闽南斗争成果，1932年8月就提出："扩大安溪游击战争，打进德化、永春、大田、永安的工作，与闽北打通，"同时要求漳州县委"注意向安溪、漳平、长泰打进，以与安溪游击区汇合，扩大游击区域"。10月，中心市委重申，安溪的游击应加紧充实力量，开始进行新赤区建设，既要打通漳平取得和闽西方面的联系，又要向漳州方面推进，使得和漳州的游击区相呼应。不论打通与漳州、闽西的联系，还是建立新赤区，都需要在安南永德斗争区域建立统一的领导机构。因此，厦门中心市委决定建立中共安溪中心县委。11月，中共安溪县委在佛仔格举行干部大会，根据厦门中心市委的决定升格为中共安溪中心县委，并产生中心县委和各区委的领导人，黄英任中心县委委员。此后，通过斗争，中心县委为适应斗争形势发展，加强干部政治、军事的培训工作，决定开办军政干部训练班，黄英积极配合中心县委宣传部长李晓山，分期分批培训县区基层军政干部。为加强党的宣传工作，他经常撰写文章，在安溪中心县委机关刊物——《安溪红旗》半月刊发表。由于他具有较高的文化水平，又具有丰富的革命斗争经历，文章深入浅出，深受大家喜爱。

闽南工农游击队第二支队在安南永德地区打土豪、杀反动派，多次出击参与"剿共"的十九路军、地方军阀和民团，经过一年的磨炼，不断得到加强和壮大，队伍发展到100多人枪。1933年5月1日，中共安溪中心县委和第二支队在安溪贞洋举行庆祝第二支队成立一周年大会，安南永德四县代表500多人参加纪念活动。第二支队接受大会的检阅。会议宣布将"闽南工农游击队第二支队"改称"中国工农红军闽南游击队第二支队"（简称红二支队），下辖的中队改为大队。黄英任第三大队大队长。同年7月，为了筹备成立苏维埃政府，安溪中心县委调整了红二支队领导人，黄英任红二支队参谋长兼第三大队大队长。8月25日，安溪中心县委在安溪东溪隆重召开安南永德四县工农兵代表大会，成立安南永德苏维埃政府。至此，安南永德四县的党、政、军得到全面发展，形成了东起南安金淘、码头和永春湖洋，西至安溪长坑、桃舟，北达德化水口，南至同安梧峰，活动范围达7000平方公里，拥有30万人口的安南永德苏区。

正当安南永德苏区党政军民同心协力、党群组织日益深入严密，红二支队不断发展壮大之际，1933年9月8日，发生了惨痛的"青云楼事件"，苏区的党政军主要领导共12人，被敌诱捕杀害，造成安南永德苏区重大损失。10月底，安溪中心县委在安溪佛仔格召开中心县委扩大会议，认真分析这一事件发生的原因及其教训。调整充实了安溪中心县委和红二支队领导成员，黄英任中心县委常委、宣传部长，红二支队代理支队长。"青云楼事件"后，国民党纠集安南永3县地方军，分七八路向东溪"会剿"。面对强敌压境，安溪中心县委和红二支队决定把队伍分作4队，分散在东溪边境，在敌人进攻时，保护农民上山，并厉行"清野"计划。妄图将革命力量一网打尽的敌军还未进村，四面八方就响起钟锣，群众撤离上山。早已埋伏好的红二支队在黄英等率领下，四处向敌军攻击，打得敌军蒙头转向，不知所措，粉碎了敌人的"围剿"。

永春达埔洑溪圳古福源洞。1934年1月，黄英等人在此召开安南永德苏区千人群众大会

1934年1月，黄英、李剑光、粘文华等领导人在永春达埔训古主持召开安南永德苏区千人群众大会，布置打土豪、抗租分粮的群众斗争和决略，并公审处决3名扰乱苏区斗争的反动分子。同月，中共厦门心市委派红三团团长尹利东任红二支队支队长，黄英任红二支队参谋长。黄英带领游击队在敌人的腹地永春游击，广泛发动群众，组织赤卫队、宣传队，普遍开展"五抗"斗争。5月25日，为消灭安溪芸美反动民团，营救被捕的游击队员，安溪中心县委派黄英率领两个大队200余人，分三路袭击芸美李守固的反动民团。一路从芸

美山下包围民团副李束的住宅,一路从番保林包围民团驻地,另一路从溪里三落控制尚芸至芸美的通路。攻打李束家的队伍首先到达,正准备进行攻击时,被驻守在对面楼上的团丁发现。李束即带护兵数人冲回住宅,关紧大门。黄英见状便组织队员猛攻,激战数小时,毙伤民团团丁多人。正在指挥作战的黄英不幸中弹,壮烈牺牲。

为保卫安南永德苏区红色政权,文武双全的黄英英勇献身,年仅26岁。

胜利一定是我们的

——记党的殷殷赤子曹海

"我没有泄露党的秘密,请同志们放心。"

"革命斗争是残酷的,目前敌人的强大是暂时的,将来胜利一定是我们的,我将和你们永别了,希望你们继续战斗下去。"

这是曾任中共惠安县委委员、惠安特支书记曹海被捕后,1935年6月对前来探监的朱汉膺的嘱托,表达了一位共产党员坚贞不屈、视死如归,对党的事业充满必胜信心的革命心声。

曹海烈士

曹海,又名曹坎元,广东省大埔县人,出生于1896年。早年在马来亚(今马来西亚)从事革命活动,1929年加入马来亚共产党。1931年回国后,加入中国共产党。同年夏,他接受上级党组织指派,调任中共惠安县委委员,先后以东山村的锦山小学、下坂村陇西小学、西山村的醒民小学教员职业为掩护,在惠东涂寨东山、惠北普安(今属泉港区山腰街道)等地开展地下活动,恢复惠安起义失利后的党群组织,建立中共东山支部、普惠支部和古县、涂坑、下坂、五柳等地的革命据点。

1932年3月中旬,中共惠安县委根据厦门中心市委的指示,在惠北地区发动了一场大规模的武装抗捐运动。曹海、李昭秀分工领导惠东、惠南等地农民采用"软抗"(即拖缓不交)的策略,掀起"五抗"斗争,以实际行动密切配合惠北人民的"硬抗"(即武装抗捐)斗争,取得抗捐胜利。惠安县委领导的这场抗捐斗争,沉重打击了军阀陈国辉的反动势力,打破了陈匪在惠北妄图苛征50万大洋鸦片捐的美梦,开辟了惠安地区武装斗争的新局面。

1932年7月，中共厦门中心市委任命黄如海为惠安县委书记，曹海为县委组织委员。曹海与县委领导同志积极恢复和发展惠安的党组织，在西山村醒民小学重建党支部，组织30人"互助社"，宣传群众，骚扰敌人。同年11月，厦门中心市委决定改惠安县委为特支建制，黄如海任惠安特支书记，曹海任惠安特支宣传委员。1933年春，曹海前往厦门向中心市委汇报工作，并带回市委关于惠安党组织工作中要抓住重点的指示。此后，曹海身体力行，在西山建立一支30多人枪的武装游击队。是年春夏之际，他与惠安特支的领导同志深入基层，在涂寨后康村成立"惠安县青年反帝大同盟"，成立"华北义勇军抗日后援会"，并在城关、涂寨、五林、仑头、大路、峰尾等地成立分会；在下坂村陇西小学建立革命据点；在甘蔗园、洪厝坑、三朱、山腰一带继续开展小型的武装斗争；在惠安县中学成立"太阳文艺社"，出版《警钟》小报。

1934年4月，黄如海在厦门被捕牺牲，曹海继任惠安特支书记，领导工人、农民、盐民、渔民同反动势力进行针锋相对的斗争。同年12月18日，曹海不幸被捕。在狱中，他受尽敌人的酷刑，始终坚贞不屈，严守党的秘密。由于身心横遭摧残，加上饮食很差，他在狱中得了水肿病。

1935年6月20日，朱汉膺扮成卖柴火的农民买了蛋糕，以探望叶厝村的一名"囚犯"为由，到狱中探望曹海。他已病得不能起床，挺着病躯对朱汉膺说："我没有泄露党的秘密，请同志们放心。"他念念不忘革命，嘱咐狱友"革命斗争是残酷的，目前敌人的强大是暂时的，将来胜利一定是我们的，我将和你们永别了，希望你们继续战斗下去"。6月23日，人民的好儿子、党的忠诚战士——曹海在惠安县城公界监狱中，不幸因病去世。

铿锵誓言耀丹心

——记优秀的共产主义战士张德秀

晋水波光映日晖，丹枫秋艳疲风姿。红心胜似石榴曼，铁翮犹挺海燕飞。骏骥千腾鸣战斗，头颅一掷赋长归。坟坛血存英灵志，青史为君献一辞。

这首诗是曾经与中共晋南特支书记、厦门中心市委执委张德秀一起工作过的老同志，对张德秀为革命事业奋斗一生的真实概括。

张德秀，字之英，1909年2月16日出生于惠安县张坂镇浮山村（原獭窟岛上西峰村，今属泉州台商投资区）。这里的村民生活主要靠从事海上运输和渔业为主，生活十分艰难，因而有的村民就漂洋过海去南洋或到外地谋生，张德秀的父亲是船老舣，哥哥则在厦门自谋生计。因家境贫寒，他3岁时母亲去世，与祖母一起生活，在家乡育化小学读书，因天资聪颖，勤奋好学，成绩很好。1921年祖母病故后，他便离乡背井，到龙海石码干杂工糊口。1926年到厦门，依然帮人打杂工，过着十分清苦的生活，还曾到台湾做过工。在厦门时，正值大革命时期，在进步思想的影响下，他陆续阅读有关社会科学书刊和革命文学作品，其中有鲁迅、郭沫若、矛盾、邹韬奋、巴金等人的著作，思想觉悟有很大的提高。

1927年，厦门国民党右派发动"四九"事变，支持蒋介石的反共政变，对共产党人进行血腥镇压，许多共产党员和革命志士先后被捕牺牲。严酷的事实教育了无数青年，张德秀和许多进步青年一样如梦初醒，认清了蒋介石的

张德秀烈士

反革命真面目。他原来想投奔广东黄埔军校,献身于疆场的愿望彻底破灭了。从此,他更加信仰共产主义,拥护中国共产党,决心跟着共产党走革命道路。

1928年,张德秀与黄埔军校学员王济弱,同住同安马巷林明德医生家中,经2个多月的相处交谈,张德秀对王济弱的思想影响很大。后来王济弱回忆说:"德秀对我畅谈世界形势和国内形势,讲解马克思共产主义,并介绍我读了不少进步书籍,使我懂得革命道理。他知道我在黄埔军校,受到反动教育的影响,对蒋介石假革命的本质认识不清,就给我讲述蒋介石的反革命事实,列举蒋镇压革命的罪恶勾当。""本来我想病愈后回黄埔继续学习,领取毕业证书,毕业后当个军官。由于张德秀对我的教育启发,给我指明方向,我决心不回黄埔,不要毕业证书了。可以这样说,认识张德秀是我人生道路上的一个转折点。"此后,王济弱毅然前往南京,进入陶知行先生创办的晓庄试验乡村师范学校。

张德秀爱好活动,追求上进,交友甚广。他的朋友中,有青年知识分子,有记者,有不愿为国民党右派效劳的退役军人,有进步作家。他与老报人陈以专的交谊较深,经常帮记者朋友搞日常采访活动,经过短时间的实践锻炼,写作水平提高很快,显示出他的活动能力和才华。1928年冬,任厦门《思明日报》外勤记者。1930年夏,张德秀参加厦门地下党的外围组织"普罗学社",在党组织的直接领导下革命活动,在学社里做了大量的工作,团结一大批革命知识分子和文化人。不久,"普罗学社"解散,其成员转入反帝大同盟、互济会组织。

1931年初,张德秀赴上海,参加革命互济会工作。同年春夏间,被党组织派去沈阳,开展党的工作,被捕入狱。在狱中,他经受反动派的严刑拷打,始终坚贞不屈,严守一切机密,没有暴露与共产党组织的关系。九一八事变日军占领沈阳时,关在牢狱里的一般囚犯被遣散,他才得以出狱。由于接不上组织关系,一切困难没有办法解决,身无分文,只有一条破棉絮,露宿街头,成为难民,在寒冷和饥饿中沿途乞讨度日,回到关内。张德秀到达天津后,为了南归故乡,他时常到港口寻找从家乡来的船只和熟人。倒也幸运,竟有一艘同乡堂亲的货船,被他找到,1931年10月,回到家乡。他在家只呆了两三天,就到厦门寻找组织,接上关系后,仍以报社记者身份为掩护,参加反帝大同盟的党团工作。不久,张德秀被吸收为中共党员。

铿锵誓言耀丹心——记优秀的共产主义战士张德秀

1931年11月,张德秀受厦门中心市委委派,到晋南一带开展党的工作,发展党团组织,组建中共晋南临时特支并任书记。由于他积极工作,党团组织在晋南有较大进展,活动范围逐步从安海扩大到东石、内坑、官桥、岭兜、水头、石井等地。他发动农民、工人、学生,组织反日会、赤色工会、农民协会、妇女会。并注意吸收进步青年参加共青团组织,发展20多名青年团员,建立6个团支部。其中最活跃的是儿童反日会,人数达600人。农民协会组织在一些地区也颇具规模,如莲河农民协会,参加组织的农民有150多人。此外,还有帆船贫民和码头工人组织。

1932年春,中共晋南特支领导群众反对苛捐杂税,抗租抗粮;反对国民党"攘外必先安内"的不抗日政策,反对国民党派重兵"围剿"中央苏区;在农村组织剧团,演革命戏剧,宣传抵制日货、反对日本军国主义侵略中国;鼓动工人、学生开展反日罢工、罢课斗争。张德秀经常住在安海王济弱家。他不仅说服王的妻子、妻弟支持革命,也说服了王的岳母支持革命,并在王济弱家建立党的地下交通站,厦门中心市委与晋南特支的来往信件及宣传品,多

晋南临时特支联络站旧址——安海大巷头许金科家。1931年11月,中共厦门中心市委派张德秀到晋南建立中共晋南特支,机关设在晋江安海大巷头

091

数通过这里传递，来往人员也经常住在王家，王家人为革命做了许多工作。

1932年4月，中共厦门中心市委派泉州特支书记粘文华和共青团泉州特支书记彭德清到晋南筹建晋南县委。由于张德秀在晋南工作取得显著成绩，同年6月，厦门中心市委把他调离到厦门中心市委负责互济会的党团工作。他在厦门做了不少工作，特别是文化界工作成绩尤为突出。1933年3月，张德秀任厦门中心市委执委。6月，张德秀受厦门中心市委指派巡视泉州、晋南一带的工作，传达中心市委有关巩固组织，深入农村，开展抗税抗租运动，打乱敌人后方，配合中央苏区反"围剿"，发动有条件的地区发展游击斗争的指示。

南安大盈仙迹岩（寺院）。1933年秋，张德秀在此主持召开出席全国苏维埃第二次代表大会代表选举大会

1933年九十月间，国民党反动派纠集100万兵力向中央苏区发动第五次军事"围剿"。为配合中央苏区反"围剿"斗争，张德秀在晋南一边发动群众开展抗租抗税斗争，抵抗国民党征收捐税；一边通过筹枪，组建武装游击小分队，砍电杆、剪电线、挖公路、烧桥梁，破坏敌人的交通电信，以扰乱敌人的后方，牵制敌人，减少对中央苏区和安南永德苏区的压力。为迎接全国苏维埃

第二次代表大会的召开，晋南党组织在南安仙迹岩召开一次较大规模的代表选举大会。大会由张德秀主持，到会的有共产党员、共青团员、抗日组织代表、农民代表、妇女代表等100多人。会议通过决议案，推选出王光庆等2人为出席全国苏维埃第二次代表大会的代表。会后，张德秀撰稿在厦门报纸上发表大会消息，反动当局极为惊恐。

张德秀把自己的一切奉献给党，奉献给革命事业，甚至对个人生活、婚姻问题，也首先从革命利益着想，持严肃认真的态度。在他去东北之前，家里为其订了婚。他在东北曾写信给未婚妻解除婚约，说明因生活奔波，不可能回乡结婚，要她另寻对象，不必为他误了终身。他在晋南活动期间，曾在深坑小学任教，同校一位女教师钟爱他，但为了革命需要，他也予以婉言谢绝。

1933年11月，张德秀在厦门开展革命活动，引起国民党特务的追踪，为了他的安全，厦门中心市委调其到漳州游击区工作。先在红三团，不久到五寨东楼活动，曾多次回厦门向中心市委汇报、请示工作。1934年9月，张德秀受漳州党组织委派，往厦门中心市委联系工作，途经漳浦地区过反动民团警戒线，为避开敌人，抄小路越过哨卡，却遇反动民团的巡逻队，不幸被捕。不久被反动当局杀害，年仅25岁。

张德秀为革命事业英勇献身，践行了入党时的铿锵誓言，他的光辉业绩和英名永远铭刻在人们心中。

只留清白在人间

——记永春党组织杰出领导者吴国清

"慷慨歌燕市,
从容作楚囚。"

"千锤百炼出深山,烈火场中似等闲。碎骨粉身都不怕,只留清白在人间。"

以上对联和七绝诗是土地革命战争时期,曾任中共永春县委书记、永德县委书记的陈韵夫对吴国清一生确切的写照和高度评价。

吴国清,原名吴隆华,又名伍国清,1909年生于贫苦家庭,永春五里街华岩村人,兄弟6人,他排行第五。其父为谋生计,徙居大田县城,开办小食店。他12岁那年,父亲被当地恶霸勾结土匪绑架勒索,家产变卖一空,只好举家回永春华岩老家。经此灾难,家境极端困难,父亲忍痛把吴国清的弟弟卖掉,哥哥当了人力车夫,母亲因惊扰成疾去世。吴国清从小就备尝世间的不平,现实的教育使他孕育着反抗腐恶势力的思想。

吴国清少年时在崇实小学、润中公学读书,他勤奋好学,成绩优良。他的父亲深感没文化的痛苦,在亲人的资助下,克勤克俭让他到厦门禾山中学高中部就读。在校期间,他如饥似渴地阅读进步书刊,接受马列主义的熏陶,思想逐渐成熟,渴望革命,于1928年由该校教务主任马义成(原名李国珍,中共党员,参加过海陆丰农民运动和八一南昌起义,曾任中共海陆丰地委宣传部长,海陆丰农民运动的领导人之一)介绍加入中国共产党。1929年初,吴国清毕业回到永春,先后在后庙、启贤、花石、蓬壶等小学及润中公学任教,

吴国清烈士

以教员合法身份开办夜校，进行革命宣传活动。他和李文墨等在各中小学建立教师会和发展青年团，通过青年团领导，建立学生会，与教师会活动相呼应，刷写标语，散发传单，宣传革命。1929年4月，吴国清任共青团永春县委书记，他深入城区、乡村，向贫苦农民、人力车夫、码头工人、师生和亲友讲述穷人为什么会穷的根源。启发大家团结起来，跟国民党、地主老财作斗争，推翻旧制度，建立工农政权，才能解除贫困，彻底翻身解放的道理。由于他口才好，文章写得好，深受群众的欢迎。他爱好文体活动，擅长游泳、打鱼，结交了许多青年朋友，将他们发展为革命同志。在他的努力下，永春的团组织有了较大的发展。

吴国清旧居

1930年元旦，军阀陈国辉借庆祝元旦的名义，强迫群众到西校场参加庆祝大会，进行反共宣传，向群众派捐派饷。吴国清和李文墨等人执行中共永春县委为揭穿其阴谋，发动群众开展减租抗捐斗争的决定，事前研究了斗争策略，突击印制传单，书写标语，组织人力车夫、码头工人、进步师生，抢先冲进会场，占领主席台，发表演说，揭露军阀的压迫剥削，号召群众组织起来，团结起来，参加工会、农会，开展减租、抗饷、反迫害斗争。接着散发传单、标语，组织群众示威游行，游行队伍直至永春中学门口才被军警冲散。这场斗争大煞陈国辉的反共威风，显示了共产党在永春的组织力量和斗争胆略，在城区一带产生了强烈的反响。

1930年春，根据中共永德县委筹备鳌峰武装抗捐斗争形势的发展，吴国清领导共青团永春县委积极配合。他经常深入城乡中小学校串联，带革命书刊、进步小说给教师阅读，传播革命思想，揭露社会的黑暗。他通过教师会、学生会，散发传单，揭露陈国辉的罪行，张贴"打倒陈国辉""反对苛捐杂税""工农联合起来"等大幅标语，大造革命舆论，支援鳌峰农民斗争。鳌峰农民武装抗捐失利后，陈国辉的白色恐怖加剧，到处搜捕和镇压共产党人。永春西区党的负责人李文墨被捕牺牲，德化区委书记陈子仙被捕，永德县委负责人走散，党组织的活动陷于中断，但党在永春的组织力量基本保存。由党的骨干主持的永春教师会组织暴露，资料相片落入敌手，使得永春上百名教师和有关人员避往南洋。在这白色恐怖中，吴国清一直在敌人统治的心脏地带坚持活动，在组织不健全的情况下，承担起领导重任，继续在城区、达埔、蓬壶一带领导斗争。

1930年7月，中共福建省委特派员许依华和陈普济到永春，负责整顿永春党、团组织，重新建立中共永春县委，书记许依华，吴国清任县委委员。吴国清家在比较偏僻的金峰殿边，他十分注意做周围群众工作，团结启发他们，与他们建立亲密关系，村民都支持革命并起到党的耳目作用。吴国清把自己的家作为县委秘密活动地点，在群众的掩护下，他与县委同志数次遇险，均化险为夷，转危为安。有一次，县委在他家里开碰头会，研究斗争策略，被国民党军警得知调兵包围，幸得他好友获悉报信，与会人员安全转移。此后，他做好在华岩村的永春医馆的群众工作，把党组织的联络和活动地点转移到医馆来。该馆的实习生和职工中有思想进步的积极分子，都主动地做好掩护隐蔽措施，保证活动地点的安全。

1930年秋，省委特派员陈普济在永春整顿组织期间身患重病，吴国清把陈普济安排到医馆治疗，并派可靠同志专职守护，使特派员很快地恢复健康。同年12月，永春游击队奇袭东溪驻敌，有一重伤员，也是吴国清安排到医馆秘密医愈枪伤。有一次，吴国清正在医馆医生宿舍里编写宣传材料，民团颜沧溪带兵来搜查，放哨的实习生发现情况，故意大声招呼他们，隔壁宿舍的吴

只留清白在人间——记永春党组织杰出领导者吴国清

国清知道有情况,随即穿上白大褂,戴上白帽、口罩,拿着医疗器械,病历卡(里夹宣传材料),从容从敌兵身边脱险而去。

1931年3月,中共福建省委机关遭受破坏。7月,中央决定分设厦门、福州两个中心市委,代替福建省委。永春县委改由厦门中心市委领导,永春县委负责人李剑光、吴国清继续担任县委委员。同年11月,厦门中心市委调李南金回永春,创建游击根据地。12月,李南金召集永春、安溪、南安党、团骨干,在安溪佛子格举行会议,成立党、团安南永临时县委,李南金任中共安南永临时县委书记,吴国清任县委委员。1932年4月,毛泽东率中央红军东进闽南,攻克漳州。根据形势发展需要,厦门中心市委决定分别建立安溪县委和永春特支,以扩大安溪游击区,开辟永春、德化、大田新区。永春党团骨干调往安溪,成立中共安溪县委,书记李剑光,主要任务是创建安南永游击根据地。同时在永春成立中共永春特支,书记吴国清,其主要任务是发展永春、德化、大田的工作,开辟永德大新区。永春特支直接由厦门

永春东平太平小学新、旧校址,是中共永春特区委书记吴国清的主要活动地点之一

097

中心市委指导而与安溪县委保持密切联系。此后，永春特支在配合安溪游击区的反"围剿"斗争中，扩大了永春中部的游击区域，派干部到德化开展工作，成立中共德化工委。安南永游击区逐步向北发展至德化，进入安南永德四县游击战争阶段。

1932年11月，厦门中心市委为加强安南永德四县斗争区域的统一领导，决定成立中共安溪中心县委。同时，将永春划为特区，设立中共永春特区委，书记吴国清，隶属于中共安溪中心县委。此后，特区委致力于永春、德化基层党团组织的发展，在城乡中发展工会、农协会等组织；在永春十二中、乡村师范、崇实、育贤、南湖等学校中建立党支部。"青云楼事件"发生后，安溪中心县委进行调整，由于吴国清的革命活动引起敌人的注意，党组织把他调往安溪，永春特区委书记由林多奉担任。吴国清主要在安溪活动，并兼顾永春的工作。他经常到厦门中心市委联系请示工作，奔波于安溪、厦门、永春之间，完成党组织交给的任务。

1933年，安南永德苏区的游击战争空前激烈。红二支队、特区赤卫队和各乡、村群众武装进行了大小成百次战斗，建立了苏维埃政权，进行土改分田，广大群众欢欣鼓舞，踊跃参军参战。国民党地方武装无法维持局面，便先后调遣中央军一六团、五一七团、省保安第三团、第九团，进入永春"剿共"。1934年，吴国清率游击队在永春城郊花石处决了出卖革命的潘某。随后在桃城、东平领导恢复东区党的组织工作。敌人重兵驻扎，充满恐怖气氛，亲友见他整天在外奔波，很为他担忧，让他避一避，而他不以为然，以革命事业为重，不顾个人安危，一往如故。同年12月31日，吴国清在东区太平小学被敌保安团包围，他奋不顾身突围而出，不幸大腿中弹被捕，抬至县城时，因伤势过重，翌日壮烈牺牲，年仅26岁。

吴国清是土地革命战争时期永春党组织的杰出领导者，为永春革命斗争奋斗了整整六年，直到献出鲜血和生命。他在永春党内任职时间最长，处于革命几遭挫折、斗争环境极为艰险的关键阶段，做出了突出的贡献。他的革命意志和斗争精神一直深受党组织和后来者的赞赏和缅怀。

坚持到最后胜利

——记坚强英勇的游击队长颜泗德

"我的任务已完成了,你们不要灰心,要把革命斗争坚持下去,直到最后胜利……"

这是中国抗日义勇军西南军区闽南第二支队(即红二支队)第四大队大队长颜泗德烈士临牺牲留下的遗言,表现了中国共产党人坚定的信仰和彻底革命的崇高品质。

颜泗德烈士

颜泗德,1906年8月生于德化县三班乡三班村,其父颜锦秀原籍三班,后迁永春,继迁尤溪县岭脚廿九都,尔后旋迁回三班,经营中药铺及行医为业。颜泗德只念过几年书就辍学,在店铺里协助经营。1930年,颜泗德为回避国民党政府和地方势力苛捐杂税的盘剥,在福建尤溪军阀卢兴邦部辖下的德化南区徐飞龙民军当兵。9月15日,徐飞龙部被省防军第一混成旅少将旅长陈国辉部打败,其残部被陈旅收编,颜泗德在郑魁生连任班长。是时中共党员颜湖,打进混成旅郑魁生连任庶务长,秘密开展革命活动,通过老乡关系,与颜泗德、颜礼纳等结谊。在颜湖的启发下,颜泗德等人的革命思想逐渐成熟,积极投入党领导的兵运工作。不久,该连移防泉州城区,颜泗德等人在颜湖的领导下,为反对国民党反动派对中央苏区的"围剿",经常利用夜间在城区中山公园、凤凰亭、涂山街、浮桥等处张贴革命标语,散发传单等,打乱敌人思想防线,牵制敌人的后方。

1932年4月,毛泽东率中央红军东路军攻占漳州,有消息说要进攻泉州,泉州城区的国民党当局与驻军惊恐不安,颜湖、颜泗德等人在连队中秘密串联十几名骨干,从思想上、组织上做好准备,以便迎接红军攻城时做好内应。

颜泗德旧居

后因红军回师中央苏区，没有实现进攻泉属的计划。又因国民党军阀混战，派系斗争日炽，颜湖与颜泗德、颜礼纳等十多人，脱离混成旅，回德化三班开展革命活动。闽南工农游击队第二支队成立后，为加强安南永游击区的武装斗争，厦门中心市委派泉州特支书记粘文华为市委特派员到安溪检查指导，并留在安南永游击区工作。同年10月，中共德化工委成立，在工委书记颜湖的领导下，恢复德化三班、丁墘、土坂、盖德等地革命工作，使安南永德游击区连成一片。颜泗德在火热的革命斗争中积极参加农会组织活动，担任赤卫队长，发动群众开展抗租抗捐斗争。1933年初春，颜泗德加入中国共产党。粘文华与黄英多次带领游击队到德化开展武装斗争，颜泗德与县工委积极配合，组织群众，在公路沿线烧毁桥梁，砍电杆，割电线，破坏敌人的交通电信设施，并在山上燃烧火堆，燃放鞭炮进行武装骚扰活动，迫使驻守三班的反动民团连夜逃往县城。为了壮大游击队，对付敌人的"清剿"，颜湖争取张雄南副官吴杰，先后两次秘密送给游击队长短枪12支，由粘文华、杨七、颜泗德到三班奎斗村牛港桥接收枪支，增强了游击队的武器装备。

1933年4月，德化工委书记颜湖和安溪中心县委委员杨七，前往安溪佛子格参加闽南工农游击队成立一周年纪念大会，途经永春达埔岭头亭不幸被捕，于5月12日，颜湖在永春西校场被敌人杀害。噩耗传来，颜泗德悲愤交加，在县工委的领导下，他化悲痛为力量，率领游击队经常在三班与永春的龙津等地活动。活动在南安永德边界的红二支队日益壮大，引起了国民党反动派的恐慌，派出大量的军队"围剿"红军游击队。德化反动当局苏水龙等部"围剿"三班、龙津地区的游击队，颜泗德与颜礼纳率部与敌激战，突围后，转战永春、安溪等地活动。在永春达埔羊角村，颜泗德得知驻德化国民党军连长郑德回村探家时，亲手将其击毙。同年8月，安南永德苏维埃政府成立，组织分粮队，把陈梦卿等地霸的粮食分给群众。分粮后，游击队发现内奸姚结、姚淡带领敌兵到处搜捕革命群众。颜泗德率队把姚结逮捕，押到山姆坪枪决，当晚又把姚淡枪决于苏坑龟豆处，肃清了内奸。

　　1934年1月，由于"青云楼事件"的惨重损失，中共厦门中心市委调漳州红三团团长尹利东到安溪任红二支队支队长，同时调整了红二支队的领导成员，队伍有了很大的发展，颜泗德调任红二支队第四大队大队长。同年3月，国民党军第三十六师宋希濂部进驻泉州，又开进安南永德地区，纠集各地反动势力疯狂向苏区进攻。红二支队在大队长尹利东、政委李剑光率领下，主动出击，扫除了盘踞在南安永德苏区的一个又一个民团，取得一系列胜利。每次战斗，颜泗德率第四大队，作战勇敢，战斗力强，都能出色地完成任务。

　　1934年夏，红二支队颜泗德、刘由、林壁三个大队共400余人，在尹利东的率领下，包围窜扰安溪贞洋破坏夏收的安溪县保安队谢辑熙部。激战数小时，毙敌9人，伤敌8人，缴获长短枪28支。残敌溃不成军，仓惶向镇抚、内参逃窜。两名红军战士在战斗中英勇牺牲，红二支队重新夺回贞洋根据地。接着，颜泗德受命率第四大队攻打陈凤远反动民团盘踞的安溪魁斗据点，他周密计划，行动果敢，身先士卒，红军战士同心协力，一举拔除了这一反动据点，活擒民团团副陈锦及团兵三人，在安溪佛子格公审处决，缴获长短枪十多支及一批子弹等装备。由于民团长陈凤远外出而漏网，但沉重地打击反动民团的嚣张气焰。

　　1934年9月，红二支队集中在南安高田苦湖休整，不料被国民党福建省保安四团、安南永德"剿共"队长陈维金部1000多人分五路包围，颜泗德等三个大队长率队，在支队长尹利东的指挥下，分别驻守3个山头，与敌激战一整天，毙敌连长一名，打死打伤敌兵30多人。为保存力量，红二支队从沟壑纵横的百丈圳突出险境，安全回到佛子格，取得突围战的胜利。同年10月，中央主力红军撤离中央苏区，南方八省转入艰苦卓绝的三年游击战争。12月，国民党中央军第九师进驻泉州，该师谢辅三旅进驻安南永德地区"剿共"，旅部设在南安诗山，该旅第五十一、五十二团分驻安溪、永春，围攻红色苏区和红二支队。红二支队采用机动灵活的战略战术，与敌周旋，在战斗中不断壮大。1935年1月，中共厦门中心市委为贯彻党中央提出的"将反日斗争和反国民党的斗争结合起来"和"全体人民总动员"，立即成立"抗日义勇军"的指示，决定把红二支队改编为"中国抗日义勇军西南军区闽南第二支队"，颜泗德任第四大队大队长。

1935年2月，红二支队根据国民党军和地方民军股匪相互勾结，对安南永德苏区猖狂"围剿"的白色恐怖形势，做出先拔除国民党永春县保安大队岵山保安分队的决定。保安分队长陈仍欣是个无恶不作、恶贯满盈、反动透顶的反动分子，他将兵力分驻塘边街、檬仔林、铺尾桥和西向村四个地方，是安南永德苏区和红二支队出入交通必经之地，是敌军袭击苏区的前哨据点。具体作战方案：兵分三路、联合行动，分别由红二支队政治部主任粘文华、大队长颜泗德、诗山区宣委许德树和梧埔山坑园村支部书记陈志平率领，一路直奔塘边街，袭击敌分队部担任主攻；一路赶到岵山埔尾；一路赶到檬仔林，然后分两路设伏打敌援军。2月21日夜，担负"内应"重任的林利兄弟俩，打开大门，战士们蜂拥而入，分队长陈仍欣躲在楼上，负隅顽抗，枪声大作。颜泗德率队把其包围起来，在战斗中，他摸黑奋勇冲进楼去，向楼上射击，不料楼上机枪狂射，颜泗德猝防不及，不幸身负重伤。战士们怒火中烧，组织反击，击毙陈仍欣，击伤多名保安队员，俘虏12人，缴获长短枪10多支。驻檬仔林和埔尾敌兵见

德化三班大兴岭革命烈士墓

有伏兵，都龟缩在营房里，不敢出兵。游击队放火焚烧保安分队部，取得歼灭了岵山保安据点的胜利。

颜泗德负重伤后，战士们把他抬到楼外草坪上，因伤势过重，流血过多，已无法抢救。颜泗德临牺牲时，还勉励同志们说："我的任务已完成了，你们不要灰心，要把革命斗争坚持下去，直至取得最后胜利……"

为了党的事业和人民的解放，颜泗德英勇流血牺牲，年仅30岁。他那光辉、高大的共产党员形象，永远留在安南永德人民心间。

军政兼优创苏区

——记安南永德苏区杰出领导人李剑光

李剑光，安南永德苏区的主要奠基人和领导人之一，曾任中共安南永特区委书记、安溪县委书记、安溪中心县委书记、军委书记、安南永德苏维埃政府主席、中国工农红军闽南游击队第二支队政委等要职。他对待革命事业坦诚无私，深得同志们的拥戴；他在激烈的斗争面前勇敢果断，成为队伍中的表率。他是安南永德苏区党、政、军的杰出领导者。

李剑光烈士

李剑光，原名李德涂，1911年4月1日出生于永春县达埔乡岩峰村贫苦农家，至其父远渡安南（越南）谋生，经济才稍为宽裕。他从小就读于岩峰达新小学，随着年龄的增长，对黑暗动乱的世道愤恨不平，萌发了抗击反动势力、救助苦难同胞的进步意识。1930年秋，中共永春县委宣传委员李南金在岩峰村建立党、团支部和农会、互济会、妇女会、儿童团等组织，并向安溪边界发展。李剑光在斗争中积极投入，成为革命骨干，经李南金介绍，加入中国共产党。由于他平时练就一手好枪法，经常活动于安南永交界的舟山一带，熟悉这里的密林山村，结交一批猎户和贫苦青年，成为开展游击战争的有利条件。同年10月，李剑光任永春游击队队长，在永春县委军委会的领导下，发动群众开展打土豪筹款斗争，培养锻炼出一批游击队骨干。12月，李剑光率游击队三四十人，袭击安溪东溪驻敌，俘虏3人，缴获步枪2支。接着，李剑光率领游击队到永春东区上沙打土豪，并将土豪押到达埔岭头亭枪决，署名"福建工农游击队第三支队"（当时已有漳州、莆田两支游击队），揭开安南永游击战争的序幕。

军政兼优创苏区——记安南永德苏区杰出领导人李剑光

李剑光旧居

　　1930年冬,为发展安南永边区的游击战争,中共永春县委书记李南金把永春党组织从达埔、夹际向安溪东溪、佛子格、南安山城一带发展,建立中共安南永特区委,李剑光任组织委员。为了尽快发展武装力量,在永春县委和安南永特区委领导下,一方面组织打土豪筹款,一方面派人通过渠道购买枪械,同时吸收贫苦青年加入游击队,为正式组织游击队打下良好基础。省委调李南金任同安县委(特支)书记,李剑光接任永春县委书记兼特区委书记。1931年夏,李剑光受命到漳州游击队学习一个月,在开创游击区斗争中,面对绝对优势的敌人,他果断机智,屡次克敌制胜,成为出色的军事领导骨干,肩负起领导安南永边区斗争的重担。

　　李剑光性情开朗,心胸豁达,慷慨无私。由于敌我力量悬殊,斗争环境艰苦,经费尤为困难,他总是倾其所有支持革命。1931年7月,中共厦门中心市委成立,派李南金为特派员,到安南永边区恢复党团组织,创建游击根据地。12月,中共安南永临时县委成立,隶属于厦门中心市委,李剑光任临时县委委员。此后,李剑光的活动日益公开化,生活飘忽不定,人身备受风险。他的祖母对此十分担忧,于是想从经济上控制他,断绝接济,盼望能以此促使李剑光从队伍回归家庭。为了革命事业,李剑光顾不得祖孙亲情,让同志们

105

押送他去见祖母,声言自己犯了错误,让祖母取出钱来"赎身弥福",实则接济革命。1932年初,以李南金为书记的安南永临时县委,在创建安南游击根据地的斗争中,恢复、巩固和发展党团和农会组织,领导游击队打土豪筹款,加强武装装备,壮大队伍。永春游击队和安溪游击队扩大为安南永边区游击队,由"不成经常组织"转为常规武装,形成了以舟山山麓为中心,包括安溪的佛子格、芸美、后寮、东溪,南安的蓬岛、华美、山后,永春的达埔、岱山、羊角、圳古、大坑等自然村落的安南永游击斗争基地。

中共安溪中心县委旧址

1932年4月,安南永边区党的创始人李南金牺牲。李剑光失去了良师挚友、参加革命的引路人,他化悲痛为力量,继承先辈的未竟事业,全心身地投入斗争中去。他还把胞妹李素明带进革命队伍,成为边区妇女运动的带头人。此逢毛泽东率红军攻克漳州,中共厦门中心市委宣传部长许依华和特派员许包野巡视安溪,在金谷小溪召开党团会议,建立中共安溪县委,李剑光任县委书记。为加强永春、德化、大田党的工作,厦门中心市委将永春党组织成立中共永春特支,由市委直接领导,而与中共安溪县委密切配合。安溪县委在市委特派员许包野的指导下,制订了建立苏区的计划,工作蓬勃地展开,"有惊人的新发展"。至1932年8月，安溪县委下辖芸溪、彭区、官桥、湖头、黄口五个区委和永春特支和德化工委。同时，把安南永边区游击队整编为"闽南工农游击队第二支队"。至此，安南永游击区逐步进入安南永德四县游击战争阶段。李剑光长期处在领导岗位上，对党忠诚，原则性强，刚强果断，临危不慌，深孚众望。1932年11月，厦门中心市委为了建立安南永德苏区，决定建立中共安溪中心县委，统一领导四县党组织和游击战争。李剑光任安溪中心县委书记。

1932年冬，国民党第十九路军在安溪、南安一带集中约一个师的兵力，对安南永德地区进行疯狂的"围剿"。李剑光和陈凤伍率第二支队，在永春游击武装的配合下，清除地方反动势力，杀土豪地霸十多人。在处决了岩峰村的土豪潘嗣历后张贴布告，有个土豪潘嗣清，自持有"南京国术比赛第二名"的招牌，平日横行乡里，在游击队布告前口出狂言。为扫清阻力，李剑光亲自率队回岩峰。当潘嗣清宴罢回归，飘飘然信步于永德公路时，迎面忽然亮出两把手枪，啪啪数响，这个称霸一方的拳师即刻在光天化日之下毙命。岩峰一带人口密集，反动势力雄厚。这一果敢行动，震慑了敌人，鼓舞了人民。方圆数十里的村落纷纷成立农会，成立赤卫队，建立农民武装，抗租分粮斗争风起云涌，安南永德游击根据地不断壮大。

1933年4月至6月，中共安溪中心县委在李剑光领导下，为发展壮大党组织及其领导的第二支队、群团组织，把安南永德四县连成一片，先后向各区委、特支、工委发出通告，部署"拥红""红五月"活动和"夏收斗争"。5月1日，安溪中心县委在安溪贞洋举行庆祝第二支队成立一周年大会，安南永德四县工农兵代表500多人参加纪念活动。会上，闽南工农游击队第二支队正式命名为中国工农红军闽南游击队第二支队（简称红二支队）。为了加强党对红军游击队的领导，安溪中心县委扩大会议决定成立中共安溪中心县委军事委员会，李剑光任书记，李实、陈凤伍任委员。6月6日，厦门中心市委向安溪中心县委发出《指示信》，指出"安溪目前的任务是要建立赤区（苏区）来组合一省与数省的首先胜利"。安溪中心县委于25日召开会议贯彻中心市委的指示，制定夏收斗争的决议。会后，李剑光通告指出，夏收斗争是中心市委下达的创造赤区、发展壮大红军游击队、配合全国革命形势的中心政治任务，要求各级党组织要广泛开展"不还租债""不纳钱粮""不缴捐税"的"三不"宣传。

要尽快发展红二支队和各区赤卫队、特务队,加强乡村戒备工作,赤卫队要"有系统组织起来",县设总指挥部,区设指挥部,乡村编为大队、中队,统一指挥,"实行赤色清乡、肃清土劣地痞侦探",在夏收斗争浪潮中,"建立强有力的布尔什维克的党组织"。此后,红二支队在赤卫队等群众武装的配合下,粉碎国民党第十九路军和地方反动民团的进攻,取得反"围剿"的胜利。

安南永德苏维埃政府旧址——陈氏宗祠

1933年8月25日,中共安溪中心县委在安溪东溪隆重召开安南永德四县工农兵代表大会,选举成立安溪县革命委员会(俗称安南永德苏维埃政府),隶属于中央苏区福建省苏维埃政府。李剑光当选为安南永德苏维埃政府主席。安南永德苏区东起南安金淘、码头和永春湖洋,西至安溪长坑、桃舟,北达德化水口,南至同安梧峰,活动范围达7000平方公里,拥有30万人口。红色政权建立后,人民群众更加广泛地开展抗还租债、抗纳钱粮、抗缴捐租,提倡男女平等,提倡婚姻自由,反对包办婚姻。打土豪劣绅,实行土改分田,使广大农民第一次实现土地还家的愿望。

在中共厦门中心市委领导下,安南永德苏区的党、政、军、民同心协力,国民党反动派的"剿共"屡遭失败,苏区的党、群组织日益深入发展,在红二支队不断发展壮大之际,却于1933年9月8日发生了惨痛的"青云楼事件",

苏区的党政军主要领导共12人,被敌人诱捕杀害,造成安南永德苏区重大损失。事变前,李剑光早有警觉,他曾在给厦门中心市委的报告中说:"看清土匪有与统治阶级联系的倾向,写了许多信给李实,叫他不要幻想土匪,同时要提防土匪。"事变时,李剑光正在东溪活动。李实不但没有接受劝告,而且写信催他与翁成金速往青云楼,他们两人对这个轻率做法深为疑虑,更不赞成所有领导人都参与,遂拒绝前往,并密切观察动向,紧急转移游击队驻地,避免了更严重后果。事变发生后,国民党当局纠集军队对苏区实行八路围攻,妄图一举扑灭革命力量。为对付国民党军的"会剿",李剑光等领导人采取果断措施,一方面把队伍分成四队分散在东溪边境,领导秋收斗争,同时向外活动;另一方面利用有利地形开展游击战,应付敌人进攻,保护民众上山,实行清野计划。粉碎敌人"会剿"后,重新分散队伍到各地领导斗争,并及时地组织精干游击队,到永春的敌占区游击,使敌人进攻东溪目标转移。并以东溪、芹山根据地为依托,建立永春马寺山脉、猛虎山脉以达埔为中心的十余个乡和数十个村落的根据地,扭转了事变后安南永德苏区的局势。

1933年11月,李剑光、蔡协民等在佛子格召开中共安溪中心县委扩大会议,认真分析总结和吸取"青云楼事件"的原因和血的教训,并采取相应的组织措施,调整充实安溪中心县委和红二支队的领导成员,一致通过由安溪县革命委员会主席李剑光代理安溪中心县委书记;黄鸿英代理红二支队支队长,李剑光兼政委;林多奉任永春特区委书记,林书作任德化区委书记。同时,组织力量加强中心区域和恢复被破坏区域的工作,运用各种斗争策略和秋收斗争,终于巩固了安南永德苏区。1934年1月,

1934年5月,尹利东、李剑光率领红二支队打通晋南路线时在南安岭兜的住所

中共厦门中心市委任命李剑光为红二支队政委,调漳州红三团团长尹利东

（尹林平）任红二支队支队长，调泉州特支书记沈玉泉任副支队长。2月，厦门中心市委调整了安溪中心县委领导成员，李剑光任安溪中心县委常委秘书。至同年10月，安溪中心县委下辖安溪芸溪、黄口、官彭和南安诗山、金淘5个区委及永春特区委和德化区委，共7个区委，70个党支部，600多名共产党员。红二支队下辖4个大队，2个直属队，500余人枪，安南永德苏区进入全盛时期。李剑光作为安南永德苏区党、政、军的领导者，对党的事业有执着的信仰，军事作战中身先士卒、英勇善战，在苏区建设深孚众望。为解决苏区的经费和武器不足，李剑光、尹利东等率红二支队，于1934年3月24日，奔袭永春夹际乡的国民党福建省政府咨议郑崇瑞、富商郑崇琬兄弟雇佣的民团守望队，攻破守望队盘踞的泰和堂及石碉楼，缴获长短枪20多枝，筹得白银2万元，缓解了苏区经费困难。接着，李剑光和永春特区委书记林多奉，率游击队于4月1日夜袭驻蓬壶三角街敌军，整个战斗只进行几分钟，全歼敌军一个排，缴获长短枪40余枝，子弹3000多发，游击队装备得到改善。

7月下旬，中央苏区反"围剿"斗争进入艰苦阶段，罗炳辉率中央红军进

永春蓬壶三角街

入大田、尤溪直通福州。敌急调正在永春"剿共"的五一七团驰援。8月4日，

达埔驻敌一个营奉命开拔。当时红二支队正集结在与达埔镇隔河相望的羊角寨。李剑光等领导人当即决定设伏截击敌人,先俘敌通讯兵5人,待敌大队人马进入东园地段,游击队火力齐发,敌人处于暴露挨打位置,企图渡河抢攻未遂,被击毙20多人,击伤数十人,匆忙夺路撤逃县城。达埔镇位于永春县城的反方向,李剑光见敌无心作战,即命夺取达埔,他冲在队伍前头,率先进入达埔镇,捣毁民团巢穴,发动群众没收土豪财物,镇压反动分子,张贴文告,三天后撤离。厦门《江声报》以"共匪攻陷达埔"大字标题告急,永春《崇道报》惊呼:"五一七团开拔,泉永途中三次受截击,可怜随军逃难民众,因恐慌而逃走,因逃走更恐慌。"达埔之战等战斗使红二支队丰富了对敌正规军的作战经验,为中央红军长征后安南永德苏区的反"清剿"斗争准备了有利条件。敌人受到沉重打击,探悉袭取达埔系李剑光率部所为,恼恨之下,标封他的家产。

1934年11月,国民党当局展开对闽赣两省的全面"清剿",将闽赣两省划为12个绥靖区,福建为第九至十二绥靖区,任命蒋鼎文为主任。国民党中央军第九师从闽西调往闽南,师部驻泉州,该师谢辅三旅的三个团分别调驻南安诗山、安溪湖头和永春,旅部设在诗山。敌军纠集省保第九团及地方民军土劣武装逾万人枪,对安南永德苏区实行残酷"清剿"。苏区军民转入艰苦卓绝的三年游击战争,面对强敌,展开顽强的反"围剿"斗争,取得了芹山保卫战的胜利。是年冬,厦门中心市委派方毅到安溪巡视,介绍中央红军撤离中央苏区北上抗日后南方游击区的形势,要求安溪中心县委和红二支队明确任务,独立作战,指出"能坚持游击就坚持,武装要缩编成一支精锐部队;农会、支部能保存更好,只要还有一个共产党员,革命斗争一定会向前发展的,共产党员是斩不绝、杀不尽的"。由于敌我力量悬殊,军事斗争形势恶化,苏区遭受反复"围剿",党的组织一再受到破坏。

1935年春,李剑光和尹利东率红二支队在南安金淘打败谢辅三旅一个营的进攻后,敌人惊呼"安南永边界之土共越剿越多"。于是敌纠集2个团正规军和三个县保安队,分五路向安南永德苏区进攻。3月17日,红二支队第四大队在李剑光率领下,在达埔仙洞山附近对敌牛凤山营进行阻击,激战一天,毙敌20多人,伤敌数十人,粉碎了敌人五路进攻及妄图一举消灭红二支队主力的阴谋。随即李剑光率队转战达埔、乌石、舟山、岱山、天马、羊角寨和蓬壶、

李剑光烈士墓

玉斗一带。3月底，李剑光与支队长尹利东带领精干队员30多人，跳出敌人的"清剿"圈，从安溪参内经南安的大宇、后楼等地，到达中共晋南县委所在地梅花岭。在此与厦门中心市委派来的同安县委书记彭德清会合，与晋南县委和晋南游击队共同展开晋南游击斗争，先后袭击了晋江砌坑征粮队，在五坝、后垵、砌坑、井上、大宅等村庄镇压了罪大恶极的地霸、反动分子30多人，有力地促进晋南革命斗争的发展，打通了安南永德、晋南同和安南同边区的游击路线，完成了预定任务。因敌封锁严密，原定从同安打通漳州路线，与红三团取得联系的计划落空，决定回师苏区。4月18日晚，夜雨连绵，队伍分两批从同安出发，李剑光率队在前，尹利东在后。午夜时分，队伍行进至同安梧峰虎根岭顶，叛徒苏天时假称腹痛，发难不走，拉长行军距离。李剑光从队伍前头赶回，不幸被叛徒开枪击中。尹利东率队赶来时，李剑光已倒在血泊之中。

李剑光牺牲时，年仅24岁，他为自己抉择的信仰，为了党的事业，为了人民的解放献出年轻的生命；他短暂而光辉的一生，在安南永德革命斗争中做出卓著贡献；他的英名，与中国共产党的光辉历史紧密相连。

执教鞭举红旗

——记革命火种的播撒者陈仲琪

"没有人民,我们就不能生存,革命就难于成功。"

陈仲琪,1929年3月加入中国共产党,曾任中共东溪支部书记、中共安南永特区委组织委员、中共东溪区委书记、安南永德苏维埃政府副主席等职。1935年3月在苏坑被捕,4月26日在安溪县城英勇就义,年仅26岁。

陈仲琪烈士

陈仲琪,又名陈传黎,1909年12月出生于安溪县金谷乡东溪溪坊村。他从小聪慧过人,父兄盼望其长大后成为"锐刀子",辛勤劳动供他上学。9岁在本乡聚英小学就读,毕业后考取泉州西隅师范学校,在校时受周怡白等一些进步教师影响,利用寒暑假在家乡组织青年读书会。1928年秋,西隅师范毕业后,受聘为聚英小学校长,对教师和学生进行爱国、救国的思想教育,关心贫苦群众,揭露国民党的腐败统治和地主豪绅剥削的罪行。1929年3月,陈仲琪被党组织吸收为中共党员。此后,他执教鞭举红旗,誓与工农闹革命,白天在学校认真抓好教学,夜晚到各村宣传组织群众。他与陈体等一起,在东溪的同榜、深洋、龙坑等村庄秘密组织农民协会、妇女会、儿童团和农民武装,领导农民开展抗租税、打土豪劣绅的斗争,并从教师、农民中发展先进分子入党。1929年冬,任安溪第一个党组织——中共东溪支部书记。1930年春,为保护东溪革命成果,他采取以毒攻毒的办法,利用土匪之间的矛盾,施计使下坑股匪黄霞暗设伏兵,痛歼到东溪收捐款的湖头郑草股匪。同年秋,他与陈体率游击队在永春游击队配合下攻打东溪豪绅地霸成立的

"议事会",使之不敢再活动。由于东溪党支部的积极工作,东溪地区的革命斗争日益发展。1931年3月,陈仲琪任中共安南永特区委组织委员。1932年11月,任中共东溪区委书记。1933年,他带领东溪区委认真执行安溪中心县委关于"拥红""红五月""夏收斗争和把安南永德红色区域四县打成一片"等决定,使东溪区成为安溪中心县委和红二支队的中心活动区域。

1933年8月25日,陈仲琪在东溪召开的安(溪)南(安)永(春)德(化)四县500多人参加的工农兵代表大会上,被推选为安南永德苏维埃政府副主席。"青云楼事件"后,苏维埃政府工作由他负责。同年九十月间,国民党军第一八一旅和安溪、南安、永春三县保安团对苏维埃政府所在地东溪发动大规模"围剿",他配合安溪中心县委和红二支队实行清野计划,周密布控,积极防范。在险境中,警卫队要他撤离,他对队员说:"我

安溪东溪革命烈士纪念碑,纪念陈仲琪等10位革命烈士

怎能撇下群众不管,没有人民,我们就不能生存,革命就难于成功。"他临危不惧,带领机关、群众安全撤离,令敌人一无所获。敌人组织大队人马"围剿"东溪扑空后,派东溪民团长谢模新写信向陈仲琪劝降,陈仲琪严正回信说:"兄是国民党的忠实走狗,弟乃共产党的忠诚信徒。"敌人的军事"围剿"和利诱劝降落空后,敌魔爪四处搜寻陈仲琪的活动踪迹。

1935年3月12日,陈仲琪在东溪的苏坑、大苍岭活动时,不幸被捕。在安溪监狱和泉州国民党第九师司令部的牢房里,他受尽各种酷刑,冷对利诱,视死如归。4月26日,在安溪县城英勇就义,时年26岁。

跟着共产党走

——记赤诚为党的先锋战士李嘉宾

"拷打只能使我更痛恨那万恶的敌人,坐牢只能使我的革命意志更坚强"。

这是1933年加入共青团,1934年任共青团诗山区委委员的李嘉宾,首次被捕出狱后,向组织要求工作时发出的革命心迹。1935年7月,为掩护中共诗山区委突围时,二次被捕,受尽酷刑,宁死不屈,被押赴刑场面不改色,英勇就义,年仅19岁。

李嘉宾烈士

李嘉宾,别名李加兵,1916年10月6日生于南安诗山内益村一个贫苦农家。1932年秋,中共诗山地下党组织在内益村发动群众,组织农会,开展反霸抗粮斗争。从小受尽地主豪绅压迫、剥削和欺凌的李嘉宾积极参加革命活动,承担地下党组织通信任务。他由于在活动中表现坚强、机智、勇敢,1933年2月,被吸收为共青团员。同年3月,17岁的李嘉宾参加中共诗山区委后备队(赤卫队),镇压残害百姓的反动大地主、大土豪黄孔行动,阶级觉悟有很大的提高,更加坚定革命意志。1934年4月,李嘉宾受团诗山区委派往赤岭贴标语、发传单,宣传共产党的政治主张,不幸被捕,并送押南安县监狱。在被关押的3个多月中,手脚被镣铐磨得发炎溃烂,身上生满疥疮,面对敌人多次的严刑逼问,李嘉宾严守秘密,机智应付,始终咬定那几句话:"我是诗山内益人,当时确实是路过,拾到那几张有字的纸,想拿回去做包东西用。我不识字,内中写什么我都不知道,把我关这么久,真是冤枉。"敌人只好放他回家。

李嘉宾当天出狱后,父亲看他被折磨得不像人样,十分痛心,劝他不要再出去了。他对父亲说:"我们世代受苦,是谁压迫剥削我们呢?共产党领导穷人起来革命,跟着共产党,穷人才能翻身。"当天傍晚找区委吕书记要求立即让他工作,吕书记看他身体非常虚弱,对他说:"你受苦了,先回家去休息一段时间,等身体恢复健康了再说。"李嘉宾回答:"队伍就是我的家,我赶来找组织,就是请求组织立即分配我的工作,这是我的希望。"吕书记严肃地说:"难道你不怕敌人的严刑拷打,不怕坐牢?"李嘉宾坚定地说:"拷打只能使我更痛恨那万恶的敌人,坐牢只能使我的革命意志更坚强。"区委同意他的要求。此后,在中共诗山区委和共青团诗山区委的领导下,他积极参加农民群众的抗租抗税和打击国民党反动派的斗争。由于他在斗争中表现突出,曾多次立功,他的英勇斗争事迹,传遍诗山一带。1934年10月,他被提拔为共青团诗山区委委员,时年18岁。

1934年10月,中央红军主力长征后,安南永德苏区的党政军民转入艰苦的三年游击战争。1935年7月10日,中共诗山区委在湖南坪(区委所在地)召开会议,被驻在诗山的国民党军第二十六旅旅部密探侦悉出兵包围,区后备队长吕荣火和李嘉宾担任突围掩护任务。在激战中,他们把生死度之身外,奋不顾身,歼敌多人,顺利地掩护同志们冲出包围圈,吕荣火不幸中弹牺牲,李嘉宾弹尽被捕。敌人残忍地砍下吕荣火的头,强行绑在他的肩上,押到敌军旅部监狱。敌军参谋长深知李嘉宾前次被捕英勇不屈,便换手法,满面笑容客气地引诱他说:"听说你真勇敢,很好。只要你自新后就可以当我们旅长的护兵。"李嘉宾横眉冷对地说:"我早已看清你们这帮狐群狗党,休想叫我上你的圈套,叫你们的旅长来当我的护兵,我还不要。"过后敌人叫来叛徒劝降,李嘉宾没容叛徒开口,就往其脸上吐唾沫:"无耻的臭东西,还有脸来见我,你这种人猪狗不如,还不快滚!"敌人对李嘉宾劝降不行就来硬的。7月20日,敌人最后一次审讯李嘉宾:"现在是你选择的时候了,只要你履行自新手续,可以立即释放,如再执迷不悟,就处死刑。"李嘉宾从容以对:"我做的事情都对,不必什么自新。要自新的是你们!"7月21日,敌人把李嘉宾押赴刑场,李嘉宾面不改色,视死如归,高呼:"红军一定会回来!""中国共产党万岁!"英勇就义。年仅19岁的李嘉宾,虽死犹生,他宁死不屈的革命精神熠熠生辉。

头可断，志不移

——记视死如归的革命者林多奉

"革命不怕死，怕死不革命。多奉为革命，头断志不移。"

"只要有革命存在，来生我仍然投身革命。"

这是中国共产党员，曾任中共安溪中心县委常委兼永春特区委书记、安溪中心县委宣传部长林多奉被捕后，在狱中留下的遗言和诗句，表达共产党人为党的事业奋斗到底的革命心迹。

林多奉烈士

林多奉，字有承，号鼎新，1911年出生于永春县蓬壶乡西昌村。1927年秋从省立第十二中学转入南湖中学，受进步老师的影响，思想境界不断提高，内心向往革命，自觉投入革命洪流。1929年秋，中学毕业后，回西昌小学任教。1930年秋，经李南金介绍，加入中国共产党。为了更好开展地下革命活动，他先后在壶中、杰山、锦斗、长坑等小学任教。他能书善写，勤奋工作，不仅编写宣传材料，还深入调查研究，善于结合农民疾苦宣传革命道理，启发农民群众提高阶级觉悟，参加农会，积极投入土地革命斗争。1932年5月，林多奉在永春达埔、锦斗等地，发动各村农会配合刚成立的红二支队，开展锄奸、打霸、减租等活动。1933年5月，根据中共安溪中心县委反"围剿"和夏收斗争部署，林多奉领导组建永春特区的主力武装特务队。随后，他又在永春特区建立赤卫队，配合红二支队广泛开展武装斗争。

1933年7月，林多奉任中共安溪中心县委宣传部长，9月兼任永春特区委书记。在此后的一年里，正是安南永德苏区进入全盛时期。林多奉的足迹遍及永春的蓬壶、达埔、锦斗、玉斗、坑仔口等穷乡僻壤,深入发动群众,发展农会组织,建立党组织;发展群众武装,建立赤卫队配合红二支队武装斗争。在他的领导下,永春特区委之下分设5个区,均建立了区委或区工委,党员100多人。由于他多谋善断,作战勇敢,深受战士的爱戴。1933年10月,他率领特区赤卫队在达埔击毙下乡催粮的粮差2名;11月,在岭边、东园等地打杀反动土豪姚某、潘某等4人。接着,破坏敌人从达埔到东园的电话线路。1934年春,他致力于革命的宣传鼓动,加强对敌"士兵运动"工作,策动保安队弃暗投明,作为内应,取得夜袭蓬壶三角街保安队,全歼一个排、缴枪40余支的战绩;取得1935年2月奇袭岵山保安队和3月达埔仙洞山阻击战的胜利。

林多奉等烈士纪念碑

1935年9月20日,尹利东和林多奉率红二支队200多人转移到达埔延寿道场时被敌包围,几经苦战,终因敌我力量悬殊,不得不分兵突围。23日,林多奉不幸被捕。敌人妄图以他为突破口,破坏整个党组织。林多奉正义严词,冷然以对:"与我一起活动的人,是我邀他们出来,由我承担,并不连累他人。"敌人遂以砍头威胁,他凛然回答:"革命不怕死,怕死不革命。多奉为革命,头断志不移。""只要有革命存在,来生我仍然投身革命!"9月26日,年仅24岁的林多奉在达埔后山慷慨就义。

热血洒榕桥，英风流千古

——记置生死于度外的革命英杰王村生

王村生，1927年在集美学校参加革命，并加入中国共产党。曾任中共泉州特支委员、晋南县委委员、共青团泉州特支书记、晋南游击队政治部主任等职。曾两次被捕，机智勇敢地面对敌人的严刑审讯，严守党的机密。出狱后，先后在泉州城郊、安溪、晋南一带开展革命活动。1935年10月，不幸第三次被捕，面对敌人的屠刀，毫无惧色，英勇就义，年仅24岁。

王村生烈士

王村生，化名王山舟，1911年2月10日生于安溪县长坑乡大坪村。少时入塾馆读书，有次塾师出题让学生习作，他引用《三国演义》开篇的"天下合久必分、分久必合"为论点，铺陈演绎，论断新旧事物更替的必然性。塾师赞赏他天资聪明，文笔流畅。五四运动后，新思想、新文化广泛传播，长坑创办崇德中学附属小学，他转入附小求学。1927年春，王村生升入崇德中学就读。他平素爱读书看报，关心民族、国家兴亡大事，当看到报刊上发表纪念五卅运动的文章时，他愤慨地对同学说："中国被帝国主义欺凌了，这是侮辱我们民族、国家啊！"他经常向同学们谈论政治时事，抨击黑暗的社会制度。

1927年秋，王村生在父亲和家人的支持下，转往集美学校求学。厦门大学、集美学校是闽南乃至全省早期的革命中心，是培养和输送革命干部的教育基地。王村生在革命思想的影响下，视野更为开阔，对中国社会有了更深刻的认识，懂得只有废除旧制度，推翻反动统治，建立新社会，才能救中国。

他憎恨反动统治，追求光明，毅然参加学校的革命活动，在学校党组织的培养下，加入中国共产党。不久，受党组织指派，前往漳州师范学校就读。他努力学习革命理论书籍，以半工半读为掩护，承担党组织交给他的革命工作。不慎因日记本被坏人发现而向敌人披露，他被绥靖司令部以"共党嫌疑"逮捕入狱。经两个多月的关押审讯，王村生机智巧妙应对，敌人仍然找不到确凿证据，后经在漳州经营茶叶的安溪同乡帮助，由3家茶店做"铺保"，4户人家做"连环保"，才使王村生获释。但反动派对他还不放心，把他驱出漳州。在党组织的安排下，1928年秋，王村生到泉州就读于泉州乡村师范学校，与泉州党组织取得了联系，并在泉州党组织领导下，开展革命活动。

1928年秋冬，中共福建省委派吴亚鲁巡视泉州，传达在厦门召开的全省第一次党代会精神及党的政治任务。要求泉属党组织要加强党团组织的恢复与发展，发动农民群众起来作抗租、抗税、抗粮、抗债、抗捐斗争。1929年春夏，省委先后派李国珍、江德贤任中共泉州县委书记。江德贤牺牲后，省委又派许依华担任泉州县委书记。王村生受党组织委派到泉州城郊乌州小学任教，他深入工厂、学校、商店及乡村，宣传、鼓动工人、农民群众，与他们打成一片，从中发展党团员、互济会会员，发展反帝大同盟群众组织。1930年8月的一天，王村生在同文斋印刷所与同志接头时被跟踪的便衣警察发觉，危急之际，他将随身携带的情报塞入口中，便被蜂拥而上的警察逮捕入狱，这是王村生第二次被捕。在狱中提审时，他泰然处之，敌人问他何以参加共产党，共产党在泉州的情况等等，他句句不知道，装作一无所知，喊冤叫屈，不暴露身份，不泄露党的任何机密。敌人严刑拷打，他面不改色，坚不吐实。敌人恼羞成怒，将他的上腿紧紧绑在条椅上，两小腿下塞入砖块……敌人的摧残，并未能动摇他坚定的信仰和意志。敌人从他身上一无所获，关押审讯3个多月后，经党组织和他家人多方营救才保获释。出狱后，泉州、晋江、南安、惠安正处于惠安起义失利后，国民党军警四处搜捕共产党人的白色恐怖笼罩之下，他毫不犹豫地投入革命斗争。

1930年10月，为加强对泉属地区革命斗争的领导，恢复泉州党组织，中共福建省委派省委常委、厦门市委书记粘文华到泉州，寻找失散的党员，着手恢复党的组织。1931年3月，省委机关在厦门遭破坏，粘文华调往泉州。4月在泉州鹦山小学建立中共泉州特支，同时建立共青团泉州特支，王村生任中

热血洒榕桥,英风流千古——记置生死于度外的革命英杰王村生

1931年4月在承天寺内的鹦山小学成立"中共泉州特支"

共泉州特支委员和共青团特支委员。此后,泉州特支以鹦山小学为据点,党团员一起开展活动,寻找失散的同志,在泉州城内及郊区农村进行组织宣传工作。

1931年7月,根据中共中央的指示,在中央巡视员姚仲云帮助下建立中共厦门中心市委,泉州党组织隶属于厦门中心市委领导。泉州特支为贯彻落实中心市委三个月工作计划中对泉州党组织的任务,进行组织分工,以粘文华、王村生为主,负责泉州城区工作;以彭德清为主,负责城外和近郊的农村工作。城区以工人、店员、学生为主要工作对象,并在驻军中开展兵运工作;城外农村以小学教员、医生、工匠为职业掩护,深入宣传发动群众,组织农民夜校,进行艰苦细致宣传教育工作。通过贯彻中心市委的指示,泉州特支工作范围逐步扩大到晋南一带,党的组织也得到较快的恢复和发展。是年冬,党组织派王村生到家乡长坑,调查了解青年的思想动向,并向青年宣传共产党主张、土地革命、武装斗争等革命理论,组织革命工作小组,播下了革命火种。1932年初春,王村生由泉州特支委员郑俊哲介绍到泉州城郊上埕村醒民小学任教。其时举国上下抗日救亡声势浩大,王村生多次与同志们一起召集主持反日群众大会,开展群众性的罢工、罢课、罢市、查禁日货活动,有力推动

121

了泉州抗日救国运动的开展。

　　1933年4月,中共厦门中心市委调中共泉州特支书记粘文华和共青团泉州特支书记彭德清到晋南工作,筹建中共晋南县委。王村生接任共青团泉州特支书记,他以泉州城外浦西村新西小学为活动据点,以教员身份为掩护,白天大部分时间外出工作,教学由王克致等人负责。他不仅在农村中开展工作,也经常到城区工人中进行革命活动。在王村生等人的努力下,至1932年9月,共青团泉州特支成员发展到30多人,群众亦不断组织起来。永宁、池店、浦西、清濛都建有团支部,沉洲、乌洲等地都有团员。1934年春,王村生到新店雁西小学任教,因革命工作需要以教员身份,负责安插、掩护同志。他曾联系晋江的柴坂、圹头两个乡的有识之士开办两所小学,与中共党员洪雪立、谢怀丹等人一起以教员身份为掩护,在泉安公路沿线农村开展革命活动。

　　1934年7月,厦门中心市委派余南到南安岭兜,召开中共晋南县委和中共泉州特支联席会议。王村生、王志石和李招曹作为泉州特支代表参加了会议。会议传达了中心市委将泉州特支并入晋南县委的决定,选举产生了新的县委,王村生任县委委员。共青团泉州特支也并入团晋南县委,党团组织一起活动。同年10月,中央主力红军北上抗日后,南方八省转入艰苦卓绝的三年游击战争时期。泉属地区处于闽南、闽中革命根据地的中间地带,处境极端困难。国民党中央军第九师进驻泉属地区,疯狂"清剿"安南永德苏区。1935年春,中国抗日义勇军西南军区闽南第二支队支队长尹利东和政委李剑光率精干游击队转战晋南一带,在南安岭兜协助晋南县委扩建晋南武装队和赤卫队为晋南游击队,尤大斧任队长,安溪中心县委执委傅文煌任政委,王美任副队长,王村

王村生活动的南安岭兜村一角

热血洒榕桥，英风流千古——记置生死于度外的革命英杰王村生

晋江市革命烈士陵园的烈士英名墙，铭刻有王村生等烈士英名

生任政治部主任。此后，在晋南县委的领导下，晋南游击队频繁出击，镇压恶霸劣绅30多人，缴获浮财分给贫苦农民，群众性的"五抗"斗争蓬勃发展，形成晋（江）南（安）游击区，有力地配合安南永德苏区的反"清剿"斗争。

1935年夏秋间，晋南县委和游击队根据闽西南军政委员会"开展广泛的、灵活的、群众性的、胜利的游击战争"的方针。王村生和晋南游击队袭击晋江白埕敌征粮队；在南安岭兜粉碎国民党军第一次"围剿"；在晋江砌坑村，打击国民党军催粮队，抢出被抓捕的抗粮群众，缴获长短枪12支；在南安梅花岭设伏，打得敌军丢盔弃甲。晋南游击队连打胜仗，军威大振。晋南革命斗争的急剧发展，引起国民党反动派的恐慌和仇视。同年9月下旬，国民党军第九师二十六旅谢辅三部200余人，第二次"围剿"晋南县委根据地岭兜，干部、群众106人被捕。王村生和游击队突围后与敌周旋于晋江砌坑、南安梧坝一带。10月3日，游击队返回岭兜，驻扎于屈山上。4日凌晨，国民党军驻官桥补充第四连第三次"围剿"岭兜。游击队在突遭袭击险情下，顽强抵抗，终因寡不敌众而分散突围，王村生等人撤至南安榕桥梧坝村，隐蔽在橄榄洞内。由于叛徒出卖，王村生、尤大斧、王美等人不幸被捕，当即惨遭杀害。

王村生同志为信仰而生，为信仰而死，他的革命事迹永垂青史。

救民于水火

——记正气凛然的革命英雄林师柴

"荆棘塞满了旅途,黑暗占领了长空。许多人在流泪、啜泣、惨呼、悲号——转徙在狂风暴雨之中。努力吧!振起精神,牺牲心力,去救那人群。从这年这月这日起。前进!奋勇!"

这是林师柴生前亲笔写下的壮丽诗篇,表达了他同反动派进行不妥协斗争的决心,发出了彻底革命的心声。

林师柴烈士

林师柴,1906年出生于安溪县龙门乡大溪墘。1925年秋考入集美师范学院,结识本校学生会主席李纯青。1929年秋毕业,先后受聘于南安的高山小学和安溪的长坑崇德学校任教,开始秘密从事革命活动。1934年8月,返回龙门任龙门小学校长,团结校内外进步师生,在安南同地区秘密开展活动。同年11月,林师柴到厦门找到中共党员、中国民族武装自卫会闽南分会组织部长李纯青,向他报告龙门地区群众已经发动起来和准备开展游击武装斗争的打算。李即向中共厦门中心市委汇报,中心市委认为安南同边区是厦门通往安南永德苏区的走廊,创建龙门革命根据地是完全必要和可能的。随之吸收林师柴加入中国共产党,并指示安溪中心县委开展安南同边区的工作。在中心市委和中心县委的领导下,林师柴不怕风险,日夜奔忙,发展党、团员,发动群众,组织农会、赤卫队、互济会、儿童团等组织,开展"五抗"斗争。

1935年1月,林师柴任中共安南同边区临时特委(隶属于厦门中心市委)宣委兼龙门党支部书记。此时正是南方三年游击战争的艰苦时期,国民党军警疯狂"围剿"安南永德苏区。同年3月,林师柴任中共安南同特支书记,坚决执行安溪中心县委加强安南同边区工作,扩大安南同游击区的决定,在南起同安梧峰、丰岭,北至官桥、五里埔,东起南安翔云,西至赤岭大路区域,开展土地革命,镇压反动粮警,烧毁公路桥梁,破坏敌人交通和通信设施。在坑内大溪埔村召开农民代表大会,成立安南同边区农会,将游击队扩建为"中国抗日义勇军西南军区闽南第二支队第五大队",运用各种斗争策略,同敌军展开针锋相对的斗争,先后同敌军展开数十次的殊死战斗,缴获大批武器,镇压一批反动分子,鼓舞安南同边区人民的革命斗志。同年9月,敌军探知特支主要领导人在坑内活动,即分三路包围坑内,林师柴沉着应战,选择敌军包围的薄弱环节,杀出重围,游击队无一伤亡。此后,敌军实行逐乡"清剿"。10月2日,在敌人重兵包围下,林师柴不幸被捕。10月5日,被押赴龙门圩尾埔刑场。面对荷枪实弹、张牙舞爪的刽子手,他横眉冷对、大义凛然、从容就义,年仅28岁。

时至今日,在安南同人民群众中还一直流传着林师柴的事迹,怀念这位壮志未已的英雄。

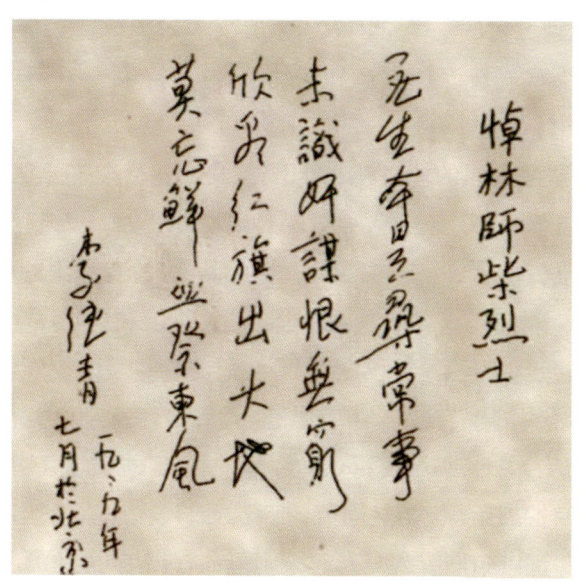

全国政协原常委、原台盟总部副主席李纯青1989年7月于北京赋诗缅怀林师柴烈士:"死生本是寻常事,未识奸谋恨无穷。欣看红旗出大地,莫忘鲜血祭东风。"

威震晋南，浩气长存

——记骁勇善战的晋南游击队队长尤大斧

"活的共产党是抓不到的！"

这是曾任中共晋南砌坑支部书记、晋南县委委员、晋南官桥区委书记、晋南游击队队长尤大斧，1935年10月在南安后垵突围战斗中留下的铿锵誓言，表达了一位共产党员为党的事业视死如归的铮铮铁骨。

尤大斧，曾化名吴雄，1911年11月2日生于晋江内坑砌坑村的一个贫困农家。其父早年去世，留下病魔缠身的母亲和年幼的妹妹，在他13岁时，挑起一家三口的生活重担，

尤大斧烈士

在求生中养成坚强不屈的性格。1930年春，共产党员李肇云到砌坑小学任教，开办夜校，传播革命火种。尤大斧每课必到，接受教育，因他曾读过私塾有阅读能力，在李肇云的帮助下，对共产党的性质、宗旨有深刻的理解，思想进步很快。是年冬，砌坑村成立了农民协会，尤大斧任农会主席。他发动群众开展抗租、抗捐、抗粮、抗债、抗税"五抗"斗争。在砌坑农会影响下，周边村落也纷纷成立农会组织，"五抗"斗争风起云涌。1931年尤大斧加入中国共产党，同年11月成立中共砌坑支部，任党支部书记，隶属于中共晋南特支。其间，尤大斧积极发展组织，访贫问苦，把贫苦农民团结在党组织的周围，培养党团农会骨干，宣讲咱们穷人只有起来闹革命，坚决同反动派作斗争，才能有田种，有饭吃。在他的发动下，全村群众积极投入革命斗争。

1933年春，中共厦门中心市委决定组建中共晋南县委，派巡视员小陆和黄国英到晋南工作。晋南特支在晋江内坑井上村举办短期训练班，讲授党在

威震晋南，浩气长存——记骁勇善战的晋南游击队队长尤大斧

尤大斧旧居

农村中的工作和党员的基本条件。接着，又在砌坑尤大斧家召开会议，研究召开晋南党代表大会的筹备工作。7月，中共厦门中心市委派唐言福和李德到南安岭兜内寮田芷村，主持召开中共晋南党员代表大会，选举产生中共晋南县委，书记黄国英。为了加强游击根据地的建设，县委决定成立梅岭、官桥、安海三个区委，县委委员尤大斧兼任中共官桥区委书记。他遵照县委关于放手发动群众，建立革命武装，开展公开斗争的决议，在全区重点村落成立赤卫队，扩大农会、儿童团组织。砌坑村党支部还组织宣传队，贴标语、散发传单，占领文化阵地，群众运动轰轰烈烈，成为全区革命斗争的一个重要据点。为了加强晋南地区的武装斗争，晋南县委根据党代会精神，在大盈"仙迹岩"召开晋南周边第一次苏维埃代表大会，组建晋南工农赤卫队，尤大斧任大队长，开展"五抗"斗争。

1934年4月，晋南县委组建晋南武装队，尤大斧任队长。为培养武装斗争骨干，他选送一批党员和赤卫队积极分子到中国工农红军闽南游击队第二支队（红二支队）学习，参加实战培训。革命事业迅速发展，为解决经费困难，他毅然把家中的母猪卖掉，缓解难关。是年夏秋之际，他率武装队袭击一片寺，镇压勾结官僚、土匪，向反动派告密地下党活动的反动和尚瑞阳。随后，他率武装队执行晋南县委的指示，在南安岭兜的后坡、杨行等村建立游击根

127

据地，发动群众焚烧沉桥、蹶脚桥、白垵桥等近十座桥梁，破坏敌人的电信设施，镇压反动土豪劣绅，围攻企图勒索华侨的官桥护路队，有力地配合安南永德苏区的反"清剿"斗争。

1934年10月，中央红军主力撤离中央苏区，南方八省转入艰苦卓绝的三年游击战争。国民党从闽西调遣中央军第九师李延年部进驻泉属地区，对泉属地区红色区域进行残酷"清剿"。1935年3月，中国抗日义勇军西南军区闽南第二支队（红二支队）支队长尹利东、政委李剑光为粉碎敌人的"清剿"，率精干游击队转战晋南。晋南县委和晋南武装队密切配合红二支队，在南安榕桥梧坝村镇压了贩卖鸦片的恶霸李奕、李金父子，使当地土豪劣绅闻风丧胆。4月，红二支队和晋南县委在南安岭兜研究决定，将晋南武装队扩编为晋南游击队（晋南游击队曾用中国工农红军闽南游击队第三支队的名义贴布告），50多人枪，尤大斧任队长。此后，深入发动当地农民赤卫队，协调行动，主动出击，广泛开展晋南游击区的武装斗争，先后在岭兜、梧坝、西后埯、砌坑、井上、后田等村镇压地方恶霸、土豪劣绅、流氓地痞等反动分子30多人，把他们的财产分给贫苦农民，威震晋南地区。

1935年5月，国民党军派两个班的征粮队进入白垵村，牵羊拉牛，强征钱粮。尤大斧接到报告后，立即率队袭击白垵征钱粮的国民党军，枪决征粮兵2人，当场烧掉田契。国民党军队不甘失败，于同年7月间调集一连兵力包围南安岭兜村。尤大斧率领晋南游击队和当地赤卫队，奋力反击，打退敌人的进攻。但敌人仍不甘心，8月9日，又派征粮兵12人进入砌坑村，抓捕抗粮群众尤芳乏。尤大斧闻讯后，立即率队突然袭击砌坑村，冲进征粮兵驻地，敌人措手不及，只好举手投降，缴获长枪11支，短枪1支，救出尤芳乏。晋南游击队为配合安南永德苏区红二支队的反"清剿"斗争，发动赤卫队500余人，在官桥附近的山头，吹号鸣枪，拉开围攻官桥的阵势。晚上又派小分队在官桥街插红旗，张贴标语，骚扰敌军。

在晋南县委的领导下，尤大斧带领晋南游击队频繁出击，使晋南游击区的武装斗争取得节节胜利，引起国民党反动派的恐慌和仇恨。1935年9月25日，国民党军第九师第二十六旅旅长谢辅三调集200余人，兵分三路包围南安岭兜。在危急之际，尤大斧率队迅速突围，利用有利地形和坚实的群众基础，在晋南游击区同敌军周旋。由于敌强我弱，晋南党组织和游击队遭受严

威震晋南，浩气长存——记骁勇善战的晋南游击队队长尤大斧

尤大斧率领的晋南游击队为百姓铲恶除奸，威震晋南地区（洪志雄绘）

重损失,干部、群众被捕106人,白色恐怖笼罩着晋南。为粉碎敌人的"清剿",尤大斧率游击队返回岭兜中心片区驻地后垵村。10月5日晚,国民党军第九师补充团调集200多人,分三路包围后垵村。凌晨,尤大斧检查岗哨,发现敌情时,已在敌人包围之中。他与副队长王美分析敌情,分两路突围。尤大斧带领十余人猛冲出去,迎面又发现一股敌军,腹背受敌。敌人疯狂地喊"抓活的",尤大斧威严地喝道:"活的共产党员是抓不到的!"他带领队员们跳下深沟,顺着山势滚下沟底,跳过小涧,钻进树林,甩掉敌人的合围时只剩5人,尤大斧和队员们隐蔽在橄榄洞内。

尤大斧牺牲地

1935年10月6日,由于叛徒出卖,其伪装进洞要和尤大斧接头联系。尤大斧见是"自己人"未加防备,叛徒乘其不备,用木棍猛击其头部,埋伏于洞外的敌人同时向尤大斧开枪,这位骁勇善战,威震晋南的游击队指挥员壮烈牺牲,年仅26岁。

用青春和信仰凝成生命慨歌

——记永春革命女杰李素明

"组织发动群众起来革命的是我们,如果我们自新了,带敌人去抓群众又是我们,那怎么行呢?我们宁死也不能屈服自新,更不能投降叛变!"

这是李素明在狱中鼓励战友们坚持革命,宁死也不能变节的坚定立场。

李素明烈士

李素明,女,1917年生于永春县达埔乡岩峰村的一个贫苦农民家庭。少时就读于达新学校,受李准老师和二哥李剑光的教育,15岁参加革命活动,加入共青团,积极开展除霸反匪斗争。1932年8月,李素明参加中共安溪县委举办的青年妇女干部训练班学习,加入中国共产党,结业后任永春特区妇女会主席。此后,她深入群众,积极宣传革命道理,组织农会、妇女会,大力开展妇运、青运。她善于运用本地的鲜活事例,启发群众认清穷人整天劳作为什么会这样穷,不劳而获的地主老财为什么会那样富的道理。说明穷人要团结起来,组织起来,建立自己的政权,把土地分给农民,实行耕者有其田,才是根本出路。

李素明对妇女如姐妹,对同志如同胞。她为人和蔼可亲,善于开导,笑谈风生。她对姐妹们说,妇女一年到头辛辛苦苦,吃不饱穿不暖,更不用说读书识字;妇女要翻身、要解放,就不要缠小脚,要剪掉辫子,要参加妇女会,争取男女平等,婚姻自由。她教妇女们唱歌:"一劝妹免想君,各地百姓起红军,杀土豪将伊田地拿来分……"有的姐妹初来时,在山上睡不惯,怕苦,哭了。她一面关心他们,一面风趣地说:"孝男胚,爱回家吃咸粥!"有的姐妹怕虎,要求睡中间，她说："不行！虎专咬中间的。"说得众人都笑了，也增强她们克服困难的勇气。她经常与姐妹们交心：我们干的革命工作，是为了穷人翻身和解放，要不怕死，要保守秘密，就是头被砍下也不能说出组织情况。这些话都深深地打动那些要求解放的妇女的心，游击区的妇女都十分拥戴她，永春特区各乡村先后建立妇女会。如达埔的姚金英、潘月华，夹际的陈信等在她的带动下参加革命，并逐步锻炼成为妇女工作的骨干。

1932年11月，李素明任共青团永春特区委书记后，配合中共安溪中心县委、永春特区委和红二支队，发动群众，开展"三抗"反霸斗争，惩治土豪劣绅，把他们的粮食、布匹分给贫苦农民。在配合红二支队惩办达埔土豪潘嗣历时，她先去察看潘家房屋的内部结构，了解行动路线，掌握其行踪。家住潘家护厝的陈惠兰作为内应，开门接应，顺利处决了这个作恶多端的土豪，为达埔民众除了一害。1933年10月，李素明任共青团安溪中心县委宣传部长兼共青团永春特区书记。她的足迹遍及安南永德边界的村落，发动很多妇女参加妇女会、共青团，使根据地的群团组织不断发展壮大，在支援游击战争、交通联络、后勤供给等方面起了很大的作用。

1934年，李素明与红二支队支队长尹利东结婚，跟随红二支队多次参加战斗，英勇善战，出色完成任务，成为转战安南永德根据地的巾帼英雄。同年9月，李素明参加岩山反击战，战斗中勇敢机智，战斗空隙对敌军进行政治攻势，瓦解敌军。一名俘虏兵说："有一个永春妇女，手拿二十响驳壳枪，很是厉害。"说的就是李素明。是年冬，中共厦门中心市委派方毅到安溪巡视，介绍中央红军撤离中央苏区北上抗日后南方游击区的形势，要求安溪中心县委和红二支队明确任务，独立作战，指出："能坚持游击就坚持，武装要缩编成一支精锐部队；农会、支队能保存更好，只要还有一个共产党员，革命武装斗争一定会向前发展的，共产党是斩不绝、杀不尽的。"随后，安南永德苏区军事斗争形势逐渐恶化，国民党军警反复对苏区进行"清剿"，党组织再度遭受破坏。

1935年初，敌人改变策略，采用"七分政治，三分军事"的阴险手法，有一些革命意志薄弱的人退缩了，有的跑去"自新"，成了叛徒。敌人利用这些叛徒、特务对苏区内部进行分化瓦解，破坏暗杀。李素明的二哥李剑光就是被叛徒暗杀而牺牲的。血的教训使李素明进一步认识到叛徒对革命的危害，看清了叛徒的可憎面目。悲痛之余，她更加坚定革命意志，更加痛恨、鄙视叛徒，曾带领游击队，亲自处决无耻的叛徒，消除隐患。敌人调集重兵进行更大规模、更残酷的"清乡"。在永春活动的尹利东，率队在安溪、永春边界一带活动，屡遭敌人的跟踪袭击，无法长期立足，到达埔寻找李素明也找不到，随后转入厦门。

此时，李素明怀孕在身，转移到达埔官林村隐蔽。她白天住在山洞里，晚上仍到附近各村去发动青年、妇女支持反"围剿"斗争。由于敌我力量众寡悬殊，斗争越来越残酷，李素明等人被敌人包围在狮峰芹菜垄的吴田寨山洞里。叛徒范秀在洞口高声叫喊要她自新，李素明怒不可遏，痛骂叛徒无耻，厉声答道："我是共产党员，决不自新。要我出卖党的组织是绝对办不到的。"叛徒举枪威胁说："再不出来，我就开枪打死你。"看到狼心狗肺的叛徒就要下毒手了，李素明毅然地说："我死要留名四方，不愿死在这无人知道的山洞里。"说完，她昂首挺胸，走出山洞被敌人捆走。

李素明最后开展革命活动的地方——狮峰村芹菜垄

翌日，李素明被押送途经达理桥时，纵身跳入溪中，决心为革命捐躯。由于水浅，被敌兵捞起，解送诗山国民党军二十六旅旅部。旅长谢辅三指使叛徒郭港前去劝降。她怒目而视，厉声斥责："呸!臭人!你还有脸敢来见我，快滚开!"在狱中，李素明鼓励同牢战友要坚持革命，她说："组织发动群众起来革命的是我们，如果我们自新了，带敌人去抓群众又是我们，那怎么行呢？我们宁死也不能屈服，更不能投降叛变。"

敌人见软的一套不行，就用严刑酷打，妄图用肉体折磨迫她自新。此时，"素明着草履、头发蓬乱、身体矮胖，口音纯正，供时微露笑容，态度安闲，坚不吐实"（《民国日报》报道）。她被酷刑折磨得遍体鳞伤，始终大义凛然，坚贞不屈。敌人无计可施，将她押回永春。

李素明牺牲的地方——永春西校场

1935年10月30日，"素明身着白底柳条衫、黑裤、白树胶鞋，蓬头乱发长垂肩膀。于裤头荷包内，取出四省农民银行一元钞票两张，庞钗一枚，洋参、仁丹一小包，嘱将以上诸件寄给伊兄"（永春《崇道报》报道）。她昂首阔步，走向刑场，在永春西校场英勇就义，年仅18岁。1964年3月，时任中共广东省委书记处书记的尹利东回永春老区考察，到达埔旧战场凭吊缅怀先烈，又在李素明曾纵身跳溪的达理桥默默地站了许久。

李素明烈士是土地革命战争时期安南永德苏区优秀的共产党员，是妇女姐妹的挚友，是妇女运动的先锋。她的一生虽是短暂的，但她光辉的业绩却在安南永德四县人民中间广为传颂。

枪林弹雨中捍卫革命理想

——记党的忠诚战士刘由

"为人正派,说话坦率,性格刚强,对党的事业忠心耿耿,无私无畏,至死不渝。"

这是曾任土地革命战争时期中共厦门中心市委特派员、中国工农红军闽南游击队第二支队政治部主任粘文华生前对党的忠诚战士、中共安溪中心县委执委、红二支队第三大队大队长刘由的评价。

刘由烈士

刘由,安溪县金谷元口人,1906年生于一个贫苦农民家庭,兄弟姐妹7人,他排行第二。1927年到马来亚当码头搬运工人,受尽资本家的剥削和压迫,干了三年,仍然两手空空。1930年底,他毅然回国,回乡不久,与郭辫结婚。郭辫是乡里妇女会积极分子,在她的带动下,刘由参加农会、赤卫队,夫妻双双走上革命道路。1932年夏初,闽南工农游击队第二支队支队长陈凤伍带领游击队经常在元口小溪活动时,经陈凤伍同意,刘由参加红军游击队,投身于安南永地区的游击战争。在红军队伍里,由于他革命意志坚定,勤奋学习,进步很快,不久便加入中国共产党,从普通战士,成长为一位优秀的红军游击队中队长。他练就了精准的射击技巧,在安溪蓬莱鹤前伏击反动民团刘万法时,他一枪结果了这位民团排长。

1932年秋天的一个黄昏,陈凤伍带领刘由、郭港等20多人,从安溪东溪出击永春达埔,抓获一个大土豪。返回时,被国民党民团守望队发现,敌哨兵顿时锣声大作,大喊"土匪入乡了"!刘由见状,急中生智,趁天黑,悄悄地摸近守望队，出其不意地一把夺过哨兵手上铜锣，嚷道："你不懂得敲，让我来！"他边敲边喊"土匪入乡了"！向相反方向追去，迷惑敌人，掩护红军游击队行动。等哨兵醒悟过来时，他已归队，并同大家一起押着土豪迅速地上了东溪岭，返回东溪驻地。1933年春，陈凤伍做出拔除干扰破坏农会组织的坂顶反动土豪陈良的决定，并由刘由负责执行。这天晚上，刘由带领10多位红军战士来到坂顶，在当地赤卫队、武装群众百多人配合下，包围了陈良住宅。陈良父子听到动静，其子即爬上屋顶。陈良开门企图逃跑，被守在门口的刘由一枪击毙。躲在屋顶的陈良之子，开枪击伤二名红军战士，随即跳下屋顶逃跑，刘由奋起直追，在山坡上一枪结果这个坏蛋。

1933年初夏，中共安溪中心县委领导安南永德人民进行革命斗争，动摇了国民党在四县的统治政权，触动了封建地主阶级的利益。国民党驻军和县保安队，对红色区域进行多次"围剿"，均被红二支队和赤卫队所击败。敌人便采取军事围攻和经济封锁的策略，一时红色区域周边敌炮楼林立，敌人在元口村也新筑一座炮楼，驻守一个排的民团。为歼灭这股敌人，红二支队领导采纳了刘由引蛇出洞的意见。次日，刘由和部分红军游击队化装成詹方珍民团，到附近洋内派款，然后派人报告炮楼里的民团，并在通往洋内必经之路设伏。炮楼里敌人整队出发前往洋内，可是敌人的3名尖兵刚一出现，有一游击队员即慌忙开枪，后续敌人听到枪响，便退往路旁溪边拼命抵抗。刘由见状，即投出手榴弹，炸伤两名敌兵，敌人慌忙拖着伤兵撤退，刘由率队追击，敌人缩回炮楼顽抗。此战虽未全歼敌人，但给敌人一次严厉的警告。

1933年5月，闽南工农游击队第二支队正式命名为"中国工农红军闽南游击队第二支队"。7月，刘由被任命为第三大队副大队长。在那艰苦的岁月里，红军游击队供给十分困难，他经常把自己家里粮食送给游击队。他的弟弟刘九给驻在九丘的红军游击队送粮，返回元口大埔时，被民团杀害。9月发生了"青云楼事件"，陈凤伍等12位党政军优秀干部不幸被捕牺牲。敌人极力向安溪登虎榜、东溪、佛仔格、岩山等苏区重地发动疯狂进攻，革命受到严重摧残。面对严重时局，刘由革命意志坚定，无私无畏，英勇作战，用自己的行动鼓舞大家斗志。10月，刘由接任红二支队第二大队大队长。1934年1月，厦门中心市委调尹利东任红二支队支队长，同时调整红二支队的领导人。刘由调任第三大队大队长。

刘由深知军民关系的威力,很注意部队的军纪教育。在永春打夹际大土豪时,曾有人私藏缴获的金戒指,刘由发现后,便耐心地进行个别教育,使当事人主动承认错误,上缴金器。并在队伍中反复强调红军的纪律,宣布今后如果发现违纪行为,坚决严肃处理,从而使部队所到之处,秋毫无犯。1934年2月,刘由率领队伍行军至永春达埔奉乐村时,夜幕已经降临,细雨蒙蒙,寒风刺骨,战士们又冷又饿,决定在村里宿营。当地群众见来了大队人马,有的赶紧关门闭户,有的纷纷上山躲避。刘由要求战士们在屋角边宿营,不拿群众一根草,一颗粮。群众看到这种情景,知道自己的队伍来了,便招呼战士们进屋休息。为了不打扰群众,战士们仍冒着寒风冷雨露宿屋外,被当地群众传为佳话。

1934年"闽变"失败后,蒋介石加强对闽西和闽西北的攻势,安南永德的革命局势,仍然迅速发展。在这有利的局势下,2月5日,安溪中心县委召开紧急会议,由共青团厦门中心市委宣传部长方毅传达中共中央关于第五次反"围剿"的指示,要求安南永德苏区军民主动出击,牵制敌人,配合中央红军的反"围剿"斗争。会后,中心县委发出紧急通知,要求各级党组织和红二支队立即发动对敌展开攻势,打土豪分粮食;动员党团员和群众,加紧年关斗争和"五抗"斗争,进行分田;加紧兵运工作,瓦解敌军;组织宣传队,深入各地宣传。此后,刘由率第三大队在支队的领导下,开展一系列活动,执行中心县委的通知精神。2月底,刘由率第三大队驻扎在蓬莱寮坑时,突然遭到张仲明民团包围,他立即指挥战士们投入战斗,果断地组织火力压制敌人,抢占制高点有利地形,阻击敌人,掩护队伍突围,直到战士们撤离后,他才最后撤离。3月,他率队到安溪芸溪区一带活动。一天,大盈群众"迎火"抬菩萨游乡,民团派一个班招摇其后,耀武扬威。刘由接到情报后,便派一个班在半路埋伏,等群众过后,即向敌人猛烈开火,毙敌4人,收缴步枪8支。9月,经过紧张转战的红二支队3个大队500余人枪集中在南安高田、苦湖休整时,遭到省保安团陈维金部和金淘后坑埔、诗山、蓬华、镇抚、参内等地民团,共1500多人,分五路包围攻击。在红二支队支队长尹利东的指挥下,刘由率第三大队沉着应战,密切配合第一、二大队的攻击,打得敌人落花流水,惨败而逃。这次战斗,虽然红二支队牺牲2人,1人负伤,但击退了敌军的五路进攻,打死打伤敌军30多人,缴获长短枪数十支,取得苦湖突围的胜利。

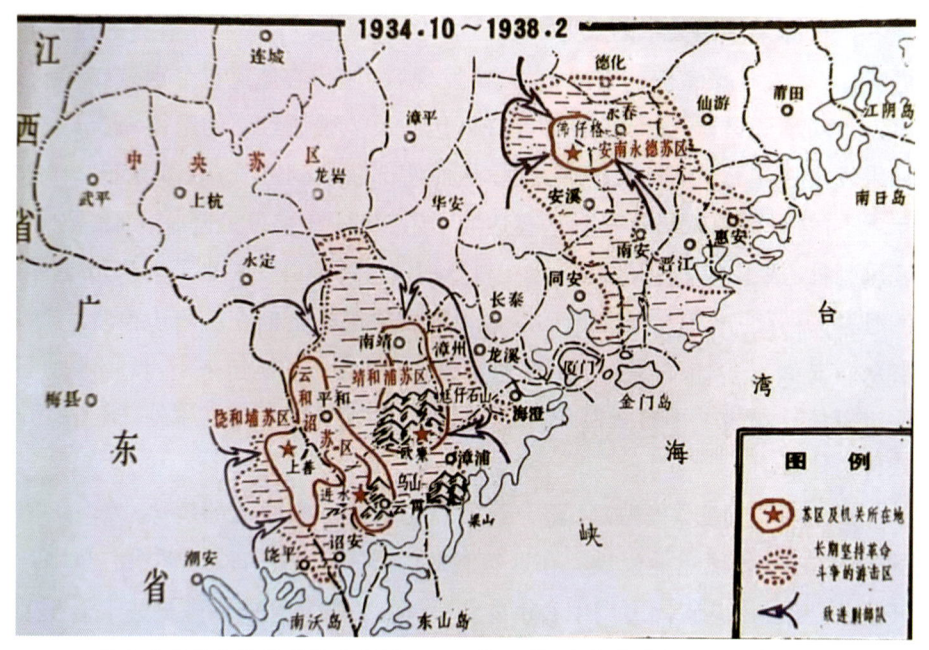

闽南三年游击战争形势示意图。1934年10月，中央主力红军开始长征。国民党反动派对南安永德苏区加强"清剿"，安南永德苏区转入最为艰苦困难的三年游击战争时期，安南永德革命斗争转入低潮

　　1934年10月，中央红军撤离中央苏区，开始长征。11月，国民党当局展开对闽赣两省的全面"清剿"，将闽赣两省统一划为12个绥靖区，命令国民党第九师师长李延年为第十一绥靖区司令官，进驻泉州，负责闽南地区的"清剿"。安南永德苏区进入艰苦卓绝的三年游击战争。12月，第九师二十六旅谢辅三部进驻诗山，采取"三分军事，七分政治"的毒辣手段，双管齐下，对苏区进行大规模的"围剿"。面对残酷的斗争形势，中共厦门中心市委对安溪中心县委和红二支队进行改组，刘由任安溪中心县委执委。红二支队改称为"中国抗日义勇军西南军区闽南第二支队"，刘由任第二支队第三大队大队长。1935年春，安溪中心县委在南安诗山召开紧急会议，会议决定，把红军游击队化整为零，分散活动，袭扰敌人，向外发展。刘由率队留在安溪芸溪区、黄口区、官彭区一带活动。其间，刘由曾到安溪龙门协助安南同特支书记林师柴领导安南同边区工作，并帮助把安南同边区游击队扩建为"中国抗日义勇军西南军区闽南第二支队第五大队"。

枪林弹雨中捍卫革命理想——记党的忠诚战士刘由

刘由曾经隐蔽的地方——安溪湖头白濑山林

　　1935年6月，为粉碎敌人的封锁，解决军民的食盐困难，刘由等人受中心县委指派，率领第三大队和官彭区赤卫队，埋伏在金谷溪边，截获湖头资本家的6船食盐，把300余包食盐分给群众，解决了军民的食盐问题。同年7月7日，为应对日益严重的时局，厦门中心市委特派员郭灿到安溪，主持召开中心县委扩大会议，全面研究对敌斗争策略，提出"巩固组织，开辟新区"的方针，决定整顿组织，坚持斗争。会议重新改组中心县委，刘由仍为中心县委执委。会后，刘由等带领队伍在黄口区、官彭区坚持斗争。9月，国民党第二十六旅两个营，省保安九团对安南同边区进行全面"围剿"，第二支队彭德清政委率部与敌在龙门地区连日血战，但终因寡不敌众，被敌围困。在这危急关头，刘由率队驰赴救援，勇猛冲入敌阵，掩护彭德清队伍突出重围。队伍会合后，当即开赴官彭区休整。随后，队伍分别由彭德清、刘由带领开赴南安金淘区、安溪城关地区和官彭区开展斗争。尹利东率队到安溪与刘由会合，坚持斗争。其间，安溪中心县委领导人易培祥等人相继叛变投敌，组织"铲共义勇队"，党组织被破坏，游击队被冲散，大批共产党员和革命群众惨遭屠杀。为继续坚持革命斗争，10月14日，尹利东召集中心县委执委刘由、杨七，团中心县委委员刘秀芳、芸溪区区书记张瑞明等人，在安溪黄口内山村开会，决定分散隐

139

蔽,把队伍组成永春、南安两个组,回本县活动,安溪的干部和队员转移到湖头隐蔽,把剩余枪支收藏起来。由杨七负责县委工作,刘由分管军事,尹利东等外地干部到厦门找中心市委汇报。尹利东前往厦门后,刘由、杨七带领11人转移到湖头白濑山林中隐蔽活动。

刘由烈士墓

在革命遭到严重挫折的情况下,刘由面对"自新队"的多次游说,每次答复都是"我坚决不自新"。他劝告同志们要坚持下去,等候尹利东的消息。1935年12月23日,刘由因犯疟疾留在草寮里,被叛徒勾结土匪杀害,年仅29岁。安溪县人民政府在元口村为刘由修建烈士墓。

组织已决定，刀山也得上

——记革命添薪者卢明堂

"干革命哪能怕危险，组织已决定，刀山也得上。"

卢明堂，1928年加入中国共产党，1929年任中共惠安中学支部书记、惠安县学生联合会宣委，组织领导五次学生运动。曾任共青团惠安县委委员、惠安特支宣委、卢厝支部组委、石狮永宁区委宣委等职。坚决服从组织指示，足迹遍布晋南惠地区。1936年6月在永春西校场英勇就义，年仅26岁。

卢明堂烈士

卢明堂，化名卢敬仲、卢哲，乳名卢添火，1910年11月20日生于惠安县涂寨乡赤埕祠堂村的一个贫苦农家。其父卢清源，是个勤朴农民，且有制作竹器的好手艺。卢明堂系独子，父母视如明珠，把慈爱、关怀、启迪统集于身，虽家境贫寒，也要让他读书成才。于是其父把农活交给老伴独力承担，将卢明堂带到城关，送进惠安公学读书，并在东门外桥仔头借住亲戚一间小屋，做点竹器生活用具以资生活费用。卢明堂少时勤奋好学，学业优异，素为师长、同学所称道。他热爱劳动，以实际行动体贴父母的苦心，分担父母的辛劳；他日间抓紧攻读、完成作业，夜里则在微弱的油灯下与父亲一起削竹筷、钉鲎勺，直至更深才和父亲一起休息。他谦虚和谐，诚挚可亲，乐于助人，从不因学业优异而骄傲，对学业较差的同学，则以互学态度，诱导启发，让其渐次跟上，受到同学们的拥戴。

1926年11月，北伐军攻占惠安县城。12月中旬，惠安第一个中共地方组织——中共惠安支部在县城惠安公学成立，亦称惠安公学支部，隶属于中共厦门总干事会。卢明堂勇敢积极地投入党领导下的反对贪污、打土劣的斗争中去。在反对县财政科长黄财忠贪污行为和逮捕劣绅陈伯昭等一系列革命行动中，他都站在斗争前列，深受火热斗争的锻炼，阶级觉悟有较大提高。1927年，蒋介石发动反共政变，使他进一步认清国民党右派的真面目，更加坚定革命信念。1928年秋，他在惠安县中学就读时，毅然加入共青团，年底转为中共党员。

1929年7月，惠安县学生联合会改组。卢明堂被选为县学联会宣传委员。他利用这一公开身份，在校内发动同学反对学校当局对进步学生的种种限制和迫害，要求有言论结社自由，向反动校长郑清展开针锋相对的斗争；在校外，他接受党组织指派，深入到东关、东张发动群众，组织面业工业、互助会、读书研究会等群众组织，号召工农群众和学生一道，进行反苛捐杂税、反贪污腐败的斗争。他还与进步学生骨干秘密编印《火花》《洪流》《爆破》等刊物，揭露反动派卖国求荣、镇压人民、残杀革命志士等罪恶。同时介绍国内外革命斗争形势，以提高群众的政治觉悟，增强群众的革命信心。

1929年9月，在中共福建省委的指导下，惠安县第一次党的代表大会在城郭张东村召开，正式成立中共惠安县委和共青团惠安县委。中共惠安县中学支部也随即成立，卢明堂任党支部书记。卢明堂根据县委的决定，与县学联会成员一道，分别串联惠安8所学校学生，酝酿反捐税、反贪污斗争，为掀起学运新高潮做好思想动员和组织准备。在惠安县委书记朱思的领导下，惠安县中党支部和县学生联合会，召开全县学生代表大会。卢明堂在会上提出："揪税蠹徐觉民，打开反动统治的缺口"的主张，得到全体代表的赞同和支持。于是一场反贪污、反摊派、反腐败的学生运动轰轰烈烈地展开了。

第一次是揪回惠安县税契处主任徐觉民，进行清算斗争。正当学生运动逐渐兴起之际，徐觉民深感自己所作所为罪迹累累，惊恐不安而出逃时，卢明堂率领一批同学奔赴车站，把他从汽车上揪回来，押交县政府看管。随后，卢明堂等召集惠安县中党支部和县学联会成员，组织60多名学生骨干，分成三队，深入到全县各个乡村，收集大量摊派税单（白条）等搜刮民脂民膏的证据；组织宣传队在农村演话剧，揭露反动当局贪污腐败、巧立名目征收苛捐杂税和土豪劣绅狼狈为奸、互相勾结、压迫人民、剥削人民的累累罪行。

第二次是开展罢课、示威斗争。当同学们带了大量的税盬的贪污材料归来时，惠安县长周协民却受贿放走徐觉民。同学们群情激愤，卢明堂即召开惠安县中党支部紧急会议，研究对策，决定罢课，把反贪污斗争进行到底。县学生联合会发动八所学校师生，组织一场声势浩大的示威游行，到县政府向县长要人，周协民慑于群情愤怒，与警兵一起狼狈地从学校后门逃往驻军营部，同学们手持童子军棍尾随紧追，吓得他们直呼救命。驻军不明真相，如临大敌，派出一连军队持枪警戒，险些与学生短兵相接。为避免流血事件发生，卢明堂掌握斗争火候，随即以县学联会名誉，把队伍带至箭场铺召开群众大会，揭露国民党县反动当局非法摊派捐税和贪赃卖放税盬等卑劣行径。

第三次是反对国民党惠安县宣传部长田文真带武装护卫进校的斗争。田文真十分仇视学生的革命运动，自以为是国民党县党部的权威人物，便通知惠安县中学校长说要亲自来学校对学生训话。但又慑于学生闹事，由驻军营部派六名士兵到校。卢明堂事前得到组织情报，预先布置同学做好准备。当田文真与驻军护兵耀武扬威进入学校礼堂庭院时，教室两边和礼堂走廊早已站满学生，见他们狐假虎威临近时，学生代表不客气地责问道："田文真！你要是清白的，就把贪污和卖放犯揪出来清算法办，否则你跟他们就是一丘之貉！"卢明堂挺身而出，当面责问田文真："你是一个文职官员，今天为什么带来武装士兵，要来干什么？要讲话请你们把武装士兵带走再来，或者把随带武器拿下来！"田文真在同学们的一片责问声中，却被驳得脸红耳赤，灰溜溜地走出校门。

第四次是发动同学、教训反动民团头目康伯沧的斗争。康伯沧是惠安县中学前任校长，现任校长郑清是他引荐的，出入校门很随便，经常带着武装团兵进校，同学们很有意见，早就准备煞他的威风。9月底的一天，康伯沧带着四五个持枪团兵来找郑清，放任团兵在校园里乱逛，在教室窗口探头探脑，正在上课的同学出来要把他们赶走，他们不服气，意欲持枪行凶，引起同学们的愤怒，同声责问。当康伯沧闻声赶来时，卢明堂向前责问道："你曾为校长，应知校规，为什么带团兵到处乱窜，破坏学校的正常秩序，干扰同学们学习，甚至纵任团兵准备行凶？"在事实面前，迫使康伯沧不得不当场向同学们赔礼道歉，并责备肇事团兵，保证以后不再出现此类事件。

第五次是声援营救省学联主席的斗争。1929年，毛泽东、朱德率红四军进入闽西，闽西第一次党代会胜利召开，全省工农运动蓬勃发展，学生运动风起云涌。国民党反动当局采取法西斯手段，逮捕福建省学联会主席苏吉辉，妄图把学生运动打压下去。省学联会指示全省各地，掀起抗议热潮。同年11月，在惠安县委的支持下，惠安中学党支部响应省学联号召，领导全校学生掀起抗议省政府无理逮捕、迫害全省学生领袖的罪行，要求立即无条件释放的声援活动。正当斗争进入尖锐、激烈的关键时刻，学校当局无理把学运骨干李绍熊（中共党员）等几个同学开除，激起了同学们的无比愤怒，于是以卢明堂为书记的县中党支部统一对策后，立即以校学联会名誉召开学生大会，宣布罢课并派许世清（中共党员）、何清波两人为代表，向反动校长郑清提出抗议，要求学校无条件收回成命。经交涉无效，卢明堂根据事态的发展，郑清的顽固强硬态度，分析敌人可能狗急跳墙，对进步学生下毒手，便提前转移党的秘密文件和宣传品。同时，召开县中党支部会议，向同志们说："我们共产党员必须站在斗争前列，没有上级指示，无论危险多大也不能离开岗位，脱离群众。这要向同志们郑重讲清楚。"果然就在翌日中午，反动军警包围学校，抓走学运骨干许世清等党、团员6人。卢明堂因事外出，幸免于难，但反动政府不甘心，下令通缉。为保存革命力量，惠安县委指示卢明堂到三朱地区隐蔽活动。

1930年7月，中共福建省委批准泉州特委和惠安县委组织发动举行惠安起义的报告。卢明堂接受任务，奔走于涂岭洪厝坑、山腰前烧一带，进行宣传发动和组织工作。同时，发动组织群众割电线、烧桥梁，破坏敌人交通，由于操劳过度，加上中暑，病重昏迷，人事不醒，未能参加惠安起义。惠安起义失利后，他奉调到晋江一带继续从事革命活动。1931年春，他以安海可慕村琼林小学为据点办夜校、交朋友，深入到青年农民中去宣传革命道理，组织农民协会。下半年，他在石狮、永宁一带工作，化名卢哲，以卢厝村卢江小学教员为掩护，办夜校、演话剧，宣传革命道理，组织发动群众，恢复石狮、永宁一带的农民协会组织的活动。

1932年2月，卢明堂调任共青团惠安县委委员，在家乡赤埕村开办群策小学，以小学作为党的交通站和工作据点。中共惠安县委书记李文端和共青团厦门市委巡视员冯少频等同志经常在此活动。为保证来往同志的安全，他事必躬亲，设岗放哨，无一纰漏。在党领导的惠北武装抗捐期间，他和同志们一道深入农村，宣传发动和组织群众，并建立党、团支部；在惠东，他动员群众组织支援，为惠北武装斗争的胜利做了大量工作。同年6月，惠安县党、团建制改为特支后，彭德清调任共青团惠安特支书记，卢明堂任共青团惠安特支宣委。7月，彭德清到惠安赤埕卢明堂家，找到卢明堂接上组织关系，当晚住在群策小学。不料，反动民团包围学校，卢明堂听到有动静，机警地叫他父亲鸣锣报警、自己拿起手枪向敌人射击，引开敌人。被敌人包围的彭德清和许世清突围而出，彭德清不幸脚部中弹，进入花生和高粱地隐蔽，血流不止，不能行走。卢明堂赶到后，连夜将彭德清转移到惠东陈其昌家中隐蔽，并为之延医治疗一个多月，彭德清伤愈后，即离开惠安。

此后，卢明堂奉命前往晋江从事革命活动，先后担任中共卢厝支部组织委员、永宁区委宣传委员。他与卢厝支部的同志以卢江小学、启智小学为据点，开展革命活动，组织剧队演文明戏、印刷宣传品，积极宣传抗日，宣传进步思想。他还在姑嫂塔附近的石狮等地的打石工、泥水工人中，发展党员，组织工会小组、农会等群众团体，作为党开展活动的外围组织。1934年12月，中共惠安特支书记曹海被捕，曾炉接任惠安特支书记。厦门中心市委执委郭灿派卢明堂回惠安，配合惠安特支恢复和巩固党、团组织。1935年初，他受命往来于晋江下辇、陈埭、南下美和南安下慕、官桥、岭兜一带活动。

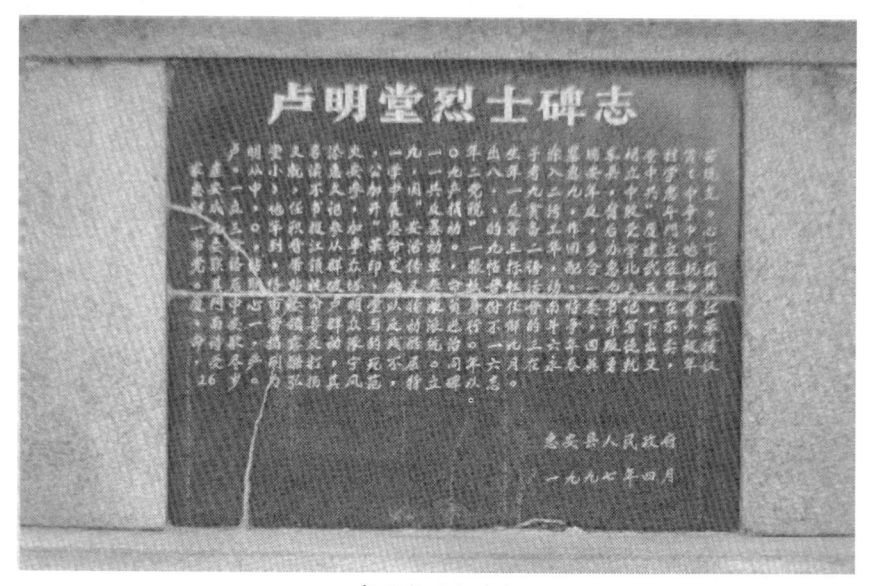

卢明堂烈士碑志

1936年1月，卢明堂向许世清转达上级指示，要许世清到安南永边区的诗山泮岭小学任教，以教员身份为掩护，相机恢复那里被破坏的革命组织。临别时，卢明堂说，我已经暴露，处境很困难，随时有意外发生。许世清建议互调工作地点，卢明堂坚定地说："干革命哪能怕危险，组织已决定，刀山也得上。"同年6月4日，由于叛徒出卖，卢明堂在南安下慕村被国民党军第九师二十六旅部队逮捕，寄押南安水口看守所。组织上多方营救，未能成功。在监牢里敌人用尽胁迫利诱等手段未能得逞，即对他严刑拷打，但他始终坚贞不屈。敌人在无计可施之下，即把卢明堂解往永春旅部。同年6月13日，二十六旅换防前夕，卢明堂在永春西校场从容就义，为革命流尽最后一滴血，时年26岁。

卢明堂同志为了党的事业奋斗整整八个年头，是一个不怕苦、不怕死、意志坚强、对党无比忠诚的共产党员，他的英名将永远铭刻在人们心中，他的革命精神永远鼓舞着人们前进。

小小红星放光芒

——记永不褪色的革命者叶忠

"我死不要紧,你要多保重,将来有出狱的一天,请告诉同志们:我叶忠没有忘记党的教导!"

这是中国共产党员,曾任中共官桥支部书记、泉州中心县委委员、官桥区委书记叶忠,于1940年9月在筹集经费时不幸被捕,被判死刑,临刑前对郑堂楚的嘱托,就义时年仅20岁。

叶忠烈士

叶忠,原名叶荣,1920年出生于南安金淘深坡的一个贫苦农家。他3岁就会帮带妹妹,4岁便开始为家里拾柴禾,五六岁时就能出门放牛羊,从小练就一副硬骨头和一身英气、一身胆识。1929年春,时任共青团福建省委宣传干事叶启存回乡开办农民夜校,叶忠每课必到,懂得了许多革命道理,在他幼小的心灵中播下了革命种子。1932年冬,中共安溪中心县委决定以深坡为中心,建立包括眉山、高田、三乡、天山、白涂、诗山社坊、山门和安溪镇抚、参内等乡村在内的农村游击根据地,叶忠被推举为深坡第一任儿童团团长。1933年11月,叶忠参加金淘区工委领导的赤卫队,伏击金淘乡政府征粮队和镇压诗山国民党中央委员叶祖仪、保安营长叶志华等人的军事行动。1934年,叶忠随金淘区委活动于眉山高田、三乡、天山、太山和诗山的山门、社坊及安溪镇抚、参内、经兜一带。他先后参加苦湖激战、奇袭高田粮警和粉碎国民党军陈维全部的多次"围剿"战斗。

1935年初,国民党军第九师第二十六旅驻扎南安诗山,设立安南永德边区"剿匪"指挥部,纠集各地民团、保安队,经几个月篦梳式的"清剿",根据

1940年4月4日,泉州抢米斗争(洪志雄绘)

地的党组织遭受严重破坏。1936年3月,革命形势更加险恶,叶忠跟随原金淘区委领导李刚,受红二支队政委彭德清委派到晋南一带秘密活动。1938年5月,叶忠被吸收为中共党员,并担任中共官桥支部书记。同年8月,调任中共泉州中心县委委员,受中心县委委派,以梅岭为中心,恢复发展养正中学、南星中学及官桥、白垵、岭兜等地的党组织。1939年11月任中共官桥区委书记,为落实泉州中心县委建立敌后抗日游击武装的指示,他以令人信服的道理向南安九都统战人物、实力派人士陈荣统宣讲抗日民族统一战线的重要性,使其答应借出60支枪,支持抗日游击队,并亲手交给叶忠4支手枪。1940年春,泉州中心县委按上级指示,决定利用青黄不接之机在泉州发动抢米斗争,叶忠参加研究和部署,并奉命负责在外围配合,使这场斗争取得成功。

晋江磁灶洋尾村伍郭宫口。1940年9月,中共泉州中心县委组织委员叶忠和区级干部郑堂楚为筹集经费在此地被捕

　　1940年9月11日,为解决党组织的经费困难,叶忠与郑堂楚在官桥洋尾筹款时不幸被捕。在狱中,叶忠严守党的机密,化名林忠,郑堂楚化名吴明。叶忠供认因外出做工,生活困难而铤而走险,自己是主谋,吴明是胁从,自己承担一切责任。9月26日,国民党晋江军法处判处叶忠死刑,郑堂楚被判有期徒刑10年。泉州中心县委多方组织营救,但叶忠认为条件不成熟,请组织

上不要冒险行动,同时勉励郑堂楚"要争取活着出去,继续为党工作"。临刑前又对郑堂楚说:"我死不要紧,你要多保重,将来有出狱的一天,请告诉同志们:我叶忠没有忘记党的教导!"12月12日,叶忠慷慨就义,他以一腔热血,写成对党、对革命、对人民永不褪色的一个"忠"字!

清明节期间,许多干部群众到金淘深垵革命烈士纪念碑前向叶忠等革命烈士献花

心中有党，永不迷失方向

——记钟山英魂李刚

"群众同我生死同心，现在患难危急，我怎能离开他们。"

"鱼离水就活不成，革命离开群众是不会成功的。"

"只要心里时时记住党，就永远不会迷失方向！"

"双亲大人：

积谷防饥，养儿防老，儿所深知。但现在国难当头，儿顾及了国家却顾不了家，请双亲原谅。"

以上是李刚烈士生前留下的部分遗言和写给父母的信，道出了一位赤诚的革命者，为了心中的信仰，为了党的事业，为了人民的翻身解放的心迹。曾任中共泉州中心县委书记、晋江专署专员、福建省政协副主席的许集美同志说："李刚同志是20世纪30年代中共泉州党组织一位优秀领导人，在泉州革命斗争史上，他是一位关键性人物，占有十分重要的分量。"

李刚烈士

李刚，原名李敬文，字瑞悌，1914年1月11日出生于南安诗山一个侨眷家庭，从小受到良好的家庭教育。1923年，李刚进入诗山进化一校（今燕山小学）读书，学业优异，每学期都得到学校的奖励。毕业后，由于家中有兄弟五人，加上父亲李孔富虽是马来亚归侨，但年事已高，回籍养老，家庭经济不宽裕，故未能继续升学，便在家务农。1930年，早年随父到马来亚谋生的二哥李加局回国探亲，李刚奉母命随二哥到马来亚槟城冰棒厂做工。他亲身体会到在异国他乡的艰难的同时,也看到外国的科学技术比国内先进,更激发他求学的强烈愿望。是年冬,凑巧侄儿李士霭要回国念书,李刚趁机要求二哥也支持他回国求学,二哥为其好学精神所感动,痛快地答应他回国求学。

南安诗山镇红旗村的李刚旧居

1931年春,李刚以优异成绩考进泉州昭昧国学。九一八事变后,泉州城区于9月30日成立晋江各界反日救国会,并先后两次组织召开救国大会和示威游行。各学校组织宣传队和纠察队,开展抗日宣传和抵制日货运动。李刚即积极投入泉属地区抗日救国的洪流中去,并挥笔作诗:"铁蹄蹂躏我神州,一代江山万种愁。不杀倭奴不除暴,苍天辜负少年头。"就在这一年的11月,他在厦门禾山加入中国共产党,改名李刚。1932年夏,安南永德边区的闽南工农游击队第二支队在安溪佛子格成立,领导边区群众打土豪、斗地霸。这时李刚受党组织委派回到诗山开展土地革命,他及时与当地党组织取得联系,随即投入发动群众,组织农会,开展抗租抗税斗争。他和当地青年制作了许多红旗插到钟山等山上,到处张贴"打倒土豪劣绅"标语,威慑敌人,鼓舞群众斗志。1933年12月,安溪中心县委决定把镇田区并入金淘区,改金淘区工委为金淘区委,李刚任中共金淘区委委员。

1934年5月,李刚率领眉山高田村及邻近各村的赤卫队武装200多人,

心中有党，永不迷失方向——记钟山英魂李刚

1935年秋，李刚到晋江白垵、塔头一带建立党组织，发展党员（洪志雄绘）

直抵诗山社坛，袭击一贯欺凌百姓、破坏革命、杀害地下交通员的反动地霸叶祖勤，并将叶祖勤就地处决，为民除害。接着，李刚与黄老泉深入太山村，发动群众，组织农会、妇女会，发展一批积极分子入党，建立党支部，组建赤卫队（后备队），配合安南永德苏区革命武装，打土劣、抗租税，开展游击战争。同年8月，李刚接任共青团金淘区委书记。10月，中央红军撤离中央苏区，北上抗日，国民党第九师第26旅进驻安南永，旅部设在诗山，成立"剿匪指挥部"，纠集地方民团，"清剿"安南永德苏区，革命斗争进入艰苦卓绝的三年游击战争。

1935年3月，中共金淘区委得知国民党南安县政府将派一个排的武装，由"粮师"陈夏模带领，要到眉山高田一带迫收钱粮，便决定将其歼灭。李刚正在高田村一带开展发动群众进行抗钱粮斗争，得到区委的决定，及时做出引鳖入瓮消灭税警的方案。3月28日，李刚组织学生列队迎接，将粮警引驻高田村棋盘楼，并以教师身份协助征粮，取得敌人的信任，摸清敌人的装备等情况，制订具体方案。30日傍晚，伪装成送饭农民的游击队员把饭担挑到楼下。楼上的粮警都下楼吃饭，只有陈夏模在床上抽鸦片。混进楼上的李刚等，急速将楼板盖下，击毙陈夏模。楼下化装交粮的游击队员听到枪声，立即行动。除3人被毙，其余20多名粮警缴械投降。缴获长短枪25支，银元500元。歼敌后，李刚按党的政策，发给粮警每人二元路费，遣送回家。这就是在安南永德苏区广为传颂的李刚智取棋盘楼的经过。

1935年6月，国民党军第26旅纠集当地反动民团以及"铲共义勇队"，到处搜捕共产党人，有的同志被杀害，有的同志被迫转移。因高田税警被歼，敌人到处搜捕李刚，大家都劝告他暂避一避风头。李刚说："群众同我生死同心，现在患难危急，我怎能忍心离开他们……"由于李刚在开展革命斗争中，从来都是与群众同甘苦，深得群众爱戴，敌人到处通缉他，而群众却时刻掩护他。9月1日，李刚在白涂村群众家里，突然遭到20多个敌人的包围，李刚机智沉着地边打边退，敌人追截8里多路，进入安溪县境的后垄尾三岔路口。这时有几位群众正在田里割稻，指引李刚从一条小路跑走，敌兵赶到时，群众说："有个人从大路跑走了。"李刚幸免于难，后总是对同志们说："鱼离水就活不成，革命离开群众是不会成功的。"

1935年10月，安南永德苏区遭受国民党军队和地方反动民团的严重摧残,党组织遭受严重破坏,有些领导人被捕,有的牺牲,有的叛变,有的消极脱离革命。月底,红二支队支队长尹利东和政委彭德清研究对敌斗争策略后,尹利东往厦门中心市委汇报,彭德清继续在苏区开展活动。在此危难之际,李刚和叶忠等跟随彭德清在安溪、南安边界开展斗争。1936年,彭德清到厦门与尹利东会面,并找到中心市委书记老余,汇报了苏区的局势。老余明确指示,尹利东暂不回去,由彭德清继续坚持斗争,如情况严重,可向晋南转移。彭德清接受厦门中心市委指示后,便重回金淘区,召集区委书记曾奎、委员李刚和游击队长蔡车研究形势,传达市委指示,鼓励大家坚持工作。不久,由于反动势力步步进逼,党组织和游击队的活动地区越来越小,斗争局势越发艰难。在这关键时刻,李刚临危受命,接受红二支队政委彭德清指派,与叶忠转移到同样遭受严重破坏的晋南地区,恢复失去联系的党组织。

1936年夏,李刚转移到南安、晋江沿海,经中共党员朱汉膺联系与中共晋南县委接上关系,李刚任晋南县委委员。在极端困难的情况下,他和叶忠在南安官桥、晋江白埕一带秘密开展活动。同年秋,晋南县委再次受到严重破坏,李刚遭受敌人追捕,经在塔头的朱汉膺掩护到惠安的三李、后见村一带活动。此后,在朱汉膺的帮助下,李刚为恢复晋南革命组织,开拓新区,先后在晋江的井林、庄透、前蔡、塔头、港塔、五堡、英林、坑东等地,开展革命活动。

李刚发起成立的泉州文化青年抗敌会地址泉州南门天后宫

1937年5月，晋南县委书记黄国英被捕，晋南县委机关受到严重破坏。中共厦门工委决定，晋南县委改为晋南工委，李刚任工委书记。七七事变前，闽中工委通过惠安特支找到朱汉膺，与中共晋南工委取得联系，后又经李刚介绍与厦门工委取得联系，经厦门工委介绍，由闽中工委委员黄国璋赴香港与中共南委接上中断4年的组织关系。

1937年6月，中共厦门工委书记肖林建议把晋南工委划归闽中工委领导。经请示南委同意后，李刚接受这一建议，被增补为闽中工委委员，担负起重振泉州党组织和发展革命力量的重任。卢沟桥事变爆发后，李刚面对新的形势，清醒地对国民党顽固派保持高度警惕，教育党员继续隐蔽身份，遵守地下工作秘密守则，指导他们融入、领导抗日救亡运动，推进泉州地区党组织生存和发展。同年8月，李刚派共产党员辜仲钊利用与国民党的地方上层人物的关系，带领一些骨干参与"晋江抗敌后援会"工作，在其中担任慰劳股干事，并通过关系把募捐、宣传、救护几个股的实权也抓在党的手中。同时，李刚把坚持下来分散各地的党组织和共产党员召集起来，把从延安等地归来的党员、从沙县来的"厦青团"部分成员、从新加坡等国外回国的党员组织起来，安排到泉属各县宣传抗日统一战线，发动民众组织抗日团体组织。此后，泉属各县相继成立"后援会"和"妇抗队"。在李刚的领导下，党组织利用"抗敌会"等抗日团体，组建以共产党员和进步知识分子为骨干的宣传队、歌咏队、戏剧团，到城区、乡村巡回演出；创办夜校、民校和战时救护实习学校；加强与爱国民主人士的联系，激发他们的爱国热情，投入抗日救亡运动。在李刚和党组织的努力下，整个泉州地区的抗日救亡情绪空前高涨。

1938年3月，国民党当局制造了捕杀刘突军和重兵包围泉州承天寺，将闽中红军改编为国民革命军第八十师的特务大队集中缴械的"泉州事变"。闽中工委及时召开会议，研究应变对策，会议决定由黄国璋赴福州向新四军办事处汇报，李刚回泉州发动舆论声援。李刚及时赶回泉州，把泉州事件真相写成文章、评论寄闽西党的机关报和香港进步报刊发表。召集晋南工委和惠安特支骨干在泉州城区，发动民众和民主爱国人士，在舆论上声讨国民党当局破坏抗日民主统一战线的恶劣行为，在行动上组织民众慰问特务大队。后经闽西南特委和新四军福州办事处同国民党当局交涉，特务大队编入新四军军部特务营二连，开赴皖南抗日前线。

心中有党，永不迷失方向——记钟山英魂李刚

欢送闽中红军北上抗日将士（洪志雄绘）

1938年，党中央为了适应新形势发展的需要，对福建党组织进行较大的调整与合并。同年6月，闽中工委归划中共福建省委领导。8月，省委撤销闽中工委，将其改为莆田、福清、泉州三个中心县委，李刚任中共泉州中心县委书记。李刚对国民党顽固派消极抗战，积极反共早有警惕，特别是"泉州事件"的发生更增强他的戒备。他吸取了安南永德苏区和晋南革命斗争的经验教训，对新的斗争形势，他从泉属地区革命斗争的全面考虑，十分注重党组织和革命基点建设。经过卓有成效的工作，建立了以晋江塔头为中心的沿海新区基点，南安码头、九都和永春桃场的山区基点，南安官桥、岭兜等的老区基点等三种不同类型的革命基点。

以塔头为中心的晋江南部沿海新区基点。李刚在朱汉膺等人的支持下，以此地为基点，领导泉州地区的革命斗争。在深入群众中开展抗日救亡运动，培养革命积极分子，先后吸收许运伙、刘廷都、刘乾隆等人入党，建立中共塔头支部、吕宅支部。为了巩固、发展晋江南部沿海工作，他又派共产党员苏棠影、施赣生到中山学校任教，配合许运伙建立中共港塔、沙岗寮等4个支部。后又建立中共科任支部和颜厝支部，成为晋江南部沿海地区党的坚强堡垒。

以南安码头、九都与永春桃场山区基点。这一地区是国民党视为牢固的反共基地，李刚采取出其不意，在敌人清一色的地盘上建立革命据点，待机恢复安南永革命根据地。他先后派共产党员到这一地区任教，后又派中心县委委员林从儒加强这一地区工作，先后建立中共诗口支部、高山支部、永春支部和内迁九都的培元中学支部等4个党支部，成为革命活动的重要基点。南安码头、九都与永春桃场三角区地枕五台山，山高林密，一旦日军侵略泉州地区，即可在这里建立抗日群众武装游击根据地。李刚批示培元中学党支部做好陈荣统的统战工作，让他认清抗日形势，激发他的抗日爱国热情，促使他倾向共产党。尔后，李刚又派中心县委组织委员叶忠与陈荣统会面，晓以大义，陈荣统当即给叶忠带回数支驳壳枪，并答应一旦需要，将借给共产党60支枪械。

以南安官桥岭兜老区据点。南安广大农村是土地革命战争时期，中共晋南县委革命活动最活跃地区，李刚任晋南工委书记时就注重官桥和白坡地区的工作。1938年5月，李刚主持成立中共官桥支部，指定叶忠为支部书记。1939年春，晋江安海养正中学内迁官桥岭兜，李刚派中心县委委员邓贡直和林松林到养正中学和南星中学任教，开展抗日救亡宣传活动，从中发展培养革命积极分子。在一年多的时间里,林松林和邓贡直介绍黄竹禄、许集美、陈忠烜、朱义斌、许东汉等一大批骨干加入中国共产党,先后成立中共养正中学支部、南星中学支部。为更好地推动官桥地区的革命工作,在李刚指导下,成立中共官桥区委。同年7月,李刚调任中共闽南(闽中)特委书记,在百忙中于1940年1月,亲自到养正中学举办党员训练班,加强党组织的思想建设。这三块不同类型的革命基点的建立,对泉州地区的革命斗争产生了长期的较大影响,充分显示出李刚的革命胆略和智慧。

1938年5月,厦门岛继金门岛之后又沦入日寇铁蹄之下,泉州地区成为抗日前线。李刚根据时局的发展,决定在晋江、南安地区广泛发动群众,组织地方武装,开展抗日游击战争。同年10月,中共泉州中心县委在南安官桥深坑乡后林墟联保主任办公室召开晋南两县24个乡的28位联保主任联席会议。会议由李刚主持,会议决定成立"晋南联乡抗日自卫队";会议通过了晋南联乡抗日群众武装的组织章程,制定了政治目标及军事、组织、宣传等方面的活动大纲;发表了会议《宣言》,提出了保国保乡的口号;会议决定由各联保积极筹备经费、粮食,设立后勤部负责储粮筹款及购买枪支弹药,成立政治部及文艺宣传队。通过一段时间的组织发动,很快就在深坑、梅花岭、官桥、树兜、浮桥、紫帽一带组织了晋南联乡抗日自卫队,武装队伍迅速发展到2000多人,

南安官桥深坑下洋后林墟一角。1938年10月,中共泉州中心县委书记李刚邀请晋南22位联保主任,在南安官桥后林墟成立"晋南联乡抗日自卫队",自卫队武装队伍迅速发展到2000多人枪

并配备各式各样的武器,战斗队员天天参加训练,大家无不表示:"日军胆敢来犯,就和它血战到底!"后来,李刚领导发起的这支抗日武装,在国民党顽固派制造的第一次反共高潮中虽然被解散,但已在群众中播下了共产党领导的武装火种。

1940年,泉州地区由于日寇不断空袭,水陆交通中断,发生严重粮荒。而泉州国民党当局,官商勾结,囤积居奇,粮价一日数涨,民不聊生。为了打击官僚奸商,拯救饥民,时任中共闽南特委书记李刚与泉州中心县委研究后,在泉州城区发动组织领导"反饥饿抢米起义斗争"。4月4日上午,李刚在城区中山路水门巷"美耕"米店对面的三江旅社三楼指挥,参加行动的地下党员和群众按计划准时达到各自岗位,前后仅用半小时,取得圆满胜利,在泉州民众中产生很深的影响。正如李刚所说的:"此事既打击了奸商,又收到了良好的政治影响。"两年后,泉州戏剧界还以"抢米斗争"为素材,编演《为了米的缘故》话剧,尖锐地嘲讽贪官污吏、奸商和国民党顽固派因米被抢而暴跳如雷、谈"米"变色的种种丑态,用以教育人民,鼓舞斗志。

中共闽南特委党员培训班旧址。1940年1月,中共泉州中心县委在内迁梅岭的晋江养正中学举办党员骨干培训班,由闽南特委书记李刚主持

1940年冬,李刚奉命调往闽北崇安进入中共福建省委马克思列宁主义研究班学习,任研究班副班长,兼任中共崇安县委书记。1941年1月29日,研究班在崇安浆溪(村头乡)突然遭受到国民党军警的"围剿",省委组织突出重围,在崇山峻岭中、冰天雪地里与敌人周旋辗转十几天后,在大雾中误入无边无际的竹林,同志们好几天没粮食吃饭,互相埋怨走迷了路,情绪十分低

落。李刚对大家说,只要心里时时记住党,就永远不会迷失方向!他鼓励大家坚定信心,走出困境。最终突围的同志历尽千辛万苦找到了党组织,但是李刚因心力交瘁,昏倒下去,在征途中不幸牺牲,年仅27岁。

许集美同志说:"李刚同志从17岁参加革命到27岁牺牲,十年如一日,对党的事业忠心耿耿,无私无畏,百折不挠,英勇机智,多次在艰险环境中,为泉州地区党组织的恢复壮大,做出了不可磨灭的贡献!他在泉州党的斗争史上是位优秀的领导者,也是我终身难忘的一位好引路人。他的革命精神和高贵品质,永远激励我们,坚定不渝地为实现党的共产主义理想而奋斗不息!"

上刀山下火海，也无所畏惧

——记奔国难为群黎的赤子许运伙

"没有解放的祖国，焉能有幸福家庭！"

"无论何时何地，我都准备为革命牺牲，上刀山、下火海，也无所畏惧！"

许运伙，曾任中共泉州中心县委委员、书记。同李刚在南安岭兜主持党员训练班，组织领导"抢米斗争"，足迹遍布晋江、南安、惠安等地。1941年10月，在深沪吕宅村遭国民党警察袭击，不幸中弹牺牲，年仅29岁。

许运伙烈士

许运伙，又名许新礼、许建民，1912年出生于菲律宾宿务市。不久后，他随父亲回故乡晋江深沪吕宅村，因贫病交加、瘟疫无情，12岁时成为孤儿，过着流浪汉的生活。幸得亲戚相助，把他接回吕宅村，就食于堂亲与姨母两家亲戚。农忙时，他跟成年人在地里做各种农活；农闲时，他不但拾粪、拾草、放羊，帮助伯父打渔、卖鱼，有时还外出打杂工，磨就了顽强的求生本领。他把挣来的钱如数交给伯父作为家用，老人心里过意不去，不肯接受。许运伙却说："你们抚养我已是够辛苦的了，我不能在家吃白饭、赚私钱。"伯父只好收下。许运伙渴望知识，喜欢学习，但得不到上学的机会，一有空闲，他就在私塾门口听老师教书，晚上与上学的孩子一起念书认字。堂亲们公认这个苦命的孩子值得栽培，联名写信给远在菲律宾经商的许景送，建议他将许运伙接到身边加以培养。

1929年4月，许运伙南渡菲律宾，来到伯父许景送家里，就读于宿务市中华学校。从衣食无着到能安心就学的重大转折，许运伙万分珍惜这一难得的

上刀山下火海，也无所畏惧——记奔国难为群黎的赤子许运伙

许运伙旧居

机会，他发奋学习，刻苦钻研，各门学科成绩名列前茅。校长刘春泽是旅菲华侨的进步人士，经常向学生传播进步思想。在校长的带领下，许运伙与老师、同学们经常利用课余时间，深入工厂车间，与工人们谈心，宣传革命道理。中学毕业后，他投身于社会最底层，以打杂工为掩护，积极参加菲共领导下的革命活动。1936年5月，许运伙遭到当局的通缉，离开菲律宾返回祖国，暂住于家乡吕宅村堂嫂家中。为寻找组织，他辗转上海，先后结识原在中共泉州特支工作的中共党员司马文森和进步青年何必然。

1937年卢沟桥事变爆发后，许运伙和何必然从上海返回晋江，在石狮的坑东小学任教。这时他通过朱汉膺和何必然的关系，认识了中共晋南工委书记李刚。随后，经李刚介绍，许运伙加入中国共产党。从此，他便全身心地投入抗日救亡活动，以教员的身份为掩护，在东石的潘径、塔头、石菌等村的学校开展抗日救国活动。他与李刚、朱汉膺、何邦基等组织抗日救国剧团，排练《在松花江上》《打东洋》《抓汉奸》等剧目，到晋江沿海及惠安一带演出，组织学生写文章、出墙报、开演讲会，揭露日本侵略中国的罪行，宣传抗战杀敌的英雄人物，激发广大群众的抗日热情。他还在晋江深沪坑西村召开的抗日救亡大会上演讲，揭露日军侵华的种种罪行，号召民众积极抗日，言辞慷慨激昂，催人奋起，在场群众无不深受感动。

信仰的力量 | 追寻泉州革命烈士心迹

1936年5月,许运伙离开菲律宾回国(洪志雄绘)

上刀山下火海，也无所畏惧——记奔国难为群黎的赤子许运伙

1938年8月，中共泉州中心县委成立，直接由福建省委领导，许运伙任中心县委委员，负责宣传工作。他奔波于晋江、南安两县，联系党员，恢复党团组织，发动群众开展抗日救亡活动。他经常回到家乡吕宅村，白天他和乡亲们在田里劳动，晚上则利用夜校宣传抗日救国道理。他发动农民、渔民捐款捐物，慰劳前方抗日将士；组织抗日青年缉私队，到科任、圳南、石圳海口缉拿走私日货；亲自编写通俗歌谣，教给孩子们唱念，其中有一首痛斥汉奸的闽南语童谣"汉奸好比一条狗，让人牵着跑。见到主人摇尾巴，见到小孩就乱咬"。把汉奸卖国求荣的奴才相，活灵活现地刻画出来。泉州中心县委根据党中央提出的大量地、千万倍地发展党员，是党在抗日战争初期迫切与严肃的任务的指示，许运伙和同志们介绍了一批优秀分子入党，相继建立中共塔头支部、吕宅支部、沙岗寮支部。

1939年2月，许运伙在南安的诗山、金淘、码头等地，与林士带、王诗章、苏剑华等先后联络金鳌诗坂小学、刘林高山小学等校的教师，成立"中华民族解放先锋队"，组织巡回剧团演出抗日话剧，教唱抗日歌曲，讲革命故事。他在高山小学任教时，注意做群众的思想工作，走遍内柯、外柯、土白云、内塘、金鳌、码头等地，宣传共产党抗日救国的方针政策；讲八路军、新四军英勇抗敌的故事；讲穷人受压迫受剥削的原因，讲共产党为人民翻身求解放的道理。是年冬，泉州中心县委在南安岭兜举办党员训练班，许运伙与李刚一起主持训练班，并为学员们讲述关于党的布尔什维克化，关于党的纪律，关于抗日民族统一战线工作等问题。许运伙善于理论联系实际，讲课深入浅出、生动形象，深受学员欢迎。

1940年4月，正当青黄不接之际，奸商大发国难财，囤积居奇，米价一日数涨，国民党当局却不闻不问。泉州中心县委根据上级指示精神，决定在泉州城区发动"抢米斗争"。4月3日，许运伙率"先锋队"先到城区水门巷、伍堡一带查看地形。4日上午，在李刚等指挥下，已布置好的党员和群众骨干冲进"美耕米店"，把几十包大米扛到街上分给群众，并进行"反对囤积居奇，打倒奸商"的演讲。这场斗争扩大了共产党的政治影响，鼓舞了人民群众，却引起国民党顽固派的疯狂反扑，进行大搜捕，泉州中心县委转入隐蔽斗争。此后，中共惠安特支书记曾炉到省委党校学习，中共闽南（闽中）特委派许运伙以特派员身份到惠安领导工作，兼任惠安特支负责人。他化名许建民，先

后到洛阳、东园、南庄、三李一带联系党员,传达上级指示,布置陈忠烜、谢白寒、陈炳廉建立革命据点。接着带领柯昆山、陈炳廉等人到南安内地学校,以教员身份为掩护,开展革命活动。同年5月,许运伙在晋江吕宅主持成立中共鹦山区委,区委书记施立民,下辖吕宅、沙岗寮、塔头、港塔4个党支部。

1940年10月,许运伙接任中共泉州中心县委组织委员。不久,中心县委书记曾白羽被捕,泉州地下党组织处于严重的危急关头。身为中心县委组织委员的许运伙置个人安危于不顾,挺身而出,毅然挑起整顿、发展组织的重担。

美耕米店旧址

1940年12月,闽南特委任命许运伙接任泉州中心县委书记。他充分发挥机智灵活、英勇果敢的领导才干,在极其困难的情况下,奔波于晋江、南安、惠安等地,为恢复巩固泉州党组织呕心沥血,竭尽全力。在南安,他指示中共党员陈孔雅,通过各种渠道,多方努力筹借武器,为建立游击队做准备工作;在惠安,他调集陈忠烜、吴天亮、朱伦炎等深入南庄、西山发展农民党员,建立革命据点;在晋江,他通过科任励青小学校长陈秀荣的亲戚关系,安排中共党员李友福、陈志远、叶长青(叶文霸)到励青小学任教,发展组织,建立据点。

皖南事变后,许运伙及时传达党中央关于"隐蔽精干,长期埋伏,积蓄力量,以待时机"的方针及《中央关于当前形势与党的政策的决定》的指示精神。他对泉州中心县委党的工作做了全盘安排,吴天亮等负责安溪一带,侯如海、史爱珠负责晋江沿海一带,陈忠烜负责惠安工作,谢廷负责南安诗山一带,许集美、黄竹禄在晋南交界处恢复和发展党的工作,中心县委委员林士带负责永春、德化的工作。针对国民党顽固派消极怠战,积极反共,在全国各地不断制造严重的反共摩擦事件的形势下,许运伙积极争取各方面进步力量,维护抗日民族统一战线。在晋江,他做联保主任许运从的工作,争取保长蔡锋治、颜民等人,利用他们职务之便,为地下党提供通行证、武器等,保护党组织的活动,使中心县委有个安全的活动地带;在南安,他派林钟斌以加入国民党,探悉情报,及时汇报给组织,随时掌握敌情。

1941年6月,许运伙带领侯如海、吴天亮、陈忠烜等党员骨干,参加中共闽南(闽中)特委在永泰凤洛的突军山举办的抗日训练班。结业后,他赶回泉州,抽调一批同志前往福清参加抗日游击队,挺进抗日前线;派史爱珠去加强南安方面的工作。他和朱伦炎等人分头到各地传达贯彻中共闽浙赣省委和闽南(闽中)特委的指示精神。在许运伙的艰苦努力下,泉州中心县委领导下的泉州地区党组织终于又发展壮大起来,泉州各界的抗日救亡运动也轰轰烈烈地展开。

1941年10月,许运伙回到吕宅村,婶母和堂亲们见他从菲律宾回国多年,还是孑然一身,都非常关心他的婚事,准备为他说亲。许运伙婉言谢绝了亲人们的好意,他对婶母和堂亲们说:"青年人谁都晓得成家立业,可是当前国家深受外辱,人民惨遭蹂躏,国内政府腐败,消极抗日,到处是人剥削人、人压迫人的黑暗现状。没有解放的祖国,焉能有幸福家庭。"许多同志也关心他的婚事,他对同志们说:"无论何时何地,我都准备为革命牺牲,上刀山、下火海,也无所

许运伙纪念亭

畏惧……"他把全部精力倾注在革命事业上。

　　同年10月31日,许运伙在晋江吕宅村一小楼里开会,与陈毕明、施赣生研究工作。几个国民党税警突然闯进来,许运伙挺身与税警搏斗,掩护陈、施带着党的文件撤离,他却在搏斗中遭税警枪击,不幸中弹牺牲,年仅29岁。

以服务人民为己任

——记模范县委书记吴永乐

吴永乐，1931年参加革命，从事青运和工运活动，曾任共青团晋南县委书记、中共晋南县委委员、闽西汽车工人工会主席、中共龙连汀汽车公司支部书记、云和诏县工委书记。1940年11月，不幸罹难。他的牺牲是闽南党组织的一大损失。中共闽南地委在机关驻地召开追悼大会，追认其为模范县委书记。

吴永乐烈士

吴永乐，字慎授，又名黄永禄，曾化名长头毛颜、阿严、阿岩，1916年2月9日出生于晋江安海镇的一个商人家庭。少时读过私塾，后到俭德小学插班。15岁高小毕业后，因家庭经济困难，先后在长发布店和荣源布店当学徒。此逢九一八事变，日寇发动侵华战争，全国民众掀起抗日救亡运动。吴永乐结识了曾在瑞德彬行做工的木匠颜期权，两人年龄相仿，意气相投，成为好朋友。在颜期权的影响下，吴永乐加入共青团，开始革命生涯。此间，中共厦门中心市委先后派员到安海开展革命活动，在王济弱岳母家建立党的秘密联络点，颜期权和吴永乐经常受到厦门中心市委同志的教导，不久之后，颜期权、吴永乐加入中国共产党。

1932年春，吴永乐任共青团安海区委书记，他在安海青年店员中广交朋友，发展一批店员，组建安海店员工会。他经常召集工会骨干在寨埔、爱群医院旧址、凤山等处秘密集会，每逢革命纪念日，还分头张贴宣传标语、散发传单。随着晋江抗日救亡运动的兴起，安海店员工会加入抗日的公开组织"反帝大同盟"，并在该组织中起骨干作用。经过培养和考核，吴永乐在安海发展一大批共青团员。1933年初夏，他在安海飞钱里主持召开团员大会，出席会议的团员有十多人。此后，团组织坚持每周召开一次组织生活会，谈工作、谈社会动态，从而提高团员的政治觉悟。吴永乐在加强团员和工会积极分子的教育的同时，组织共青团和工会骨干深入到加塘、东村等农村，宣传抗日救亡，发动群众抗捐抗税的实践斗争。他还担任民族武装自卫宣传队第16队队长，到南安水头、朴里、溪美、上林和晋江壳厝、曾庄、西溪寨、桐林等地，向群众宣讲日本帝国主义侵华的历史以及日本在我国倾销、破坏民族工业的事实，号召民众一致抗日，坚决抵制日货，抗日救亡呼声传遍晋南大地。

1933年7月，中共厦门中心市委派唐言福和李德到南安岭兜内寮田芷村召开晋南党代会，成立中共晋南县委，吴永乐被选为晋南县委委员。他辞去藉以谋生的店员工作，专心致志地投入火热的斗争。活动范围除安海附近外，还深入到内坑的欧厝、白垵、砌坑、葛洲等村，建立儿童团和发展共青团组织，发动群众开展对敌斗争，做了大量的工作。同年秋，彭德清调走后，吴永乐接任共青团晋南县委书记，同时兼任共青团安海区委书记。此后，他以教师身份到内坑地区开展革命活动，以欧厝村为革命基点，指导欧厝党支部开展工作。一方面在学校内传播革命思想，教唱红色歌曲，组织儿童团；一方面与支部党员挨门串户找贫苦农民谈心，做细致的思想工作，把群众发动起来，组织农会，成立赤卫队，把欧厝村建成为稳固的革命基点村。以他为主的共青团晋南县委的工作也得到巩固和发展，他经常和颜期权、吴烟腾等中共晋南县委委员联系，深入到白垵、砌坑、葛洲一带活动。其间，共青团厦门市委为加强晋南共青团的领导，几次派巡视员帮助工作，在团县委的努力下，"晋南的团组织有相当的发展"，下辖共青团安海区委、官桥区委、梅岭区委、山边区委、东北区委等区委。

1934年4月，吴永乐和尤大斧组建一支有15人枪的晋南武装队。为了清除南安官桥一片寺中一个充当国民党特务、专门向反动派通风报信的和尚，吴永乐、尤大斧、尤芳枫等率队，袭击一片寺，击毙反动和尚，拔除了这颗钉子。此后，吴永乐参加中共晋南县委传达贯彻厦门中心市委关于"放手发动群众，扩大根据地，发展组织、建立武装"指示精神的专题会议。会后，吴永乐赶回安海，召集党团员和革命群众骨干五六十人，在西埭召开武装斗争誓师会，发动群众打土豪劣绅，筹集武器，组织3支武装队，开展武装斗争。同年8月，吴永乐、颜期权、尤大斧等率领武装队在安海、官桥一带破坏敌人的交通电信设施，先后烧掉井林桥、白垵桥、沉桥、跷脚桥，砍电杆、割电线，紧密配合安南永德苏区的游击战争。

吴永乐在南安岭兜开展革命活动地区旧貌

  1935年4月，红二支队转战晋南，协助晋南县委扩建晋南武装队为晋南游击队，扩展晋南游击区，打开了晋南武装斗争的新局势。吴永乐负责游击队部的日常工作，并参加多次的除霸和镇压国民党征粮队、护路队的武装行动，在袭击官桥街国民党护路队的战斗中受伤。由于晋南县委和游击队坚定地执行闽西南军政委员会"开展广泛的、灵活的、群众性的、胜利的游击战争"的方针，连打胜仗，沉重地打击国民党军警对游击区的"围剿"，引起了国民党第九师重兵反扑。同年九十月间，连续3次"围剿"晋南县委所在地岭兜，晋南游击队领导骨干相继牺牲，县委成员也分散隐蔽，晋南革命斗争处于低潮。吴永乐在反"围剿"中正患疾病，由革命群众掩护，绕过敌封锁线，转移安海家中养病。为避开敌人的追捕，吴永乐不得不离开晋南革命根据地，在堂兄吴清河帮助下辗转到漳州，在长兄吴清连处从事运输业。

  1936年春，在漳州的泉州汽车运输公司的同行组织龙（岩）连（城）（长）汀汽车运输公司，吴永乐随长兄到龙岩。在那里，他很快就和党组织接上关系,在魏金水、吴作球等直接领导下开展工作。他在曾德文的协助下,组织了汽车工会,担任工会常务干事、主席。他布置工会骨干收集敌军情报,及时报送到革命根据地白土村。他利用担任汽车运输公司出纳员身份,以收账、发放各路工人工资的名义到处活动,接触广大民众,团结进步青年,发展革命组织。卢沟桥事变后,吴永乐在汽车公司组织"协进社",以此为阵地,宣传抗日,同时组织抗敌剧团,到公园演出,动员民众一致抗日。1937年,吴永乐在新四军二支队办事处和龙岩县委的指导下,秘密成立龙连汀汽车公司党支部,吴永乐任书记。魏金水、吴作球等亲临会议,并做了"关于民族抗日统一战线"的报告。这个支部的成立,正如曾担任公安部副部长的梁国斌在回忆录中所说:"我们在龙岩汽车公司中建立的党支部,对我们保持与上级联系起了重要作用。"

1937年间,有百余名江西籍往台湾淘金的难胞被日寇遣回大陆,流落在龙岩西门一带。吴永乐接受上级党组织指示:"要设法维持难胞的生活,不能饿死一人。"他动员公司稽查主任曾德文,出面募捐款项,购买大米送给难胞,又让曾德文调用汽车,将难胞送回江西瑞金。金门沦陷后,运输业务萧条,公司老板由于发不出职工工资,计划要裁员,吴永乐为维护工人利益,出面和老板谈判,提出公司不论职位高低,一律发给生活费6元,共渡难关的建议,得到老板和职工的一致支持。1938年春,新四军二支队准备北上抗日,需要一

吴永乐革命活动的地方——龙连汀汽车运输公司

批驾驶员，上级党组织指示吴永乐发动可靠的汽车司机参军，跟随二支队北上。经过他的努力，曾德文、倪镇山、黄礼源、颜再生等10位司机报名参加新四军。龙岩各界抗敌后援会，用募捐义卖的形式筹集资金，支援抗战部队。吴永乐曾拿出100块买了一张《闽西报》，他的爱国热情轰动龙岩城，产生积极的影响，但也引起了国民党当局的怀疑，并阴谋对他加以迫害。龙岩党组织掌握情况后，由闽粤边党委把他从龙岩调到闽南地区工作。

1938年，吴永乐离开龙岩后，化名阿岩，在闽南的云霄、漳浦一带活动。这一地区正是国民党顽固派制造"漳浦事件"和"月港事件"后，闽南党组织的力量遭受严重损失的重灾区，斗争环境极其严峻。但为了革命事业，吴永乐不顾个人安危，凭着心中的信仰，以顽强的革命意志，爬山越岭，联系各个联络点，扎根于群众中，取得了群众的信任和支持。1939年，吴永乐接任中共云（霄）（平）和诏（安）县工委书记。由于斗争环境复杂，县工委没有固定地址，坚持在乌山一带活动。为保存革命力量，吴永乐执行党中央"荫蔽精干，长期埋伏，积蓄力量，以待时机"的方针，翻山越岭，利用夜间活动，在云和诏地区流动联系，做好恢复和巩固革命根据地工作。他刻苦耐劳的生活习惯与和蔼可亲的工作作风，得到工委同志的爱戴和群众的交口称赞。

1941年秋，吴永乐从特委带回一个武装班，在金溪、进水、公田一带活动，多次袭击国民党军的交通运输线和据点。同年11月，吴永乐为解决武装班御寒被服等生活用品，独自一人从云霄水晶坪武装班驻地，乘夜走20多里山路，赶到诏安深山寨找到县工委陈文平委员，要陈文平设法解决油布、被服、面盆、牙杯等生活用品支援武装班。陈文平考虑到吴永乐身体不好，还得带一大批东西回水晶坪，恐路上不安全，即召来李仔坪的张阿台，决定由张阿台护送吴永乐从偏僻山路绕过公田，返回水晶坪。第二天，陈文平派专人把生活用品送到涂山寨转交给吴永乐。就在这天晚上，张阿台向兄弟透露吴永乐携带的物资，身上还有钢笔、驳壳枪等值钱东西的消息。歹徒们见利忘义，顿生恶念，当张阿台带吴永乐到偏僻的水尾凹时，歹徒们乘吴永乐坐下来休息未加防范时，用锄头柄击破他的头部，暗害后，劫走财物。

吴永乐不幸罹难后，闽南党组织进行深入调查，终于在张阿台家中发现了烈士的遗物和油布、牙刷等物资，确定吴永乐烈士在李仔坪被谋害。由于当时条件不允许，没有处理。1945年，刘永生率闽西王涛支队配合闽南游击

吴永乐烈士墓碑

队消灭了公田村的国民党顽军,革命形势好转。随即派出一支队伍包围李仔坪,再次从凶手家中搜出烈士的钢笔等遗物。凶手在物证面前,供出了作案经过。游击队当场处决张阿台等凶手,为吴永乐讨回血债。

吴永乐同志牺牲时年仅24岁,他以国家、民族利益为重的爱国精神,处处以服务人民为己任的群众观点,和他一贯对党忠诚,热心革命事业,踏实工作,乐于助人的高尚品德,永远值得我们学习和发扬。许集美同志说:"他的一生是履行福建老区人民对中国共产党的忠诚信仰的一生,是为革命英勇献身的一生。"

赤子热血染山河

——记菲华英杰沈尔七

"儿为了革命——抗日救国,多年未寄分文到家,致母亲生活更苦,心殊不安,惟今日如不抗日救国,民众将永无翻身之日。故儿愿牺牲一切,奋斗到底……"

这是曾任菲律宾华侨总工会、中华民族武装自卫会菲律宾分会等领导职务,菲律宾华侨回国随军服务团团长沈尔七,1938年5月17日在新四军军部写给母亲的家书。这封充满革命激情的家信,表达了沈尔七为中华民族抗日救国奋斗到底的革命精神。这份珍贵的烈士遗墨,收录于《福建省革命史画集》。

沈尔七烈士

沈尔七,1914年生,原名沈庆恒,晋江清濛村人。其父早年到菲律宾谋生,其母在家务农,下有一弟一妹,过着清苦的日子。1930年,沈尔七前往菲律宾求学和经商。九一八事变后,他积极参加菲律宾华侨总工会的抗日救亡运动,开始接受进步思想的影响。由于他善于开展宣传工作,在群众中很有威信。1934年,他被选为华侨总工会的组织部长,并加入菲律宾共产党,负责建立基层工会组织,领导工人的维权斗争。1935年,沈尔七等人组织领导马尼拉市家器工人一场大规模的罢工维权斗争,沉重打击了菲律宾当局。沈尔七被列为菲宪警的重点监视对象,为了安全起见,组织上决定沈尔七转入隐蔽活动,任工商学业余俱乐部执委,经过几年来从事工人运动和抗日救亡运动,在斗争中经受锻炼,抗日救国思想与斗争谋略日趋成熟。

1936年初,由宋庆龄等人在上海发起组织的中华民族武装自卫会,决定

沈尔七旧居

在菲律宾建立分会，沈尔七是筹备组成员。他积极参与菲律宾民武分会的筹建工作，在筹备组的努力下，菲律宾各界华侨有数百人参加。民武分会成立时，沈尔七被选为中华民族武装自卫会菲律宾分会的主要负责人之一。卢沟桥事变后，日本侵略军进行全面侵华战争，中华民族处于危急关头，广大侨胞更加关心祖国的命运与前途。1937年9月，许立、沈尔七等领导的中华民族武装自卫会菲律宾分会发起组织"菲律宾华侨归国抗日义勇队"，许多华侨青年积极报名要求参加，"义勇队"于11月底组成，队员共28人，领队沈尔七，队长戴旭民，副队长余志坚，政治宣传员郑显玉。义勇队集中在马尼拉进行短期学习后，于1938年1月由沈尔七、戴旭民带领回国参战。途经厦门时，受到厦门各界人士的欢迎，但厦门国民党当局却阻挠义勇队到前线去。义勇队1月26日印发《告祖国各界同胞书》，表明坚决抗日杀敌的立场，要求各界同胞给予指导和赞助。随后，义勇队以往泉属的晋江、南安、惠安宣传为理由，离开厦门，取道漳州转至龙岩白土村，编入新四军第二支队，易名为"菲律宾华侨回国随军服务团"（简称随军团），新四军第二支队政治部任命沈尔七为团长，戴旭民任副团长，俞炳辉任教导员。同年2月，随军团在龙岩休整期间，沈尔七转为中共党员。

1938年3月，随军团随新四军二支队北上抗日，在行军路上，沈尔七关心同志，带动团员遵守群众纪律，他说："既然成为抗日军队，就要有严格的要求，才能打胜仗。"从龙岩白土村到赣州，行军几百里，随军团无一人掉队。随军团到达皖南泾县，军部在云岭陈家祠召开盛大欢迎会，沈尔七代表随军团讲话，表明回国抗日的决心。随后，全体团员调到军部教导队集训半年。在沈尔七的带动下，团员们认真学习政治、军事，进步很快，结业后分配到各部队工作，沈尔七被分配到军政治部做民运工作。他一到新四军军部就写信给母亲，告知他回国参战的志向，当母亲来信催他回家，他于5月17日的回信中说："儿为了革命——抗日救国，多年未寄分文到家，致母亲生活更苦，心殊不安，惟今日如不抗日救国，民众将永无翻身之日，故儿愿牺牲一切，奋斗到底……"表明一位海外孤儿为了祖国安危，毅然从戎，为中华民族的彻底解放而奋斗到底的革命心迹。

1939年春，沈尔七和许振文接受新四军军部指派重返菲律宾，向旅菲华侨传播祖国抗战的真实情况，以加深侨胞对八路军、新四军的抗日战绩的了解，动员华侨青年回国参战。他们到菲律宾后，在"菲律宾华侨各劳工团体联合会"（简称劳联会）的大力支持下，利用各种机会，向各界侨胞介绍祖国抗战形势，宣传新四军在大江南北的抗日战绩，展出从前线带来的多种战利品；阐述只有团结抗日，持久作战，才能夺取抗战胜利的道理；发动各界侨胞捐献财物，支援前方将士；号召爱国青年回国参战，打败日本侵略者。许多华侨青年踊跃报名，自筹旅费，妥善处理公务、家务，决心回国参战。劳联会经过研究，确定了回国人员名单，在各方协助下，组织"菲律宾华侨各劳工团体联合会回国慰问团"，全团24人，其中有泉籍华侨20人，团长王西雄、指导员沈尔七。慰劳团购买铜管乐器一套，组成铜乐队，聘请洪光学校音乐教师周东君为教练，集中演奏抗日歌曲，为回国劳军做准备。

1939年7月，慰劳团从马尼拉起程，经香港、越南、桂林、衡阳、上饶，于9月底到达安徽云岭新四军军部。在军部受到新四军指战员的热烈欢迎，此后慰劳团组成"新四军军乐队"，分别到新四军三个支队进行慰劳活动。慰问任务完成后，沈尔七仍到军政治部工作，团员都参加新四军，被分配到第二、三支队，直接奔赴抗日前线，参加许多战斗，较为著名的有繁昌保卫战。归侨战士不怕牺牲、英勇顽强的战斗作风，深受好评。沈尔七被第二支队授予"模范军人"称号。同年10月,沈尔七调到新四军总队第九队(营以上干部)集训。据老红军、时任第九队党支部书记王直回忆,沈尔七在学习中积极勤奋,刻苦钻研,不怕劳累,曾受到党支部多次表扬。1940年春夏,因前线急需大量干部,沈尔七和大部分学员被分配到江南前线。在从皖南到苏南的行军路上,沈尔七不畏艰险,帮助同志,处处起表率作用,受到陈毅、粟裕首长的赞扬。同年5月,沈尔七参加句容县西塔山战斗。8月,参加镇宝公路战斗。在战场上,沈尔七英勇顽强,抢救伤员,随部队奋力冲杀,为人民立下战功。随后,任江南指挥部政治部副科长,调到东南四县总会政治部工作。

菲律宾回国华侨泉州籍青年王西雄、沈尔七、张匡时、王汉杰等组成新四军军乐队,1940年5月在安徽云岭合影

1940年底,沈尔七遵照新四军江南指挥部的指示,再次返回马尼拉,继续动员旅菲华侨以人力、物力和财力支援新四军抗日杀敌。由于他两次带领华侨青年回国参战,受到各界华侨的尊重,在旅菲华侨中享有很高的威望,被"菲律宾华侨各劳动团体联合会"委任代理秘书长。在菲期间,沈尔七一面宣传祖国抗战形势和新四军英勇抗日事迹,一面筹集物资以支援前方将士,继续为祖国的抗战而奔忙,为新四军募回大量捐款和医药、军械物资。1941年11月,沈尔七率第三批华侨离开马尼拉,在香港逗留期间,12月8日,太平洋

战争爆发,日军占据香港。沈尔七率队同一些原在香港工作的革命同志,以及文化界著名民主人士何香凝、柳亚子、茅盾、邹韬奋等人,先后撤入广东省东江地区。沈尔七任东江游击总队连指导员。在一次对敌作战中沈尔七负伤,加上他原先患有肺病,转送阳台山后方医院,治疗期间兼任医院政治指导员。

1942年春,国民党顽军袭击阳台山区伤兵医院,沈尔七在掩护伤员撤退时不幸中弹牺牲。沈尔七同志为国捐躯时年仅28岁,实践了他为抗日救国的民族事业而"牺牲一切,奋斗到底"的誓言。

沈尔七"光荣纪念证"

铁军战士筑丰碑

——记革命知识分子楷模李子芳

"组织部是干部的家。"

"要杀出一条血路来,夺血路而走。"

"突围出去后,不管情况如何,对革命不要灰心丧志——中国革命的胜利是不远了!"

"我从被捕时就做了牺牲的准备,只可惜为革命做的工作太少了。"

"敌人的怀柔、软化政策已经破产,凶残的镇压已经开始,斗争愈来愈艰苦。但是不管情况如何恶劣,我们都必须坚持革命气节,决不妥协屈服!"

李子芳烈士

李子芳,1932年参加红军,1933年加入中国共产党,曾任红四军、红一军团政治部组织部干事、科长、副部长等职,参加中央苏区反"围剿"斗争和中央红军长征。1937年奉命到南昌,参加组建新四军,任新四军政治部组织部部长、军党委委员。皖南事变突围时不幸被捕,在上饶集中营秘密组织狱中党支部,任支部书记,组织难友坚持狱中斗争,挫败敌特的利诱逼降。1942年5月被国民党当局杀害,时年32岁。

李子芳,乳名清心,1910年5月3日(农历三月二十四日)出生在福建省晋江县永宁乡岑兜村(今属石狮市)的一个华侨家庭里。父亲李兹螺,早年出国谋生,在菲律宾岷里拉市,先当码头工人,后与人合股开菜仔店(杂货店)。李子芳年幼丧父母。7岁入小学,学业成绩优异。毕业后,因父亲病逝家境窘迫辍学,从事家庭辅助劳动。为谋求生活出路,年仅14周岁的他,便随乡亲飘洋过海,侨居在菲律宾父亲生前合股的店里做工,幸得亲友关照支

李子芳旧居

持,以半工半读入岷里拉中西学校读书。在菲期间,正是俄国十月革命胜利之后,马克思主义在世界广泛传播,亚洲的民族解放运动正在蓬勃发展。他受新思潮的启迪,开始阅读一些宣传马列主义的革命书刊,探索革命真理,逐渐明白了只有驱除列强,打倒封建军阀,中华民族才能翻身解放。

1927年春,国内大革命的高潮给海外华侨极大鼓舞。1927年秋,李子芳毅然回国求学,立志投奔革命,先后在泉州培元、晋中和黎明高中读书。他善于思考,勤勉好学,攻读革命书刊。1927年4月,蒋介石叛变革命,白色恐怖笼罩着鲤城。他不畏风险,敢于同恶势力作斗争。积极参加社会活动,经常与其他同学谈论时事,抨击时弊,组织学运,痛斥祸国殃民的腐败吏治,积极传播进步思想,他的进步活动被校方当局认为是"过激派",而"劝退"出校。

1930年,李子芳到泉州郊区法江小学任教,以教育职业为掩护,利用各种形式,在学生中传播革命思想。在课堂上讲孙中山的革命三民主义,着重讲自由平等,"耕者有其田"等道理,揭露农村中土地不均,社会上欺贫重富的罪恶现实。他指导学生成立自治会,出版"竹芽"会刊,因而触怒了反动当局,受到当地国民党部的监视。于是他又被迫离开泉州,到南京中央大学旁听,努力追求和研究革命真理。不久他转回家乡,在泉州、厦门等地从事革命斗争,并加入了互济会、反帝大同盟的组织。

信仰的力量 | 追寻泉州革命烈士心迹

1933年4月李子芳加入中国共产党(洪志雄绘)

1932年4月20日，毛泽东同志率领中央红军东路军攻克漳州，发动群众打土豪，扩大红军筹粮筹款。5月经厦门互济会介绍，李子芳前往漳州石码参加红军，被分配在红四军政治部组织部任干事。从此，他投入革命武装斗争的洪流。他在红军中经常谈论历史、地理、天文、航海等知识，被誉为"大学生"。6月，东路军回师江西，他随军进入中央苏区。年底，他被调任红一军团政治部组织干事。在中央苏区，他经历了第四次、第五次反"围剿"斗争的锻炼和考验，逐渐成长为一个坚强的无产阶级革命者。1933年4月，由彭祜、谢有勋、钟衍英介绍，李子芳光荣地加入了中国共产党。

1934年10月，中央红军撤出中央苏区，实行战略大转移，李子芳跟随毛泽东、朱德率领的中央红军，参加了二万五千里长征。这位华侨家庭出身的知识分子经受长征途中的极端艰险恶劣环境的严峻考验，他始终以坚韧不拔的精神，埋头苦干地工作，战胜了前进道路上的种种困难，卓有成效地完成了繁重的组织工作任务。他对党的事业无比坚定，耿耿忠心，充满着必胜的信心，并在革命斗争中显示了才干。红军抵达陕北后，李子芳被提任为红一军团政治部组织部长，并当选为军团党委候补委员，是一个优秀的红军政治工作者。

1936年2月，红军组成抗日先锋军东征进入山西。李子芳随军东渡，参加东征战役。当时国民党以重兵阻路，妄图消灭红军。国难当头，党中央决定红军抗日先锋军撤回黄河西岸。接着，他又随红军西征出师秦陇。在此期间，党为了争取实现西北地区停战抗日的主张，开展统战工作，红一军团政治部抓紧战斗间隙，组织师以上干部学习政治理论。他勤奋学习，刻苦钻研，测验认真作答，与一师师长陈赓并列第一。有一次主持批卷的邓小平同志，因为他们俩的世界知识成绩优异，特给他们俩各奖励10分，总得分为110分。他知识丰富，成绩突出，谦虚谨慎，平易近人，和蔼可亲，博得同志们的好评。1937年7月，红军改编为八路军的前夕，李子芳离开红一军团政治部去延安参加红军大学第三期的学习。

全面抗战爆发后，国共再次合作，抗日民族统一战线形成。坚持在南方八省的游击队奉命组成新四军，党中央和中央军委决定抽调一批干部充实新四军各级领导。李子芳于1937年11月奉命调任新四军政治部组织部长。他率领30多名干部，从延安经西安八路军办事处，抵汉口八路军办事处时，接受了叶剑英、叶挺等领导同志交给的任务,随即率领干部到南昌。在项英的直接领导下,李子芳负责新四军军部的组建工作。当时军政治部正副主任袁国平、邓子恢均未到职,军政治部的日常工作由他主持。在组建军部时,他是下了力气的,耐心细致地做思想工作,热情帮助干部提高思想认识。

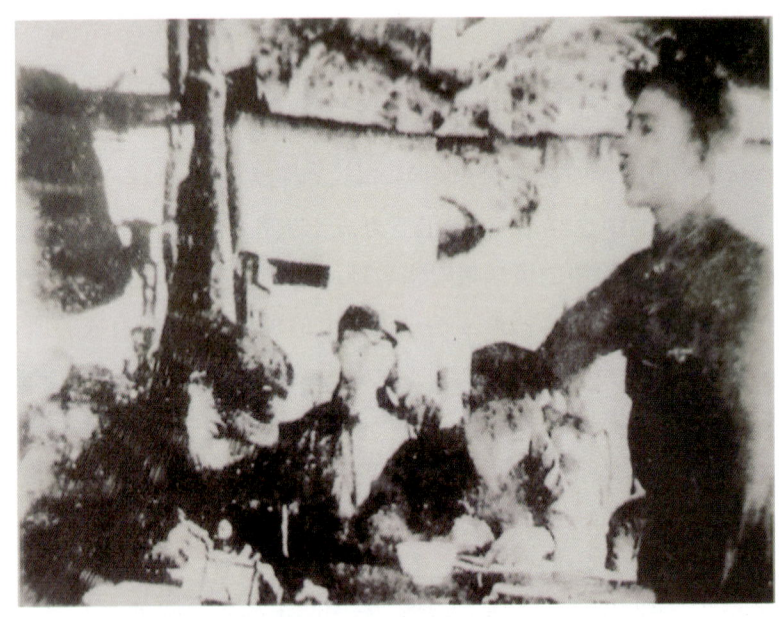

李子芳(右边站立者)在新四军第一次党代会上做报告

1938年1月,闽东独立师改编为新四军第六团开往江西时,军部派李子芳率领服务团20多人到部队,与六团团长叶飞等一起行军,从南昌出发往皖南。他的职位高,但没有警卫员和秘书,生活朴素,行军自己背背包,睡吃均在连队,工作很深入,同战士们打成一片,深受好评。部队抵皖南后,李子芳回军部工作。他担任军政治部组织部长后,严于律己,以抗日救国为己任,对工作极端负责任,坚持原则,一丝不苟。他有一句名言:"组织部是干部的家。"他对干部极端热情,关心爱护,知人善任,充分体现了一个政治工作者的高度党性原则和实事求是的作风。他为人持重,处事严谨,以身作则,处处模范带头,使干部深感到了组织部就好象到了家,亲切温暖,心情舒畅。他生活简朴,密切联系群众,喜爱篮球运动。在他的影响下,政治部机关干部在艰苦的环境中团结紧张地工作,充满了生机。他对加强军部政治机关政治思想建设和组织建设，发挥了较高的组织才能，做出了积极的贡献。

1941年1月初，新四军领导决定把老弱病残者撤到江北。此时李子芳正患急性盲肠炎，住医院动手术。当部队向江北转移时，他刚出院不久，军领导决定李子芳随先遣队先行过江，他坚持留下来与部队一起行动。皖南事变发生后，军部领导再次要求他先撤出，他说："同志们都在战斗流血，我身为组织部长，应和大家战斗在一起，要死大家死在一块！"充分体现共产党人临危不惧的献身精神。军部直属机关属于第二梯队，组织上安排他在二梯队，有时用担架抬着走。军部在受敌围困的恶战中，全体指战员同敌人进行殊死搏斗，伤亡十分严重。李子芳从容镇定地率领政治部机关随军冲杀，当战斗到最后关头，叶挺军长决定部队分散突围时，李子芳即组织政治部机关和从各阵地撤退下来的人员进行突围战斗。他指挥部队"要杀出一条血路来，夺血路而走"，并勉励部队："突围出去后，不管情况如何，对革命不要灰心丧志——中国革命的胜利是不远的了！"由于敌我力量悬殊，新四军经七昼夜的浴血奋战，弹尽粮绝，最后仅少数部队突出重围，大部分壮烈牺牲或被俘。李子芳也因体力虚弱，不幸落入敌人的魔掌。

1939年10月，新四军第一次青年代表大会主席团合影，后排右二为李子芳

李子芳被俘后，在皖南国民党军队监禁不久，被押送江西"上饶集中营"。初期，他与叶挺军长的单独囚室紧邻，还有军政治部秘书处长黄诚，敌工部长

林植夫等新四军高级干部。李子芳抓紧传递信息,互相鼓励,决心同敌人斗争到底。同志们英勇斗争的决心,使叶挺军长深为感动,叶军长鼓励大家"团结一致,斗争到底"！并设法照顾李子芳等体弱者。

1941年7月,李子芳被押解到石底监狱,敌人特设专门的囚禁室。同时被转押入的还有黄诚、王聿先、徐锦树、廖振文、陈子谷、胡宗德、王传馥等9人,李子芳便着手建立秘密党支部。大家一致推选他为支部书记,黄诚、徐锦树为支部委员。有了党的领导,斗争更坚强有力。他根据当时的形势和变化了的斗争环境,利用各种场合和形式,及时对大家进行革命气节教育。李子芳要求大家对这场严酷的斗争要有充分的思想准备,坚持在斗争中求生存,放弃斗争就会落入敌人的陷阱,并经常用红军长征的英雄事迹教育战友。他针对自己身体的衰弱情况,估计不可能越狱了,即使越狱成功了,也跑不动,可能再被敌人抓去,就对狱中战友们说：当前对敌斗争,是给我们一个很好的考验机会。我们只能在斗争中求生存,不是越狱出去,就是准备就义。我从被俘的那天起,就准备坚决对敌斗争,然后从容就义。你们出去后,要争取机会同更多的同志会面,鼓励他们继续斗争,如果敌人要向我们下毒手,就让他们下毒手吧！要力争越狱,能逃的就逃,只要能多保存一个同志,就是为革命多保存一分力量。同时,他也指出要做好不能越狱的最坏打算——斗争到底,准备牺牲。这就为战友们指明了坚持狱中斗争的正确方向。他还对大家说："我从被捕时就做了牺牲的准备,只可惜为革命做的工作太少了……"他的肺腑之言和坚定的革命精神,深深地感动了战友。

在李子芳和狱中党支部的领导下,革命难友经受了敌人种种非人的折磨,他们痛斥了国民党反动派的无耻谰言,无情地揭露了国民党反动派背信弃义,破坏抗战,诬害新四军的罪恶行径。他们以顶天立地的精神、英勇顽强的斗志,一次又一次地挫败了敌特的诱降、逼降阴谋诡计,组织越狱、抗工、绝食、起义等,进行了不屈不挠的斗争,取得了狱中斗争的重大胜利。

1941年深秋的一个傍晚,暴风雨大作。狱中党支部批准了徐锦树、廖振文、胡崇德3位先行越狱,他们顺利地翻越出牢房,在风雨中向预定方向奔跑。但因天黑迷路,敌人追兵赶来,徐锦树在与追兵搏斗中英勇牺牲,廖、胡2人相继被重投入囚牢。越狱失败后,敌人加紧管制措施,李子芳、黄诚、廖振文、胡崇德等4人被钉上脚镣。党支部分析了敌我斗争的形势,李子芳对战友们说：

铁军战士筑丰碑——记革命知识分子楷模李子芳

李子芳在狱中建立秘密党支部,对战友进行革命气节教育(洪志雄绘)

"敌人的怀柔、软化政策已经破产，凶残的镇压已经开始，斗争愈来愈艰苦。但是不管情况如何恶劣，我们都必须坚持革命气节，决不妥协屈服！"

狡猾的敌人为了切断李子芳、黄诚对囚牢其他人的联系和影响，决定把王传馥、王聿先、陈子谷、徐师梁等调押转移到周田训练班。临别前的晚上，大家挨着躺在通铺上，做一次最后话别。李子芳叮嘱王传馥等人："你们到周田后，要迅速摸清情况，同那里的党组织取得联系，加强团结，进行斗争。只有斗争，才有出路！"转狱的同志没有辜负党组织和李子芳的期望，他们到茅家岭等监狱后，与敌人进行抗工、绝食、起义等不屈不挠的斗争。不久，王传馥、陈子谷与其他战友一起组织领导了震惊敌胆的"茅家岭起义"，王聿先同志参加了著名的"赤石起义"。这两次起义的胜利，有力地打击了敌人，在监狱斗争史上谱写了光辉的篇章。

1942年5月，日寇大举进攻浙赣线，进逼上饶，集中营决定迁移福建。国民党反动派在转移前夕，残酷地屠杀了一批顽强斗争的革命者，刽子手也向石底监狱伸出了血腥魔掌。

有一天黄昏，李子芳等4位同志吃过晚饭不久，都感到腹内隐隐作痛，头昏眼花，他们立即意识到中毒了。李子芳用力支撑腹部，强忍着剧痛，愤怒、吃力地向战友们说："我们都中毒了，这伙杀人的魔鬼，迟早有一天……会受到人民的惩罚！……"他们昏迷过去了。李子芳为抗日救国的正义斗争，为祖国人民的解放事业壮烈牺牲。他在狱中写下流芳千古的壮烈诗篇："铁军战士不弯腰，岂能怕死去求饶。人生百年终一死，留得青山上云霄。铁军战士不发愁，革命何须怕断头。留得子胥豪情在，三年归报楚王仇。"

李子芳和我们永别了，他的名字和他为中国人民革命事业奋斗终身的崇高革命精神，深深地铭刻在人们心中。他不愧为中华民族优秀儿女，坚强的共产主义战士。

英烈殉国，雄风犹存。子孙楷模，流芳千古！

附录

1.肖华《怀念李子芳同志》摘录

李子芳同志对党的事业无比坚定，对革命充满着必胜的信心。无论是在反"围剿"斗争中，或是在长征途中，艰苦、饥饿、疲劳常常困扰着红军,疾病和死亡也常常威胁着红军战士,李子芳同志总是勇敢地承受着这些严峻的考验。在任何情况下,他都不消沉,不沮丧,不动摇。他的心和党在一起跳动,一起战斗,一起为胜利而兴奋,一起为暂时的挫折而忍耐,一起为革命的前途而奋斗。他坚信,有共产党、有毛泽东同志的领导,中国一定有光明的未来！他是党的忠诚战士。

2.叶飞《谈李子芳烈士》摘录

那时李子芳同志的身体不大好,很瘦。我们部队只有我骑的一匹马,是在福安打仗时缴获的。我的身体虽然也不好,但是看到李子芳同志的身体不好,而且大多数时间都在连队,还要

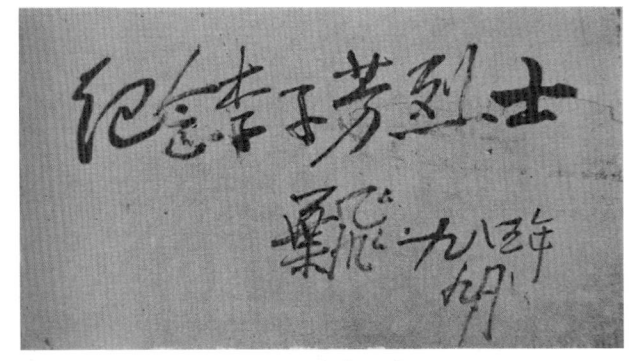

叶飞题词"纪念李子芳烈士"

回来汇报连队的思想情况,我就把牲口让给他骑,但他不骑。我们部队文工团的同志多是学生,多是"小孩"（现在多数是省级干部了),不少是女同志,背包要自己背,后来我就把牲口让给他（她)们骑了。就是李子芳同志从来不骑,很能吃苦。诚然,那个时候的干部很艰苦,要以身作则,与战士同甘苦,吃的睡的都一样,哪有像现在有了地位就搞特殊化？那个时候是连"干部特殊化"这个词都没有的。但是李子芳同志特别朴素,特别能吃苦,表现得特别突出,给我的印象很深。大家都一样,战士和干部在一起都是做游戏,吵吵闹闹的,如果用现在的语言是干部没有架子,就叫是平易近人了。不像现在有的芝麻大的干部,架子就大得不得了。

舍小家为大家

——记百折不挠的革命者李昭秀

李昭秀，1929年秋加入中国共产党，曾任共青团惠安县委委员、书记，中共惠安县委（特支）委员。后前往南洋，曾任新加坡华侨各界救国联合会秘书长、南洋华侨筹赈祖国难民总会日常事务负责人、新加坡华人人力车工会组织部长。曾三次被捕，为党的事业奋斗15年。1944年冬被秘密杀害，年仅31岁。

李昭秀，又名李秀、李微光、李守诚，化名陈秀，1913年9月18日出生于泉州城郊浮桥陈家。他还在襁褓中即被卖到晋江县池店村李家，年幼时养父因病去世，留下养母和他，孤儿寡母，相依为命。少时，养母含辛

李昭秀烈士

茹苦，供他在南熏小学读书。在学校他成绩优异，抑强横、助弱小，为同学们所敬重；在家里他起早摸黑拾柴、拾粪、割草，帮干农活，成了母亲的好帮手。1928年，中共党员王德彰和王鹏先后到南熏小学任教。李昭秀在与他们交往和接触中，受革命思想熏陶，思想进步。毕业后，留在母校当炊事员。在二位老师的培养下，1929年秋，李昭秀加入中国共产党，开始他的革命生涯。

1931年，李昭秀随王鹏到惠安接上组织关系。同年9月，中共惠安县委书记沈玉泉奉调回厦门，厦门中心市委派李文端接任县委书记。在惠安县委领导下，惠北武装抗捐运动已成燎原之势，李昭秀在惠安城关一带开展革命活动，向土豪劣绅投寄警告信，甚至把传单和警告信散发到国民党惠安县政府里去。为推动惠北武装抗捐运动顺利进行，他受组织委派到惠东开展工作，

他以西山村醒民小学为据点,以教员身份为掩护,举办夜校,培养积极分子,发展革命群众组织。接着又组织武装队伍,烧桥梁、砍电杆、破坏敌人的交通电信设施。随后,李昭秀又奉命到惠北活动,与县委领导一起,以普安村詹双喜打银店为交通站,在惠北一带恢复和发展党团支部、儿童团、妇女会等组织,建立革命据点。他还深入到十八乡(即上九乡、下九乡)活动,争取了普安、三朱、坝头、前黄等乡的族长、房长以及"扁担会""父母会"的首领,加入到抗捐斗争行列,并根据县委要求,组织十八乡农民赤卫队。

1932年2月,李昭秀任共青团惠安县委委员。中共厦门中心市委派蔡协民巡视惠安,并指导武装抗捐斗争。同年3月14日,惠安县委直接指挥的武装骨干队伍、帮会会员及十八乡、山腰抗捐群众三四千人,分三路围攻驻防在坝头馆仔和朝林的敌军,继之与增援的国民党兵近千人激战3天,敌人连遭打击,只得连夜组织"敢死队"分三路突围,逃回县城。在战斗中,李昭秀协助李文端、唐言福等领导指挥作战,率领党团员、赤卫队和广大群众英勇奋战,经受了锻炼和考验。为保卫惠北武装抗捐斗争取得的初步胜利,李昭秀与曹海深入惠东、惠南发动广大群众,积极开展"软抗",密切配合惠北"硬抗"斗争。

惠北武装抗捐指挥部——朱家屋

惠北武装抗捐斗争，坚持了3个月左右。在此期间，李昭秀还经常到山腰陈庄向中共厦门中心市委派到惠安巡视工作的特派员蔡协民汇报和请示工作。蔡协民也多次到普安村革命基点向李昭秀了解情况，做出指示。每当蔡协民到普安村时，李昭秀总是十分注意派人警卫，保护蔡协民的安全。1932年7月，李昭秀任中共惠安县委委员。8月，接任共青团惠安县委书记。他身穿土织粗布衣，脚穿草鞋，四处奔波，足迹布遍惠北、惠东，雨天睡在草堆或牛棚里，风餐露宿，使他患了胃病，甚至出血，但他仍然坚持深入群众，依靠群众开展革命活动，深得惠安人民的爱戴和拥护，群众都亲切地叫他"阿秀"。同年11月，中共惠安县委改为特支建制，李昭秀任特支宣传委员。因工作需要，李昭秀经常到莆田、仙游工作，到厦门中心市委汇报，曾去闽西适中参加土改运动。

1935年冬，中共惠安特支遭受敌人严重破坏，李昭秀与上级党组织失去联系，不得不离开惠安，回到晋江池店村。当时晋南地区革命力量同样遭受严重摧残，到处一片白色恐怖。李昭秀在村里组织一批基本群众坚持斗争。池店村国民党侦探林郎，经常暗中侦查李昭秀及其周围群众活动。为消除这一祸害，李昭秀等人将林郎引到陈埭铁砖桥枪杀未遂，结果他和李红毛反而被捕入狱。在多次审讯中，他们都咬定因赌博闹事，积怨成仇而误伤，林郎也说不出李昭秀等人搞地下活动的具体证据，于是只得将李昭秀等监禁七八个月，令家属保释出狱。李昭秀被迫南渡新加坡。

1936年夏，李昭秀到新加坡后，与中共党员粘文华接上关系，并加入马来亚共产党。他与粘文华等人发起成立"新加坡华侨各界救国联合总会"（简称救国会，后改称"新加坡华侨各界抗敌后援会"）。1937年春节，救国会正式成立，李昭秀被选为秘书长，为加强对救国会的领导，马来亚共产党在救国会成立党组，李昭秀当选为党组成员。救国会积极开展抗日救国活动，印发传单，定期出版《文化丛报》，宣传党的抗日主张，发表从巴黎转来的中共抗日新闻、声明等。丛报的印刷室先是设在粘文华住处，后来转移到李昭秀住处，他经常撰写文章，参加丛报的印刷工作。他组织救国会利用节日，组织群众集会，发动侨胞及会员抵抗日货，开展募捐活动，将筹集款项，通过香港大英银行寄往延安。他在担任"新加坡华侨益友俱乐部"副司理时，通过这个合法组织，培养抗日救国会的骨干分子。

舍小家为大家——记百折不挠的革命者李昭秀

1937年，以陈嘉庚先生为主席的"南洋华侨筹赈祖国难民总会"成立时，李昭秀应邀担任处理筹赈会日常事务负责人。是年6月，李昭秀与吴淑金在新加坡中华总领事署礼堂举行婚礼。婚后第二天，他继续外出开展抗日筹赈工作，发动华侨捐献，支援祖国的抗日救国事业，并带头献出妻子的金戒指首饰等物，深受侨胞们的称赞和器重。1939年，李昭秀以新加坡华侨人力工会组织部长身份，参加领导新加坡人力车、电力车工人大罢工，仅人力车工人参加罢工的就有7000多人，持续40多天。在罢工中，他不顾个人安危，始终站在罢工队伍的最前列。同年6月，由于叛徒出卖，李昭秀被英殖民当局逮捕入狱。在被监禁的半年时间里，他多次断然拒绝英殖民当局的金钱诱惑，参与发动难友们进行绝食斗争，抗议英殖民当局的无理关押。

1940年初，李昭秀与陈乔等人被新加坡英殖民当局驱逐出境。他带着妻子吴淑金和小女李梅回到家乡池店村，途中小女不幸夭亡。这些挫折并没有使李昭秀意志消沉，他先后在晋江、惠安、莆田等地积极寻找党组织，均未能接上关系。由于李昭秀长年在艰苦生活环境中，忘我工作，胃病和肺病复发，大量吐血，病倒在莆田陈乔家医治。病情稍为好转，即返回晋江，终于在1941年和中共泉州中心县委接上关系，回到党组织怀抱。此后，李昭秀在磁灶前

大田和德化交界的十八格。1944年冬，李昭秀被秘密解押至十八格活埋，英勇就义

193

尾小学任教，并在割州、潭头一带开展革命活动。后来奉组织委派，回家乡池店村发展组织，通过合法斗争，培养了一大批群众骨干，开展夺取村政权和学校领导权的工作。

1944年9月20日，因叛徒出卖，李昭秀在泉州联泰皮箱店被特务王介等人抓捕，关在晋江县政府的监狱里，后又解押永安福建省保安处。无论是在晋江或永安，国民党顽固派的威逼利诱和严刑拷打，都不能使这个坚强的共产党员屈服。是年冬，李昭秀被秘密押解到大田、德化交界的十八格活埋，英勇就义。李昭秀为了党的事业献出宝贵的生命，他的光辉形象一直活在人们心中，他的英勇斗争事迹一直在他战斗过的地方传颂。

李昭秀烈士对共产主义必胜的坚强信念，视死如归的革命精神和优秀品质，将永远激励着我们奋勇前进。

赤胆丹心为革命

——记永德大地区特派员吴天亮

"人生总有一死,死对于我们这种人来说并不可怕,可惜我不能亲眼看到大家过和平幸福的日子了!"

这是1932年参加革命,曾任中共泉州中心县委政治交通员、泉州临工委书记、永德大地区特派员吴天亮被捕后,在狱中对前来探监的胞弟留下的遗言,表达共产党员为了心中的信仰,赤胆丹心奋斗不息的革命心声。

吴天亮烈士

吴天亮,化名吴新、许毓德、清江、希明,1921年7月出生于晋江县内坑白垵村的一户贫农家庭。他8岁时入三民小学读书,从小养成好学、勤劳的品质,在家是好帮手,在校是好学生。1932年,长兄中共党员吴烟腾回村开展革命活动,任中共白垵支部书记,聘请中共晋南特支委员蔡华西来白垵村任小学校长,将校内外30多个孩子组成儿童团,担任站岗放哨、通信联络、侦察敌情、张贴标语、散发传单等任务,吴天亮任团长,成为党支部的得力助手。1933年夏,吴天亮因家庭困难而停学,到砖瓦厂当学徒。1934年加入共青团,仍然负责儿童团工作。同年10月间,当国民党反动派调集兵力疯狂进攻安南永德苏区时,他积极组织儿童团站岗放哨、监视敌情、破坏敌军交通,并动员群众献钱、献物支援游击队,配合反"围剿"斗争。

1935年初,国民党税警带10余名敌军,进白垵村强征钱粮。中共晋南县委为解除人民疾苦,决定派游击队开展抗税抗粮斗争。为摸清敌情,党支部把任务交给儿童团。吴天亮带领骨干,潜入敌人驻地,把敌情侦查一清二楚,随即向党支部汇报。4月5日晚,晋南游击队成功袭击敌人的巢穴,处决2名作恶多端的税警,焚毁钱粮清单,大大鼓舞了村民的斗志。这年秋,儿童团情报组几个孩子去联保主任吴某家玩,听到吴某和人在室中密谈,依稀听到"×9日要来包围"等语。吴天亮立即汇报这个情报,中共官桥区委马上通知党员逢9日不能回家。敌人果然在10月19日包围了白坡,因为区委早有准备,同志们安然无恙。敌军撤走后,为探听虚实,吴天亮便布置儿童团员到联保处查看,发现仍有敌军官留在那里,急向上级反映。区委分析情况,认为敌人还有阴谋,便紧急通知在外隐蔽的同志继续隐蔽。果不出所料,敌军于20日晚,再次偷袭白坡村,仍然扑了个空。

1935年冬,晋南革命根据地遭受敌人"围剿"破坏后,重要武装骨干牺牲,党组织的各级领导人先后被迫转移隐蔽,革命处于低潮。但吴天亮并没有丧失斗志,他常和一些隐蔽的党员来往,继续进行地下斗争。1937年5月,晋南县委改为晋南工委,李刚任书记。同年冬,吴天亮受党组织派遣以砖瓦工人的身份到南安水头、苏内等地活动。经过实际斗争的考验,1938年5月,李刚介绍吴天亮、叶忠、郑堂楚3人加入中国共产党,在南安官桥建立党支部,书记叶忠,后党支部移至晋江白坡。1938年8月,中共泉州中心县委成立,李刚任书记,设党委制。1939年7月,中共福建省委将莆田、福清、泉州三个中心县委合并成立中共闽南特委,李刚任书记,泉州中心县委书记先后由邓贡直、曾白羽担任。同年10月,叶忠调任官桥区委书记,吴天亮接任白坡党支部书记,中共白坡支部隶属中心县委下辖的官桥区委。此后至1940年间,吴天亮大部分时间都在晋江沿海一带活动,并担任泉州中心县委政治交通员,奔走于永春、晋江、南安和惠安之间。为了便于工作,他学会了莆田话,常把重要文件内容一句不漏地背熟,直接用口头传达,很多同志佩服他的记忆力,更称赞他为严守党的机密而做出艰苦的努力。

1940年秋冬,泉州中心县委遭受敌人严重破坏。1941年1月,闽南特委任命许运伙接任泉州中心县委书记。同年6月,吴天亮参加永泰闽南特委抗日训练班。比较系统地学习毛泽东的《抗日游击战争的战略问题》《论持久战》等重要著作,着重研究解决各地怎样开展抗日武装斗争和应注意的问题,以及在国民党统治区如何贯彻"荫蔽精干"的方针策略。通过学习,吴天亮的思想理论和政策水平有很大提高。11月结业后,吴天亮回晋江沿海,得知

赤胆丹心为革命——记永德大地区特派员吴天亮

吴天亮少时担任儿童团团长（洪志雄绘）

"吕宅事件"的发生和许运伙书记牺牲的经过。为避免因此而暴露科任、吕宅、寮内、港塔、塔头等革命基点村,他和侯如海便回吕宅村,通过统战关系许远从,以宗亲名义发动亲堂、妇女、儿童数十人,往石圳乡公所请愿,最后乡长答应赔钱了事。此后,中心县委机关由吕宅村暂时迁往科任村。接着吴天亮和朱伦炎往长乐向闽南特委汇报吕宅事件的经过和晋江沿海的政治形势。1941年11月,闽南特委决定将泉州中心县委改为泉州临时工委,任命吴天亮为工委书记,组委侯如海,宣委朱伦炎。临工委成立后,即决定3名党员以上单位建立党支部,同时撤销区委,由临工委分工负责各区工作。吴天亮负责惠安和晋江白坂、南安官桥地区,侯如海负责晋江沿海和集美中学,朱伦炎负责安海地区和养正中学。此后,在泉州临工委领导下,泉州地区的工作都有较大发展,下辖党组织有德永特支和13个党支部。

1942年4月,根据中共中央关于实行特派员、联络员的组织形式的指示,中共泉州临工委改特派员制。吴天亮任泉州临工委特派员。临工委先后任命史爱珠为沿海区特派员、许集美为安海区特派员、朱伦炎为惠安特派员,并作为泉州临工委与闽南特委的政治交通员。1943年2月,闽南特委改称为闽

德化水口镇毛厝岐山堂革命遗址。1943年4月,吴天亮到德化与德永特支书记林金榜会合,建立中共毛厝支部

中特委。3月，闽中特委决定全面贯彻"荫蔽精干"方针，在仙游召集吴天亮、侯如海、朱伦炎等汇报工作，并学习中央和省委文件，同时宣布决定：把泉州划分成泉州地区和永德大地区，吴天亮任永德大地区特派员。4月，吴天亮和刘国梁等4人到德化，与德永特支书记林金榜会合，集中力量加强水口乡的毛厝、南山一带邻近各村的工作，并以德化毛厝村为基点，发展党员，建立中共毛厝支部。

1943年，国民党顽固派在闽北发动第六次"围剿"，在闽北的省委机关活动非常困难。8月，省委书记曾镜冰来闽中与省委政治交通员苏华、闽中特委负责人黄国璋等，对闽中敌我双方态势做实地考察，果断做出省委机关南迁闽中的重大决策，并在仙游、永泰一带边区开办从各地抽调的区级以上党员干部参加的整风学习班。吴天亮等人也前往参加整风学习。整风学习后，省委派吴天亮兼任大田特派员，到大田与闽中特委不同系统的闽中工委领导人林大蕃会合，协商分工合作，开辟大田到德化转省委机关的交通站。林大蕃负责开辟大田边境的尤床和德化境内的十八格、双翰、下阁台一带的交通站，吴天亮负责开辟德化下涌的山茶村通西南乡（雷峰）到水口的交通站和赤水

雷峰长基村张诗桃家旧址。1943年，中共永德大特派员吴天亮在德化雷峰长基村张诗桃家建立地下交通站

乡至西南乡转水口的秘密交通站。在省委委员负责政治交通的苏华领导下，吴天亮回德化后与德永特支吸收长基村张诗桃和格口村的陈利增入党，充实干部力量。先后建立毛厝、南山、坂里、下涌、山茶、雷峰长基村、曾坂、十字格等村交通站和联络站，使闽中与各地的联络网迅速地建立起来，完善从大田到德化、仙游、永泰边境的地下交通线，为中共福建省委机关南迁创造了有利条件。

1943年冬，中共福建省委提出"秘密工作与武装工作结合"的方针。省委派吴天亮等到大田武陵垵把"挺进队"接往德化。11月中旬，吴天亮等带挺进队从大田武陵垵下岩村出发，途经德化半林村、山茶村、曾坂村至毛厝、坂里。挺进队到坂里后，以采购香菇做生意为名住在陈家妹土楼上，建立牛寮沟隐蔽基地。12月底，经吴天亮的联络，找到了省委机关驻地永泰青溪村，挺进队即往青溪参加整风学习。

1944年3月底，为福建省委机关迁入坂里，吴天亮等人在坂里村后牛寮沟搭盖竹寮，作为省委机关驻地

1944年3月，由于省委机关在青溪活动频繁，引起国民党政府的惊恐。为避开国民党顽固派的进攻，省委决定主动撤出青溪，转移到德化坂里。月

底,吴天亮等人再次到省委机关,带领省委机关的首批同志迁到坂里,并在牛寮沟山上搭18座竹棚,建立机关电台。省委机关和闽中特委机关迁入后,吴天亮同刘祖丕、刘国梁、林金榜、毛票等在机关驻地周围各村做群众工作和统战工作,发动群众解决了后勤供应。为保证省委机关的安全,吴天亮等人深入到牛寮沟周围的坂里、昆山、毛厝、南山、墘头、梅岭等自然村,用闽南话组织发动群众做好保密教育和了解敌情的工作。分别在坂里、南山订立保密盟约,有力地配合"顽强支队"和省委机关警卫武装共同做好安保工作。

1944年5月,吴天亮奉命到泉州一带联系工作。当他顺道回到白坡村探家时,才知道父亲已去世近一年了。原来国民党顽固派因吴天亮外出干革命,把他父亲抓到乡公所,迫令老人写信叫吴天亮回家。老人委实不知道儿子去向,被关押7天,挨饿受辱而染了重病。吴天亮的母亲卖掉7分3厘田得80元,赎回重病的老人。10多天后,老人去世,家里又卖掉5棵龙眼树作为安葬费用,好端端的一个家被逼得家破人亡。顽固派的暴行,更加坚定吴天亮坚持革命的决心。他安抚家人,告别老母,又匆匆返回德化。6月,吴天亮赶回德化,此时省委机关迁往仙游东湖,根据省委的指示和安排,吴天亮留在十字格一带工作,这一区域曾是吴天亮在打通大田到德化交通线时的一个基点,他在原有的工作基础上建立中共十字格支部。此后,他经常到枫林、下涌、山茶、南斗等村活动。

抗日战争胜利后,吴天亮率毛票等人在德化坚持斗争。1946年1月,闽中特委直属支队长祝增华率部离开毛厝转移到洪田十字格隐蔽活动,在与上级党组织失去联系的情况下,祝增华在十字格召开武装工作会议,并请在十字格活动的闽中特委驻永德大特派员吴天亮参加会议,鉴于德化党组织力量薄弱和缺枪断钱的现状,为了在德化进一步开展党的工作和游击武装斗争,建议吴天亮返回沿海地区,组织一支工作队来德化工作,并设法搞点经费。1月底,吴天亮来到南斗格口,在湖山庵召开会议,布置工作后,于除夕下午返回晋江白坡村家中。这是吴天亮8年来首次与家人一起吃年夜饭,全家喜从天降,老母亲要他多住几天,他委婉地说明原因,表示当晚就要离开。吴天亮童年参加革命,10多年来全心身地投入人民解放事业,国民党反动当局早把他视作眼中钉,早已暗中派人侦缉。当晚9时许,吴天亮告别老母弟妹准备离家时,被10多名国民党特务打昏架走。

十字格村落一角。1943年秋，省委机关自闽北地区南迁闽中，在打通大田地下交通线过程中，吴天亮、林大森、毛票等在德化葛坑十字格等建立了秘密交通联络站。1944年6月，成立十字格党支部，李阿鸾任书记

　　吴天亮被捕后，被关押在泉州监狱。泉州党组织查询下落后，设法营救，并派员前往吴家慰问。1946年2月6日，吴天亮胞弟吴天图前往探监，吴天亮对弟弟说："人生总有一死，死对于我们这种人来说并不可怕，可惜我不能亲眼看到大家过和平幸福的日子了！"又鼓励弟弟要承受住打击，更要坚决地同敌人继续斗争，并嘱咐弟弟转告亲友：他以前未曾做过对不起人民的事，今后更不会做，请亲友们放心。不久，反动派将吴天亮秘密押送莆田监狱，敌人企图用美色和官禄为诱饵，软化他的意志，骗取党的机密。吴天亮凛然正气，义正词严，不为所动。1946年2月23日，吴天亮被押送莆田东郭东岩山报恩寺。这是国民党兴泉指挥部专门杀害革命志士的刑场。敌人再次动用酷刑，年仅25岁的吴天亮壮烈牺牲。

　　吴天亮同志为了心中的信仰，为了人民的解放，呕心沥血，奋斗不止，他的革命精神永远活在人们心中！

一片丹心照汗青

——记毓斌师魂林伯祥

"多做事，常常批评自己。"

"人生自古谁无死，留取丹心照汗青。"

以上是曾任厦门青年战时服务团领导人之一、中共晋江养正中学支部书记、官桥区委书记、泉州中心县委青委委员林伯祥在狱中留下的遗言和就义前书写文天祥的诗句，表明一位共产党员坚定的革命信念和宁死不屈的心迹。

林伯祥，原名林松龄，祖籍台湾嘉义，1916年4月24日出生。其父林维馨以行医为业，人称林医生，1917年携家定居厦门。林伯祥从小受父亲乐善好施、热心解除病人痛苦的医德影响，同情贫苦患者，遇到不能理解的问题就请教父亲，其父总是满足儿子的求知欲。他从小学到中学，由于善思好问，勤奋学习，成绩优异。他上中学期间，缅甸侨生洪醒中，因参加暨南大学附中学生运动而被捕入狱，出狱后经友人介绍来厦门向林医生学医，就住在他家。因年纪相仿，志趣相投，相处融洽。每到傍晚，洪就到林伯祥卧室，教其兄妹学唱《国际歌》，讲解国际歌中的革命真理，还经常拿出进步书刊让其阅读。不久，洪醒中离开林家，但革命的种子已在林伯祥心中生根发芽。

1931年九一八事变后，日本侵略势力进一步向福建扩张，厦门是其侵略的主要目标之一，在军事、政治、经济等各方面对厦门的渗透和掠夺随之而来，日货充斥厦门市场。林伯祥与其父愤愤不平，决心以实际行动抵制日货。

林伯祥烈士

其父拿出存款，林伯祥上街购买原料、器械，自己制造肥皂、雪花膏、花露水等生活用品。虽成效不大，但对少年的林伯祥是一种大胆的尝试。经过不断实践、探索，他意识到工业救国在强敌入侵的中国是行不通的，只有唤起民众，抗击日寇，才能救国。1934年秋，他以优异成绩考入厦门大学，在校期间，他涉足图书馆、书店，博览群书，以史鉴今，视野更加开阔。他经常与高云贤等进步人士畅谈形势，抨击时弊。由于他知识渊博，常常一语中的，深受学友们的赞赏。卢沟桥事变后，民族危机深重，林伯祥全心身地投入厦门文化界救亡协会和宣传工作团，开展各种救亡活动。他的表现引起了协会领导人许展新的关注，在许展新培养帮助下，林伯祥为人民谋解放的革命思想更为成熟，于1938年春加入中国共产党。

1938年5月10日，日军进入厦门市区前夕，在中共厦门工委领导下，各抗日救亡团体在鼓浪屿英华中学大礼堂联合成立厦门青年战时服务团（简称厦青团），主要任务是发动群众，武装保卫闽南。由共产党员施青龙为团长，谢亿仁为副团长，全团108人。5月11日，"厦青团"在漳州海沧小学礼堂召开全体团员大会，选举产生15名干事组成干事会，作为团的领导核心。林伯祥被选为干事会干事，成为厦青团领导人之一。厦青团分8支工作队，新垵工作队和港尾工作队是重点工作队。林伯祥是港尾工作队长，在龙海县开展活动，通过进步人士的关系，在"抗日保家乡"的口号下发动群众，组织了一支十几条枪的民兵队伍。他给民兵讲时事，教民兵识字、唱歌，一道站岗放哨，一起进行军事训练，运用地形、地物，准备武装保卫闽南。工作队所到之处，当地的抗日救亡运动就蓬勃发展起来，受到闽南广大群众的拥护和支持，却遭到国民党顽固派的仇视和迫害。国民党当局不但从经济上进行打击，不给任何物质支持，而且从政治上加以限制、破坏，最后用武力把厦青团员押送到沙县集训。厦青团在集训期间成立党支部，林伯祥是党支部领导成员之一，针对国民党顽固派破坏抗日民族统一战线，制造反共摩擦行为，进行有理、有利、有节的斗争。

1939年2月，福建国民党顽固派强行解散厦青团，林伯祥按照党组织的布置，先到闽西明溪当教员，春夏间秘密潜回泉州，与曾任厦青团干事会干事、时任中共泉州中心县委代理书记邓贡直接上组织关系。同年秋，他和邓贡直到内迁南安岭兜的安海养正中学任教，积极在该校及邻近的南星中学开

一片丹心照汗青——记毓斌师魂林伯祥

林伯祥老师治学严谨,学问渊博,讲课深入浅出,对学生循循善诱(洪志雄绘)

展革命活动,培养发展教师和学生党员。9月,建立中共养正中学支部,林伯祥任书记,发展黄竹禄、许集美等一批有志青年加入中国共产党。11月,他主持成立中共南星中学支部。为了加强泉州中心县委对晋南党组织的领导,中共闽南特委书记李刚在南安涌莲寺建立中共官桥区委,林伯祥任区委委员。1940年4月,区委书记叶忠参加泉州中心县委的日常工作,林伯祥担任官桥区委书记、泉州中心县委青委委员,下辖白垵、官桥、养正、南星等党支部。

1940年7月,林伯祥被选调到中共福建省委在武夷山举办的干部训练班学习。结业后分配到江西省玉山县工作,由于当地党组织受破坏,他又返回闽南。其间,泉州中心县委遭到严重破坏,林伯祥与党组织失去联系,他先后在永春崇贤中学、漳浦纯美中学任教。1943年秋,经厦门大学校友、永春毓斌中学校长林鹤龄介绍,受聘为毓斌中学教务主任。在此后的两年里,他治学严谨,勤探索,肯钻研,因而学问渊博,人称他为"百科全书"。他待人以诚,对学生循循善诱,在他教育引导下,学生们认真作业,按时缴交。他讲课深入浅出,生动形象,很有吸引力。他讲时事课,把中国地图挂在墙上,剪了红、白小旗,说到日军侵占那里,就把白旗插在那里;讲到抗日军队攻克那里,就把红旗插到那里。生动而具体,使学生了解抗战时局,胸怀祖国,增强抗战必胜的信心。而学生们也处处尊敬他、喜爱他,聆听他的教诲。林伯祥与党组织失联后,他始终以坚定的革命信念,坚持斗争,积极寻找党组织,而党组织也到处寻找他。

1945年抗战胜利后,中共泉州中心县委根据省委的指示,派中共安溪县工委书记许集美率挺进工作队到安南永恢复发展党的组织,在永春找到林伯祥,接上中断数年的组织关系。林伯祥激动得热泪盈眶,像孤儿又回到母亲身边那样兴奋。许集美是他的学生,又是他在养正中学介绍其入党的,但林伯祥还是按照党的组织原则,向许集美汇报与组织失去联系后,在玉山和永春的工作情况,接受组织审查。这时林伯祥在永春的活动已引起国民党的注意,组织上要他马上转移,而他以大局为重,决定坚持到学期结束后再转移。但不幸的事情发生了,1945年12月初的一天,永春警察局长带队来到毓斌中学,要逮捕林伯祥。校长林鹤龄反对逮捕林伯祥,他边和警察据理力争,边让人找来林伯祥。林伯祥镇静如常,思考脱身之计。时夜幕降临,假装要解手,趁警察不留神,出了门猛一转身,迅速用铁锁将门锁起来,机智地跑脱。第二

一片丹心照汗青——记毓斌师魂林伯祥

林伯祥牺牲前，书写文天祥"人生自古谁无死，留取丹心照汗青"的诗句以明心声（洪志雄绘）

天凌晨,他步行到苏坑时,被当地保长发现告密,不幸落入敌手,关押在永春看守所。学校师生得知林伯祥被捕,非常难过,到监狱探望他。但林伯祥已被秘密押往莆田,师生们仅得到难友转达他的留言:"多做事,常常批评自己。"在狱中,他面对敌人的刑讯,同敌人进行顽强的斗争。牺牲前,他书写文天祥"人生自古谁无死,留取丹心照汗青"的诗句,以明心声。1946年2月24日,林伯祥被敌人杀害于莆田。

永春三中校园内的伯祥亭

　　1958年,永春三中(毓斌中学)发动全校师生献工献料,在校园内兴建"伯祥亭",作为对青少年进行革命传统教育的课堂,也是对林伯祥烈士的纪念。

赤忱系南国，热血洒北疆

——记八路军优秀军事干部林刚中

林刚中，1933年加入中国共产党，投入保卫安南永德苏区的武装斗争。1935年秋游击战争失利后，辗转新加坡，参加华侨抗日救国活动。1938年春投奔延安，在抗日军政大学学习。后参加八路军奔赴抗日前线，成长为八路军的优秀军事干部。抗战胜利后，转战东北，任东北民主联军某部团长。1946年3月，在四平战役中英勇牺牲，年仅30岁。

林刚中，又名林联章，1916年10月出生于永春县蓬壶乡美山村。他少时就读本村

林刚中烈士

启智小学，1931年秋以优异成绩考入永春中学学习。时值日本侵略军发动九一八事变，中华民族国难当头，危机严重，国民党政府却采取"攘外必先安内"的不抵抗政策，不顾全国人民抗日救亡的迫切要求，反而加紧对中国共产党领导的武装力量进行大规模的"围剿"。在此形势下，林刚中在中共永春党组织和共青团组织的指引下，积极参加学生的爱国抗日救亡运动和地下革命活动。

1932年，中共安溪县委领导的安南永德边区的土地革命斗争和游击区域都有大规模的发展，安南永德四县的革命斗争逐渐连成一片，形成与南面的漳州游击区和西面的闽西苏区相呼应的局势。同年11月，根据中共厦门中心市委的决定，中共安溪县委升格为中共安溪中心县委，领导安南永德四县的游击战争，并把永春划为特区，建立永春特区委。此后，永春特区党组织蓬勃发展，林刚中经过革命斗争实践考验，革命意志坚定，思想上对党的性质和宗

信仰的力量 | 追寻泉州革命烈士心迹

林刚中旧居

旨有了更加深刻的认识。1933年春，林刚中加入中国共产党，他积极投入安溪中心县委部署领导的"拥红""红五月"和"夏收斗争"活动，参与由林多奉领导组建的永春特区特务队、赤卫队的工作，配合红二支队开展武装斗争。是年夏，因革命工作需要，他毅然停学，接受党组织委派，转入永春蓬壶八乡岭小学任教，以学校为阵地宣传发动群众，建立革命基点，全力配合保卫安南永德苏区的斗争。1934年10月，中央主力红军进行战略转移，北上抗日，国民党陆军第九师二十六旅从闽西调至安南永德地区，在省保安团和地方县保安大队的配合下，对红二支队实行大规模"围剿"。安南永德苏区转入残酷的三年游击战争时期，林刚中以坚定的革命理想信念，坚持斗争。1935年4月，他配合安溪中心县委常委、宣传部长林多奉，在蓬壶西昌击毙国民党蓬壶区长林占梅，为民除害。

1935年秋冬，随着军事斗争形势的恶化，安南永德苏区遭受反复摧残，党的组织受到严重破坏，保存的革命力量分散转移。林刚中南渡新加坡，但赤子忠心永不泯灭。他以教书为职业，积极寻找当地革命组织关系，投身于马来亚华侨支援祖国的抗日救亡活动。1937年，卢沟桥事变爆发，许多爱国华侨青年纷纷回国，奔赴抗日前线。林刚中毅然回国，几经周折，迢迢万里，于1938年春到达延安,被分配到抗日军政大学学习。结业后,他参加八路军,随同部队奔向抗日前线。他身经多次战斗,表现勇敢刚强,成长为八路军中的一名优秀军事干部。抗战胜利后,面对中国两种命运、两个前途的斗争,国共两党首先在东北展开了争夺。1945年秋冬,根据中共中央"向北发展,向南防御"的战略方针及指示精神,中央军委对全军的部署进行大范围调整,各解放区共抽调11万部队、2万干部奔赴东北,为先机控制东北创造了有利条件。林刚中受命任东北民主联军(东北人民解放军)某部团长,投入人民解放战争的伟大斗争洪流之中。

林刚中烈士陵园

  1946年3月27日,蒋介石被迫接受东北停战协议。但不过3天,蒋介石就公开撕毁协议,向东北解放区的营口、鞍山、本溪、四平等地发动进攻,东北民主联军被迫予以反击。在反击战中,林刚中坚决执行作战计划,率领所部在四平街同国民党军展开血战。在激战中,他英勇顽强,攻坚克难,不幸中弹,血洒北疆,为中国人民的解放事业献出宝贵的生命。

  林刚中以年轻的一生,践行了中国共产党人的铿锵誓言,他的光辉业绩和英名永远铭记在人们心中。

舍生忘死为革命

——记晋江沿海区党组织负责人刘廷都

"我不会违背良心。人总要死一次,死没有什么,但要我提供材料,都是梦想!"

这是曾任中共晋江沿海区委组织委员、中共沿海区特派员兼塔头村支部书记、晋江县工委宣传委员的刘廷都被捕后,面对敌人的审讯留下的遗言。

刘廷都,化名刘国华,1922年9月2日出生于晋江东石镇塔头村的一户普通农民家庭。父亲刘唐仕,母亲阿极,有两弟一妹,靠父母从事农业生产和手工等副业收入,维持

刘廷都烈士

生活。刘廷都从小在村里中山小学读书。塔头村地处晋江沿海要地,1936年,中共党员朱汉膺、何邦基等人先后到中山小学任教,开展革命活动,并与中共晋南县工委接上关系,撒下革命火种。此后,李刚、许运伙等党的领导干部也先后到塔头村开展革命活动,逐渐使这里成为党组织的一个重要基点。刘廷都在这种环境中接触到共产党人的言传身教,懂得了许多革命道理,进步很快,思想逐渐成熟,受到党组织的重点培养。

1937年卢沟桥事变后,全国抗日热潮风起云涌,刘廷都积极参加党组织领导的抗日救亡活动,并作为塔头中山小学抗日巡回宣传队的骨干,经常到晋江沿海周边村落和惠安开展宣传活动。在此期间,中共地下党组织的领导经常到中山小学聚会、研究工作,经费比较困难。刘廷都得知后,主动把家里的粮食和生活用品拿到学校交给朱汉膺,供同志们食用。1939年7月,经李刚、许运伙介绍,刘廷都加入中国共产党,开始了他为党的革命事业而奋斗的峥

舍生忘死为革命——记晋江沿海区党组织负责人刘廷都

嵘岁月。同年底,中共泉州中心县委派宣传委员苏棠影接任朱汉膺在塔头的工作,开展抗日救亡活动,加强塔头党组织力量。

1940年5月,中共泉州中心县委委员许运伙在晋江吕宅主持成立中共鹦山区委。同年秋,施赣生任中共塔头党支部书记。刘廷都作为党支部主要骨干,一心扑在革命事业上。他为人坦诚正直、善于联系群众,团结同志。他广泛地和村里青年接触,对他们进行革命教育,物色培养、发展一批积极分子入党。1941年春,刘廷都调任中共沿海区委组织委员,1942年1月兼任中共塔头支部书记。同年4月,改设特派员制,泉州临工委派史爱珠为沿海区特派员,撤销区委,刘廷都为塔头支部书记。他进一步以塔头为中心,领导塔头党支部党员分头通过亲友关系,在晋江沿海附近村庄发展可靠的基本群众,扩大革命力量。

1943年3月,沿海区特派员制改为区委制。同年夏,刘廷都接任中共沿海区委书记,兼塔头党支部书记,负责领导塔头、吕宅、港塔、科任、沙岗寮、颜厝等6个党支部,他完全脱离生产,奔波于晋江沿海地区各村落,发动群众,发展党组织,建立革命基点。他的革命活动被国民党顽固派列入黑名单,军警侦探四处活动窥伺他的活动。驻金井、安海、东石的国民党暗查队,数次到塔头村抄家搜捕,在群众的保护下,都未找到他的踪迹。最后顽固派竟将他父亲捉捕入狱,老人备受折磨,经党组织和乡亲极力营救,出狱后一身疾病,失去了劳动能力。面对敌人的搜捕,刘廷都不顾个人安危,秘密回塔头村,动员刘廷竹、刘廷庆、刘长来等青年脱离生产参加革命,还培养了刘基固、刘声点等一批党员骨干。

1944年春,国民党第三战区的部队再次向中共福建党组织发动"清剿"。南迁闽中的中共福建省委发出"广泛发动群众,打通交通线。建立革命据点,粉碎顽固派进攻"的指示,泉州党组织即召开会议传达闽中特委指示,布置组织筹款斗争,解决经费等问题。刘廷都为完成党的任务,组织区委积极筹集经费,开展抗日反顽斗争。他与晋江党组织的武装骨干许远目、陈相镖等配合安海田后山党支部进行多次攻打顽固派的武装斗争,袭击国民党晋江县政府田粮处东宅村粮仓,缴获大量的法币,充作革命经费;袭击安海保长住宅,收缴国民党接兵部队短枪一支。并与时任港塔保长的中共党员林功彪策划,将田赋款送给上级党组织。

1945年4月，根据福建省委和闽中特委的指示恢复泉州中心县委，书记侯如海（但委员制仍未健全），下辖晋江、南安、惠安、同安和安溪的党组织。同月，中心县委在晋江安海镇"十九间"郑厝召开党员扩大会议，传达省委干部会议精神和布置省委、特委交给泉州党组织的任务。会议决定建立县级党组织，成立中共晋江县工委、南安县工委、挺进工作队（安溪县工委）及惠安直属区委，并成立泉州武工队。刘廷都任晋江县工委宣传委员，深入于沿海区和安海区发动群众，筹集武装，购买枪械，开展武装斗争。同年6月，发生了"科任事件"。在晋江县工委的领导下，由于及时地采取应急措施，党组织虽遭受严重挫折，沿海地区的许多共产党员、革命群众被通缉，但还是保存了大批党员干部。

1945年冬，泉州中心县委书记侯如海参加省委扩大会议后，为贯彻省委关于"实行经济动员，加强党内外募捐运动，同时调查大的经济目标，出其不意进行筹款，完成经济计划"的决策，解决因科任事件组织党员、干部转移而造成的活动经费不足等困难，决定开展一次经济斗争。经过几个月的调查和多次研究，确定斗争对象——国民党晋江县参议员施胜利。施曾趁日本侵华

刘廷都烈士光荣纪念证

大发国难财，扣压侨汇、海上走私都干过。1946年4月底，泉州中心县委得悉5月1日施胜利即将派施满前往泉州领取存款，决定采取行动，并抽调晋江县工委委员刘廷都等参加中心县委武工队行动。是日上午，刘廷都与武工队共9人隐蔽在晋江衙口钞坑小学待命。下午2时许，担任侦察的林拱震发现施满挑着2袋钞票从泉州方向沿石狮霞独桥走来，即派人报告侯如海，侯令武工队马上出发，在衙口后溪和林蒲内交界处动手拦截，把施满反绑在路旁山沟下迅速撤离。由于绑扎不实，不久，施满挣脱绳索，直追武工队，并边追边喊"土匪劫批银（侨汇）啦"！沿途不明真相的村民一听是"土匪抢劫"，自然是纷纷协助追赶。国民党霞坡、石狮驻警闻讯也荷枪实弹，全部出动。陈相镖和林拱震当场即被警察的枪弹击中，不幸牺牲。陈幼时跑到烧灰埔，因体力不支昏倒而被捕遭毒打，甚至其头颅也被砍下来悬挂在泉州钟楼示众。刘廷都、刘廷来、李秋水、王琼等4人被捕，刘丕鸿、许远目等2人脱险。

刘廷都等人被捕后，被囚禁在泉州开元寺省保安第九团团部。敌人侦知刘国华即是已被通缉的刘廷都时，如获至宝，特派专员罗尔詹多次参加审讯。在刑庭上，刘廷都正气凛然、义正词严痛斥敌人："日寇才投降，你们就拿起屠刀，迫害自己的同胞，你们的良心何在？"他经受住敌人多次酷刑，如灌水、夹棍、吊打、电刑，甚至烙刑，以致全身伤痕累累，数度昏死过去，但始终坚贞不屈。酷刑失效后，敌人又施以利诱的伎俩，刘廷都回答道："我不会违背良心。人总要死一次，死没有什么，但要我提供材料，都是梦想！"

1946年6月18日，刘廷都等人被活埋在泉州东岳山，就义时年仅25岁。

气昭日月，笔挟风霜

——记坚贞不渝的革命英杰郑家玄

"要有雄狮般的体魄，骆驼般的耐性，猴子般的敏捷。"

"我们干革命是为了人民的解放，同时也包括解放我们自己；我们不只是为了活下去，而且要活得更好。但当革命需要牺牲我们自己的时候，我们决不怕死。"

"我们要作从容就义的思想准备，有了这样的思想准备，我们就什么都不怕。"

"我们共产党人没有什么'自新'的，即使我们牺牲了，将来同志们会为我们报仇。"

郑家玄烈士

祭淞沪抗日阵亡将士文

烈火熊熊，阴霾迷濛，中华不幸，暴寇猖狂。夺我东省，侵我南疆，惨痛未复，野心不忘。毒日曷丧，与汝偕亡。赖我忠勇将士，从容敌忾，慷慨同仇，骞旗斩将，声震全球。争我族之光荣，雪往昔之耻羞。奠我疆于磐石，补已缺之金瓯。当此时也，莫不奋臂怒目，切齿抉眦。置生死于不顾，惟公理人道之是求。机声兮轧轧，鬼声兮啾啾。吊春申之战血兮，哀杜老之江头。灵兮有知，恍偫下兮椒丘。

晋江二区抗敌剧团团歌歌词

生活在苦难的年代，
体验着历史的悲哀。
我们在烽火中成长，

气昭日月，笔挟风霜——记坚贞不渝的革命英杰郑家玄

> 我们活跃在南中国的边涯。
> 投进时代的洪流，
> 献身反侵略战斗。
> 把生命付予被摧残的土地，
> 更毁弃了封建的腐朽。
> 走出了象牙之塔，
> 朝光明胜利地进军。
> 舞台，我们的摇篮。
> 舞台，我们的丘坟。

以上是曾任中共安海区委书记、晋江县工委书记、泉州中心县委委员郑家玄烈士的部分遗言和遗作。

郑家玄，曾化名王芸生、海秋、山猗，1916年11月11日出生于晋江安海镇一个大家庭。其伯父在南洋办企业，有较丰厚的收入，家境较好，自幼受兄姐的启蒙教育，7岁入养正小学读书。后来伯父经营的企业衰败，家境日渐清贫。少年的郑家玄亲身体会到世态炎凉，"体味到存在人与人之间不平的等差""对于人们的痛苦、悲愁有了深切的怜悯与同情"，并"常同人们的疾苦引起深切的共鸣"。1931年，郑家玄初中毕业，由于家庭经济更为困难，在父兄的支持下，进入收费低廉的泉州昭昧国立专科学校（今泉州一中）就学。为不负家人厚望，他激愤自励，喜欢阅读五四运动以后的新文艺作品和外国文学，以图从文学艺术的梦境中寻找寄托。

1931年九一八事变后，日寇侵华的暴行，使郑家玄从文学追梦之中清醒。

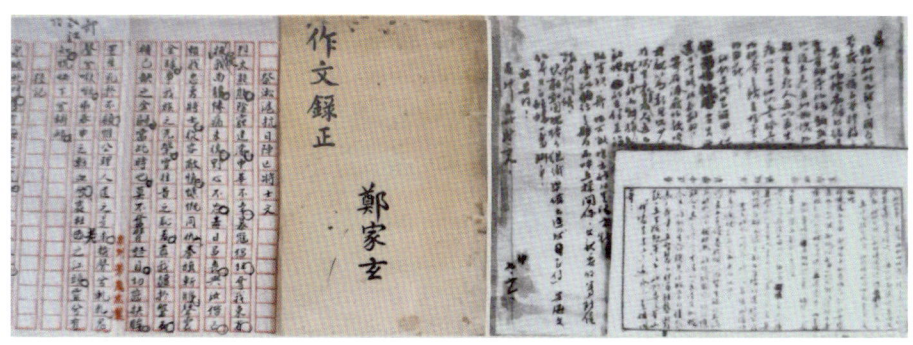

郑家玄烈士遗作《祭淞沪抗日阵亡将士文》

在书店当店员的哥哥帮他弄来许多进步书籍，他"特别关心现实生活中的政治问题"。当国民党第十九路军在全国人民要求抗日的呼声中，背弃蒋介石的命令奋起抗战时，他拿起笔写下一篇篇檄文。在《祭淞沪抗日阵亡将士文》中，为十九路军奋起抗日高歌："中华不兴，暴寇猖狂。夺我东省，侵我南疆"；"赖我忠勇将士，从容敌忾，慷慨同仇。骞旗斩将，声震全球"。淞沪抗战后，其堂兄爱国华侨郑士美自菲律宾还乡，对他启发帮助，使他认识到中国人民处在极凄惨的境地，肩上沉重地负担着反帝反封建暴力统治的双重任务。他在《读〈胡铨上高宗封事〉》文中，以史鉴今，"乱臣贼子甘为牛马而掩面事仇"，而"坐视人民之受虎狼摧残，而使其困于灭无宁日，朝不保夕"。他在《赋税愈重而国用愈乏将何策救之论》一文，则直指官僚政客、贪官污吏："观近年来之政治，外侮凭陵，匪盗猖狂，水旱频仍，生民涂炭，而征战民重税之政府一若不闻，我民以血汗换来之金钱，无异为外夷强盗所攫夺""政府对于征税以为来路太易，任意挥霍""其下者又巧藉征收名目，极其搜刮之能事，于是吾民之困极矣。"这些都充分表明了他忧民忧国的情愫。

1933年，郑家玄毕业于泉州昭昧国立专科学校，因家中经济困难，独自担负起生活的重任。他先后到南安丰州，晋江海东、银江、塘东、铸英小学任教。他担任银江小学教导主任时，曾在学校大厅两侧墙壁画上雄狮、骆驼和猴子三幅形象逼真的图画，并题写了"要有雄狮般的体魄，骆驼般的耐性，猴子般的敏捷"，书法雄浑遒劲。用这样形象直观的教育方法，潜移默化陶冶学生的思想情操。1936年，他在银江学校纪念辛亥革命的大会上，对学生深入浅出地说："什么叫革命？有人讲革命就是放枪。对，革命就是放枪，它是把那些肮脏腐朽的东西统统打掉！"在课余时间，他经常到农、渔民群众中去家访。由于他严于律己，谦虚谨慎，平易近人，而且知识渊博，多才多艺。因此很受群众欢迎，与群众建立了深厚的情谊。

1940年，郑家玄参加"晋江县二区抗敌剧团"，积极开展抗日宣传活动，是剧团的主要骨干。1941年，中共党员许集美、黄竹禄等先后加入剧团，以合法身份，团结抗日青年，秘密开展工作，把剧团发展成为共产党领导的抗日团体。二区抗敌剧团先后在安海、泉州等地演出《烟苇港》《阿Q正传》等剧目，演唱《黄河大合唱》和抗日进步歌曲。郑家玄为剧团设计团徽，撰写团歌歌词，表达了他的心声："生活在苦难的年代，体验着历史的悲哀，我们在烽火中成长,我们活跃在南中国的边涯。投进了时代的洪流,献身反侵略战斗,把生命赋予被摧残的土地,更毁弃了封建的腐朽。走出了象牙之塔,朝光明胜利进军。舞台,我们的摇篮;舞台,我们的丘坟。"在火热的斗争中,郑家玄以自己亲身的感受,在《时代晚报》《泉州日报》等报刊上发表了许多揭发社会黑暗面,宣传抗日救亡的小说、诗歌、杂文、漫画等作品,思想上有了新的飞跃,阶级觉悟迅速提高。

1943年初,经许集美介绍,郑家玄加入中国共产党。此后,他以一个共产党员的标准严格要求自己,身体力行,自觉接受改造和锻炼。同年七八月间,中共闽中特委为迎接福建省委机关南迁,在仙游县上湖底举办学习班,组织决定派郑家玄参加学习。他十分珍惜这个机会,认真学习马列主义理论,深知共产党员应有的品质和严明的纪律,尤其是接触一些久经考验的革命老前辈和工农干部,从他们身上感受优秀的革命品质。1944年5月,中共安海区特派制改为委员制,成立中共安海区委,郑家玄被委任为区委书记。他怀着锻炼自己、兢兢业业地工作的态度,从组织建设入手,实行集体领导,充分发扬民主,调动区委一班人的积极性,定期研究工作,过好组织生活,广泛接

郑家玄等组成的留守工作团主要活动场所——安海后桥朱仁寿家

触开明人士，做好统战工作。又深入安海附近沿海和泉州等地进行革命活动，他不负重托，在短时间内，把安海地区的工作做得生机勃勃，很有成效。

1945年4月，国内外形势发生重大变化。根据闽中特委指示，泉州党组织在晋江安海镇"十九间"郑厝召开党员干部扩大会议，传达省委干部会议精神和布置省委、特委交给泉州党组织的任务。为了完成新的任务需要，会议决定对泉州党组织进行相应调整，成立中共泉州中心县委：成立挺进工作队（安溪县工委）负责打通安溪到闽西连接广东的路线；成立晋江县工委、南安县工委和惠安直属区委。郑家玄任晋江县工委书记。此后，郑家玄怀着"生活的内容即是革命斗争，决定个人前途的当然是斗争的前途""组织的前途，革命事业的前途决定了我的前途"的信念，不顾身弱多病，在晋江侨区、沿海一带做了大量工作，建立一批党的基层组织，为晋江党组织的发展打下坚实的基础。同年6月，闽中特委副书记蔡文焕等10多人在晋江科任村不幸被捕。蔡文焕随身携带的党内文件和一些同志名单落入敌手。国民党兴泉永"剿匪"指挥部立即派特务到安海搜捕，打入安海三青团的内线获得消息后，将消息即刻向郑家玄报告。这天正好是星期六，一些派往农村任教的党员下午将放假回安海，情况十分紧急。郑家玄除立即布置郑秀治等同志分几路通知有关同志转移外，自己置生死于度外，只身潜入安海，逐个通知有关党员，使他们全部安全转移。"科任事件"发生后，国民党特务在晋江、南安、惠安等地大肆搜捕共产党人，斗争环境极端恶劣，但郑家玄仍然继续在农村、侨区开展工作，发展了一批党员，建立新的工作据点。

1946年5月，泉州中心县委在晋江组织一次经济斗争，造成多位党的骨干牺牲，晋江县党组织遭受一次极严重的损失。7月，闽中特委在长乐召开会议，决定由许集美接任泉州中心县委书记。10月，泉州中心县委在南安岭兜召开整风学习会议，以"科任事件"和"五一事件"为鉴，总结经验教训，开展批评与自我批评，肃清"左"的思想，增强党性和组织纪律性。会议期间，有的同志一时不能认识错误性质，有抵触情绪，郑家玄分别找这些同志交谈，帮他们提高认识，弄通思想。他还和郑种植把各种错误思想总结为15种类型，编成《反对错误思想》一首歌，言简意赅，通俗好记，对开好整风会议起到很好的作用。会议决定泉州中心县委建立委员制，郑家玄任中心县委委员，继续担任晋江县工委书记。此后，他坚持深入沿海侨乡工作，许多干部临危受命,不仅巩固了党的基层组织,还先后建立银江、杆东、塘东、英墩、衙口等党支部,使晋江党组织又迅速发展起来。

郑家玄执笔的《晋南惠同安五县壮丁大同盟宣言》

1947年春,根据党中央指示精神,闽浙赣区党委做出"关于开展游击战争的决定",闽中地委要求泉州党组织首先发动,突破一点,扩大影响,吸引敌人,为其他地区开展斗争创造条件。为此,中心县委在内坑后山召开干部会议,郑家玄出席会议,会议决定以党的工作基础较好、同周围农村联系密切、在海内外影响较大的安海镇为突破口,武装攻打安海。同时决定由郑家玄负责在安海设立泉州中心县委留守工作团,坚持地方工作,建立巩固的革命基点。同年5月11日,泉州中心县委几位负责人率领游击队和群众武装300余人枪,取得了武装攻打安海的胜利,由许集美等率队挺进戴云山与闽中游击队会合,建立游击队主力。攻打安海后,敌人实行残酷的"清剿"报复。留守在安海的中心县委工作团,在郑家玄领导下,知难而上,面对白色恐怖,坚持开展发动群众,开展反内战,反对国民党政府征兵、征粮、征税斗争。抗日战争胜利后,人民盼望休养生息,过安定的日子,国民党反动派却到处抓壮丁,打内战,激起群众的不满。郑家玄抓住这个主要问题,以"晋(江)南(安)惠(安)同(安)安(溪)五县壮丁大同盟"的名义,起草了《晋南惠同安五县壮丁大同盟宣言》,分两种文体,文言体词意恳切,白话体通俗易懂,在城乡广为散发,发动群众同国民党进行针锋相对的斗争。群众纷纷响应,许多地方打乡警、抢壮丁,有力地打击了国民党反动派的气焰,为党在城乡的发展创造了条件。《晋南惠同安五县壮丁大同盟宣言》的文言体传单现作为历史文物,存放于中国军事博物馆。郑家玄领导的留守工作团以反"三征"为主要内容,运用各种形式,秘密发展党员,建立党支部,发展革命的新据点。同时,运用各种关系,在国民党的机关、学校、文化团体和海内外社会进步人士中做些力所能及的统战工作,发展了一批支持共产党的革命群众,并建立了一批联络点。留守工作团以卓有成效的工作,打开了斗争新的局面,不仅为戴云山战役后的泉州游击队提供了一个回旋余地,而且为泉州中心县委领导的爱国游击战争奠定了坚实的基础。

1947年10月,郑家玄到南安新区检查工作。11月7日,由于被混入党内的特务告密,他和黄竹禄等十余人在金淘温厚小学岭后分校和缺塘村被捕,关押在南安监狱,后转押到莆田国民党福建省保安第一团部。在狱中,他不惧严刑,领导狱中战友同敌人作坚决的斗争。他对战友们说:"我们共产党人没有什么'自新'的,即使我们牺牲了,将来同志们会为我们报仇。"他还教战友们唱《黎明曲》:"我们既为反抗而来到人间,还怕什么流血牺牲!黑暗的气氛,总会消散,严冬过去就是阳春,跨过横尸,向前看吧,天空笑着祖国的黎明。"表达了他对革命的一片丹心和坚定的共产主义信仰。敌人见对郑家玄严刑拷打不起作用,于1948年4月把他押到安海,企图用亲情软化他。面对养育自己的故乡,面对熟悉的乡亲们,他昂首挺胸,面露笑容,大义凛然,毫无惧色。敌人让他的老母亲拿着笔和纸去探监,他是个孝子,面对悲痛的母亲,他安慰母亲道:"您不要让人骗,儿没有做亏心事,没有什么可写的。您要照顾好自己的身体。"在狱中,他千方百计向组织写信,尽力接上关系。他给心爱的妻子捎信,信中说:"假如我牺牲了,你不要悲伤,要更好地工作

气昭日月，笔挟风霜——记坚贞不渝的革命英杰郑家玄

郑家玄被捕后不惧严刑，坚贞不屈，于1948年7月12日在莆田英勇就义（洪志雄绘）

下去。"

郑家玄被捕后,中共泉州中心县委曾两次营救,但均没有取得成功。1948年7月12日,郑家玄被敌人杀害于莆田南门外。在刑场上,他视死如归,英勇就义,年仅33岁。许集美同志说:"家玄的牺牲是泉州中心县委的一大损失。家玄以短暂而光辉的一生,为共产主义事业谱写了一曲不朽的战歌。"

走一村红一点,走一路红一片

——记开拓革命新区的能手黄竹禄

黄竹禄,1939年加入中国共产党,曾任中共安海区安青支部书记、安海区委宣传委员、南安县工委宣传委员、泉州中心县委委员,牺牲时年仅26岁。他短暂而光辉的一生,把青春和热血全部献给了党,献给了革命事业。他的英勇事迹,浩气长存,永远活在人民心中。

黄竹禄烈士

黄竹禄,1922年12月10日出生于晋江县安海镇。他7岁入安海源深小学读书,学习勤奋。到了高年级时,在倾向进步的蔡柱石老师引导下,阅读大量进步书籍,开阔了视野。1938年,黄竹禄考进安海养正中学。此时,厦门岛继金门岛之后又沦入日寇铁蹄之下,泉州地区成为抗日前线,日军飞机时常入侵沿海县镇进行骚扰和轰炸。1939年春,养正中学迁往南安岭兜。同年秋,泉州中心县委代理书记邓贡直和中共党员、厦青团领导骨干林松龄,以教员身份为掩护,受聘到养正中学任教。他们利用上课的机会,经常向学生灌输革命道理,教育学生读进步书籍,发动学生开展抗日救亡活动。由于黄竹禄学习成绩优秀,渴望进步,受到林松龄老师的关注,便进行重点培养。10月,黄竹禄经林松龄介绍,加入中国共产党。

1939年10月,泉州中心县委在南安涌莲寺成立中共官桥区委,下辖白坡、官桥和养正中学等3个支部。12月,黄竹禄参加泉州中心县委在南安岭兜养正中学举办的党员训练班,学习关于党的布尔什维化、党的抗日民族统一战线、党的宣传鼓动工作、党的秘密工作守则、党的纪律等内容,经半个多月的学习，对党的性质、党员的义务、党的纪律、党在当前的工作任务有进一步认识，提高了革命理论和工作能力。此后，黄竹禄积极投入养正中学党支部，以"坚持抗日，反对投降；坚持团结，反对分裂；坚持进步，反对倒退"为斗争中心，发动师生开展的抗日宣传活动。1940年4月"抢米斗争"后，泉州党组织受到国民党顽固派的严重破坏。为避免损失，泉州中心县委指示黄竹禄等人暂时休学。离开养正中学后，黄竹禄到安海俭德小学任代课教员。

1940年秋冬，泉州中心县委遭受敌人严重破坏，再度处于危急关头。1941年1月，闽南特委任命许运伙接任泉州中心县委书记，许运伙毅然挑起整顿、恢复基层党组织和发展党员的重担。2月，许运伙派许集美、黄竹禄返回养正中学。许集美任官桥区青委书记兼养正中学党支部书记，负责养正中学和南星中学等支部的工作。黄竹禄在养正中学做了大量工作，他善于宣传发动群众，能用深入浅出、生动活泼的语言宣传革命道理；他出的墙报内容丰富，很有说服力，在同学中影响较大。他和许集美在养正中学介绍了林拱震、蔡孙亮、周德明、朱义斌、陈佑时、林金言、蔡承宗、颜文楼、龚成宋等入党，养正中学党支部党员增加到16人。在以后的斗争中，这些党员大多数成为泉州地区开展革命斗争的各级领导和骨干分子，有的为人民解放事业献出了宝贵生命。

1941年，日寇入侵福州、长乐等市县，泉州沿海经常受日军飞机的轰炸扫射，国难当头，群情激愤，抗日集会经常进行。上级指示泉州中心县委要做好准备，一旦日寇入侵泉州就要组织抗日救亡服务团进入沦陷区，广泛开展抗日救亡运动。养正中学党支部即派黄竹禄加入晋江县二区抗敌剧团（简称二抗剧团），从中发展党员开展工作。在剧团中，他如鱼得水，利用各种机会宣传新四军抗日救国事迹，介绍皖南事变的真实情况，把爱国华侨陈嘉庚到重庆和延安的不同经历做生动、鲜明的对比，使大家从中接受教育。他和许集美先后发展剧团中的郑种植、施能鹤、倪永图、郑星辉、黄荣昆、陈文等一批进步青年入党，成为剧团的中坚力量。二抗剧团因演出《放下你的鞭子》《阿Q正传》等抗日进步戏剧，并长途跋涉到南安、泉州、石狮、同安各地巡演，闻名省内外。同年10月，正当泉州地区党组织又恢复发展壮大之际，发生了吕宅事件，泉州中心县委书记许运伙在晋江吕宅开会时，因遭国民党顽固派枪击而壮烈牺牲。

走一村红一点，走一路红一片——记开拓革命新区的能手黄竹禄

1942年1月，闽南特委决定将泉州中心县委改为泉州临时工委，由吴天亮任书记。同年4月，泉州临时工委改为特派员制。8月，安海区特派员许集美主持成立安青、工店、后山、妇女等党支部。黄竹禄任安青党支部书记，随后到同安莲河海滨中心小学任教。他经常深入农户进行扎根串联访贫问苦等家访工作，既了解学生情况，也做群众工作。1944年5月，中共安海区委成立，黄竹禄任区委委员。同年夏，黄竹禄和林金言接受安海区委派遣到南安岭兜村，以梅岭小学教员的身份为掩护开展活动。经过一段时间的工作，发展了陈英兰、张尚楚、张克昌等人加入党组织，很快就成立了两个党支部。这样，岭兜附近土地革命战争时期的群众基础又得以恢复。1945年4月，黄竹禄参加泉州中心县委在安海"十九间"召开的干部会议，总结前一阶段工作，调整了组织，部署了下一阶段工作任务。在会议上，他被委任为中共南安县工委宣传委员。6月，晋江沿海发生了"科任事件"，泉州党组织的部分机密文件落入国民党顽固派手中，黄竹禄被当局通缉，被迫转移到三明永安。因当时永安发生"羊枣事件"，黄竹禄无法立足，又转移到漳州海澄任教。9月，在海澄与许集美、朱义斌会合，后在海澄、安海一带隐蔽开展地下工作。

1946年初，黄竹禄回南安岭兜，以岭兜的两个党支部为核心，深入做群众工作，发展了一大批基本群众，先后恢复了岭兜13个基点，使岭兜成为晋南交界地区的重要根据地。5月1日，由于泉州中心县委书记侯如海的错误决定，致使发生"五一事件"，泉州党组织遭受严重损失。10月底，泉州中心县委在岭兜召开干部会议，传达闽中特委指示，纠正侯如海的错误，整顿组织和作风，建立中心县委委员会，黄竹禄任南安负责人。同年底，黄竹禄与陈火把等人又进一步开辟南安的延平、水头、大盈和同安县的民安、公安等5个新区，发展30名党员和一大批基本群众。1947年2月，经中共闽浙赣区委批准，泉州中心县委由许集美等7人组成，黄竹禄任中心县委委员。他和许集美、朱义斌、郑种植等人到闽侯尚干参加闽中地委召开的泉州中心县委主要领导干部会议，听取地委领导传达省委指示和地委尚干会议精神，泉州中心县委接受了攻打安海的任务。

1947年5月，黄竹禄参与组织和部署攻打安海的斗争。攻打安海取得胜利后，泉州中心县委领导许集美、朱义斌、郑种植率游击队挺进安南永德山区，开展爱国游击战争。黄竹禄和郑家玄等人负责组成中共泉州中心县委留

守工作团,继续发动群众开展以反征兵为主要内容的求生存斗争;组织小型灵活武工队,打击地方反动分子。同时建立分散的活动据点,发展党组织,粉碎敌人的"清剿"阴谋。留守工作团根据敌我斗争形势和广大群众和平民主的迫切要求,从反征兵入手,发动群众开展求生存斗争,发起组织晋江、南安、惠安、同安、安溪5个县壮丁大同盟,并发表由郑家玄同志起草的第一号宣言,深刻揭露国民党抽壮丁的罪恶,有力地支援了爱国游击战争的开展。

在长期的革命斗争中,黄竹禄成为工作积极肯干、热情负责、艰苦朴素,善于开辟新区、发动群众、发展新党员的能手。1947年8月,泉州中心县委决定他担负开辟新区的工作。他和傅维葵等人到南安开辟美林、金淘、诗山等活动据点。这个地区处于丘陵地带,他肺病未愈,体质很差,但为了党的事业,他依然奔波于崎岖的山道中,在很短的时间内,迅速扩大活动范围,打开了工作局面,在小霞美、下保、莲塘、加洋等地发展陈传瑞、许永景、黄奕明等十多人加入党组织。1947年11月7日,黄竹禄和傅维葵住在缺塘村陈传合家中。由于坏人告密,南安县国民党军警突击搜捕共产党员,包围缺塘村的学校和陈传合家。在猝不及防的情况下,黄竹禄不幸被捕,傅维葵刚好外出代群众写信,得以脱险。同一天被捕的还有郑家玄、吕银爵、陈生启、黄纯良、黄奕明等十多人,这一地区的党组织遭到严重破坏。

黄竹禄被捕的处所

走一村红一点，走一路红一片——记开拓革命新区的能手黄竹禄

黄竹禄、郑家玄等共产党员被捕后，被关押在南安县监狱，他们在狱中受尽折磨。由于特务提供材料，敌人已经知道黄竹禄、郑家玄是泉州共产党的重要干部，把他们关进单身特号房，禁止放风，不能和其他人接触。一个月后，敌人把黄竹禄和郑家玄转押到莆田国民党福建省保安第一团团部，面对敌人惨无人道的严刑逼供，他们坚贞不屈，视死如归。1948年4月，敌人把他们押到安海，关在警察所，允许家人探监，企图用亲情软化他们。黄竹禄对前去探监的姑母和婶母说："我可能回不了家了，家里不必为我奔波花钱了。"并嘱咐转告他父亲要保重身体，教育好弟妹。亲人从狱中拿回他的替换衣服，衣服上血迹斑斑，惨不忍睹。敌人的企图遭到可耻的失败，无可奈何地把他们押到泉州监狱。在牢房前写着"要犯郑家玄、黄竹禄不准接见"，并给他们钉上足镣，加重刑罚、迫害。1948年7月，黄竹禄与郑家玄再度被押往莆田雷山看守所，敌人企图从他们口中获取党的机密的阴谋已宣告彻底破产。在长达近一年的狱中斗争，他们经受住血与火的洗礼，始终保持着共产党员的高风亮节。党组织曾多方设法营救，派人前往探监，陆续送进营养品、药品，让他们调养身体，准备武装劫狱，终因条件不许可无法营救。7月12日，郑家玄和黄竹禄被杀害于莆田，黄竹禄牺牲时年仅26岁。

1998年，在黄竹禄牺牲50周年后，曾任中共泉州中心县委书记、闽中地委委员许集美撰文《英年早逝浩气长存——悼念亲密战友黄竹禄烈士》，写道：黄竹禄同志一生追求进步，渴望光明，忠于党、忠于革命。在十年革命生涯中，为革命工作做出重要贡献。他善于团结同志，争取群众，是泉州地下党组织的主要领导人之一。他深知群众的疾苦与需要，与群众心连心，在群众中如鱼得水，走一村红一点，走一路红一片，为地下党组织的发展和工作的开展打下深厚的群众基础。他是开拓新区的能手。南安岭兜土地革命战争时期群众基础较好，但在白色恐怖时期遭受严重破坏。竹禄同志到岭兜开展工作时还相当困难，他依靠广大群众迅速站住脚并建立党支部，然后以岭兜为中心向周边各村扩展，很快就把官桥、榕桥、三吴等村连成一片，在此基础上，建立中共南安县工委会。开展爱国游击战争时期，南安成为泉州游击队的主要根据地，这是黄竹禄同志的一大贡献。竹禄同志同时把工作做到南安、海澄，每到一地都能播下革命火种，生根发芽，开花结果。竹禄同志的牺牲，是泉州地下党组织的巨大损失。

用生命点亮革命火把

——记南同边区党组织负责人陈火把

陈火把，1940年6月在养正中学读书期间加入中国共产党，曾任中共泉州中心县委南同边区委书记，积极组织群众开展反"三征"斗争。1948年5月22日，在石井开展革命活动，途经院前村被敌发现被捕。同年9月17日在水头壮烈牺牲，时年29岁。

陈火把烈士

陈火把，原名陈荣星，1919年9月10日生于南安县石井镇苏内村的一户贫困农家。从小受到任私塾先生的父亲的启蒙教育，10岁进入小学念书，养成勤奋好学的好习惯。小学毕业后，因家庭困难，无法继续升学，他一边从事农耕，一边自学文化知识，学业大有长进。由于村里缺少教师，他受聘当了两年老师。

1939年春，晋江养正中学内迁南安官桥岭兜，陈火把进入养正中学就读。因家庭贫困，无法在学校寄宿开膳，每星期都要来回跑百十华里，从家里挑杂粮到学校寄膳，生活非常艰苦。在校期间，陈火把在中共泉州中心县委代理书记邓贡直、官桥区委书记林伯祥和同班同学郑成竹等人的帮助下，经常阅读一些进步书刊，探索革命真理，逐渐明白了革命道理。他积极参与兰守仁老师领导的时事研究会，出版《微波》壁报，宣传共产党员抗日救国、统一战线的主张。通过研讨世界反法西斯战争的形势变化，中国的抗战动态，写出了同学们喜闻乐见的时事短评。在实际的斗争中，他对共产党的性质、宗旨有了更深刻的认识。1940年6月，由许东汉介绍，他光荣地加入中国共产党，隶属于中共养正中学支部。

用生命点亮革命火把——记南同边区党组织负责人陈火把

1941年冬，陈火把从养正中学毕业后回乡执教，他利用学校教师身份，秘密发动群众，开展抗日救国活动，发展积极分子，培养革命骨干。泉州地区共产党组织遭受国民党顽固派的破坏，各地党组织转入隐蔽斗争，他始终保持和许东汉的联系，直至抗战胜利。抗日战争胜利后，全国人民渴望和平民主，但国民党政府违背民意，坚持独裁统治，公然撕毁"双十协定"，发动全面内战，妄图消灭共产党和人民革命力量。中共泉州中心县委遵照党中央"要求国民党统治区的党组织，今后必须独立自主地分析环境，解决问题，冲破困难，求得安全与发展"的指示精神，加强各地党组织的思想建设和组织建设，筹集武装，为开展爱国游击战争做准备。

1946年12月，泉州中心县委派黄竹禄到石井，先后与林金榜、吴复基、陈火把接上组织关系。陈火把积极地投入到新形势下的革命斗争，协助黄竹禄到同安恢复党组织，吸收党员，建立党支部。在半年的时间里，陈火把与黄竹禄等开辟了延平、水头、大盈及同安的民安、公安等五个新区，迅速打开了工作局面。

1947年5月，泉州中心县委组织发动攻打安海，陈火把与其他同志积极响应，发动两个党支部组织的18人，于5月10日深夜到南（安）同（安）交界的小盈岭，破坏敌人的电信设施。同年8月，泉州中心县委决定建立南同边区工委，任命陈火把为区工委书记，专职从事革命工作。不久，中心县委先后派王朝阳、王水法从安南永地区转移到南同边区，参加区工委工作。陈火把与他们一起，发动群众，开展反"三征"斗争，扩大了工作区域。在工作中，陈火把不仅善于团结同志共同工作，而且注重学习党的理论和重大决策，不断提高政治水平；善于发扬党的理论联系实际，开展批评与自我批评和密切联系群众的三大作风。他严于律己，以身作则，对党的事业充满必胜的信心。在他和区委同志的努力下，南同边区党组织有较大的发展，至1948年遍布南同边界的重要村落。

1948年5月22日，陈火把下乡布置工作，途经石井院前村时被敌跟踪，不幸被捕。在狱中，面对敌人严刑拷打，凛然以对，宁死不屈，表现出共产党人的铿锵铁骨。敌人给他扣上双副手铐，加派警兵严加防范，又把他从南安监狱转押到晋江安海监狱。同年9月17日，陈火把在南安水头镇的鸡笼山刑场上英勇就义。

陈火把烈士纪念碑

　　1949年5月下旬,中共晋南同县工委为纪念烈士陈火把,将南同边区命名为火把区,南同边区工委改称为火把区工委,以纪念和缅怀陈火把烈士对党忠贞不屈,为革命勇于牺牲的革命精神。

为妇女解放而斗争

——记安南永德苏区妇女会主席曾奎

"妇女姐妹们,我们被黑暗社会压在最底层,过着牛马般的生活。我们要觉醒起来,组织起来,配合红军,打倒一切反动派,争取自身的解放!"

这是曾任中共安溪县芸溪区委委员、金淘区委书记、安溪中心县委委员、妇女会主席的曾奎在永春活动时演讲的一段话,号召广大妇女行动起来,与黑暗社会作斗争,支援苏区的游击战争。

曾奎烈士

曾奎,又名曾淑琴,1913年12月出生于安溪县崇善里谷口乡(今金谷镇金山村)一户农家。她小时候在家务农,1930年与安溪佛仔格的中共党员郭大霖结婚成家,婆家有婆婆和两位小叔;他们都较早参加革命,其中郭节是安南永边区党的创始人之一,时任中共佛仔格支部书记,这是一个革命家庭。她家的土楼处于大山密林高处,视野开阔,周边如有动静一目了然,是地下革命活动的好场所。每当李南金、李剑光等永春县委的领导同志来这里开展工作,曾奎和婆婆就轮流到屋外放哨,安排食宿。1931年冬,在中共厦门中心市委的领导下,安南永革命活动中心开始由永春转移到安溪。同年12月,建立中共安南永临时县委,曾奎的家成为县委的一个重要基地。

1932年春,中共安南永临时县委书记李南金、委员郭节不幸被捕牺牲。曾奎的家经常遭受反动军警、民团的搜查抢掠,她被迫离开家庭,由时任安溪县委书记李剑光介绍到县委机关工作,郭大霖调任芸溪区委书记。曾奎在党组织的关心培养下,于同年夏加入中国共产党,不久后担任芸溪区委委员。此后,她参加共青团安溪县委在黄口内山举办的妇女干部训练班,思想素质和工作能力有很大提高。训练班结束后,曾奎密切配合党的中心工作,积极动员妇女参加为自身的解放而斗争的活动。她耐心地向妇女宣传革命道理,动员妇女支持共产党,支援红军。她以教唱山歌的办法,激发姐妹们的革命热情。她编唱的《亲姐妹》《正月算来是新正》《自由歌》等反对礼教的革命歌曲,道出了妇女反对压迫,要求解放的心声。在《八劝哥》中唱道:"八劝哥,你着(要)知:现在军阀到处有,压迫百姓真利害;全望阿哥着(要)立志,起来革命无(不)客气。"村上的妇女一听到她的歌声,就围到她身边学唱,以歌启发妇女支持丈夫、子女参加游击队、赤卫队,打击反动派。同年冬,根据厦门中心市委的决定,中共安溪县委升格为中共安溪中心县委,领导安南永德四县的革命斗争。

南安市金淘镇占石村的中共安溪中心县委金淘工委会旧址

1933年4月,安溪中心县委为加强对妇女运动的领导,在县、区两级党委成立妇女会,并配备县、区妇女会主席。曾奎任安溪中心县委妇女会主席兼芸溪区委妇女部负责人。她遵照党的指示，不辞辛苦，深入到各区巡视妇女运动，足迹遍布安南永德苏区，先后到过安溪的芸溪、东溪、官彭、黄口，永春特区，南安的金淘、诗山等地。她每到一个地方，就与姐妹们促膝谈心，深入浅出地宣传革命道理，培养妇女积极分子，帮助建立妇女救国会，引导苦难深重的姐妹积极参加反对封建陋习和"五抗"斗争；开展拥军活动，组织慰问队、洗衣队、慰问游击队；发动妇女为游击队做干粮袋、红袖章，组织妇女散发传单，站岗放哨，侦察敌情。在曾奎带领的安溪中心县委妇女会的努力下，苏区妇女运动蓬勃发展，有力地推动安南永德苏区的革命进程。经过"红五月"和"夏收斗争"，苏区的农会、妇女会、儿童团等革命群众组织，成员达1万人。党团组织和红二支队也有很大的发展。

1933年7月，为建立苏维埃政府，经中共厦门中心市委批准，安溪中心县委全面调整党政军领导人，曾奎任安溪中心县委委员。8月25日，安溪中心县委在东溪召开工农兵代表大会，建立安南永德苏维埃政府，安南永德苏区进入鼎盛发展时期。9月8日发生"青云楼事件"，苏区党政军领导骨干12人被捕牺牲。同年10月，安溪中心县委认真总结和吸取"青云楼事件"的教训，采取相应的组织措施，及时调整安溪中心县委领导，曾奎改任安溪中心县委执委。此后，安溪中心县委在代理书记李剑光的领导下，运用各种斗争策略和通过发动群众开展夏收斗争，终于巩固了安南永德苏区。曾奎在领导岗位上，认真指导、培养妇女们积极开展工作，在实践中发挥她们的聪明才智，成为革命信念坚定的妇女干部，如范刘姍就是在她培养下成长起来的。她从思想上帮助刘姍，不仅让刘姍在实际工作中得到锻炼，派刘姍往永春汏溪炮楼侦察敌情，为游击队提供重要情报。后来刘姍被反动派杀害。1934年3月，红二支队攻打魁丰民团，活擒民团副团长陈棉，曾奎耐心地做陈棉老婆的思想工作，指出陈棉的下场罪有应得，要陈妻站到革命人民这边来。后来，当党组织在南安山城火路召开会议时，遭敌陈凤远民团包围，陈妻用假情报骗过敌人，党组织安然撤离。曾奎为了革命，把刚出生不久的孩子交给婆婆，后又送往娘家抚养。她丈夫被害后，房屋被敌人烧毁，并没有使她气馁、消沉，而是把党的事业高于一切，始终不倦地为党工作。

1934年10月，中央红军开始长征。11月，国民党当局展开了对闽赣两省的全面"清剿"。12月，任命国民党军第九师师长李延年为第十一绥靖区司令官,驻扎泉州,负责闽南地区的"清剿"。1935年初,第九师师部进驻泉州,该师第二十五旅各团分别派驻惠安、莆田、仙游、永泰各县镇压工农革命;第二十六旅谢辅三部的三个团分别调驻南安诗山、安溪湖头和永春,旅部设于诗山,成立"安南永剿匪指挥部"。谢辅三为扩充"清剿"实力,不仅将驻永春的彭棠保安第九团划归该部指挥序列,而且收编陈国辉旧部陈佩玉、陈维金的武装等组成保安团,还收编南安八都匪首吴虎所部为侦缉队,把安溪、德化股匪李振芳、杨汉烈、郭宗、林青龙、张雄南等收编为"剿共游击队",组成达近万人的反动武装"清剿"安南永德苏区。从此,安南永德苏区军民转入艰苦卓绝的三年游击战争。同年春夏,安溪中心县委和红二支队在苏区人民的支持下,粉碎了敌人两次大规模"围剿",敌我形势急转直下。此后,敌人采用"三分军事,七分政治"的政治瓦解与军事"围剿"两手对付安南永德苏区军民。环境十分恶劣,斗争更加残酷。曾奎在白色恐怖下,依然按照党的指示,到各地发动群众,坚持反"围剿"斗争。

1936年4月,安南永德苏区的党组织遭受敌人的严重破坏,曾奎跟随红二支队政委彭德清率领的部分干部和红军指战员坚持斗争。在南安金淘,安溪经岭、龙门一带,发动群众,镇压叛徒,捕杀土霸劣绅。驻在经岭时,曾两次遭到敌人包围。在危急之中,她机智勇敢,手持双枪与政委彭德清等人英勇奋战,杀出了包围圈。后来,她与彭德清转战南安、同安等地,继而转到厦门隐蔽活动。1938年,彭德清等与新四军部队北上抗日,曾奎因长期风餐野宿,行军作战,病魔缠身,无法随军行动,只好留下。后来她回安溪治病隐蔽活动,与组织失去联系。

1948年10月18日,曾奎病逝于安溪蓬莱岭南村。她的革命事迹及英名永垂青史。

青春无悔报祖国

——记践行誓言的光辉典范郑成竹

郑成竹，1940年6月加入中国共产党，曾领导1947年南安师范学校"五·二七"学潮。1948年8月，任中共泉州中心县委E区委宣传委员。1948年10月25日，在南安官桥仙枝村的E区区委机关被国民党侦缉队和县自卫队包围的突围激战中，饮弹数十发，壮烈牺牲，年仅26岁。

郑成竹，1922年10月出生于南安县官桥镇岩前村一户贫苦农家。1930年入普智小学念书，毕业后从事农耕，不仅很快成为各种农活的行家里手，而且利用农闲之际学习文化知识。

郑成竹烈士

由于他聪慧好学，1939年春，全家倾尽全力支持他进入晋江安海养正中学就读。在校期间，他各科成绩都名列前茅，被选为班长。有时老师患病无法上课，都让他代教，深受同学们欢迎。他关心时事，经常用红、蓝铅笔在地图上标出世界反法西斯战场的态势，了解国内外形势，向同学们宣讲时政，成为学校的活跃分子。

1939年秋，晋江养正中学内迁南安官桥岭兜。中共泉州中心县委委员、代理书记邓贡直，中共官桥区委委员、养正中学支部书记林伯祥在养正中学任教，开展革命活动。在中共党组织的帮助下，郑成竹阅读了许多革命书刊，对党的性质宗旨有了深刻的理解，思想逐渐成熟。他积极参加"抗敌后援会""青年战地服务团"等团体，进行抗日宣传活动。经过理论和实践锤炼，1940年6月，郑成竹由许东汉介绍加入中国共产党，隶属于中共泉州中心县委养正中学党支部。1941年，郑成竹毕业，因家境困难无法升学，于次年到

郑成竹祖厝遗址

南安五峰中心小学任教。执教期间，经常与同事、同学谈论时局，抨击时弊，痛斥国民党政府的腐败统治。他不畏强暴，敢于同恶势力作斗争，被学校当局认为是"危险分子"，借故将他辞退回乡。1943年，在家种田期间，他仍然坚持为党工作，团结本村群众，并向邻村仙枝、芸溪发展，利用亲戚关系团结东头村、下寮村青年，进行革命宣传活动；在岩前村成立党小组，打下坚实的群众基础。

1945年，郑成竹与党组织失去联系，与郑汲水一起到省立德化师范就读，编入该校第六组。虽然与上级党组织关系中断，但他并没有中止革命工作。他以第六组（班）为基点，把同学们团结在自己的周围，学业上互相帮助，认真钻研，全组学业成绩优异；政治上他注重时事教育，积极培养骨干力量，把第六组建成一个坚强的集体，并以此为核心，团结全校同学。许东汉、林金榜到德化师范开展活动，与担任校学生会主席的郑成竹接上组织关系。1946年，戴世龙出任德化师范校长，德师由德化迁往南安，改名为省立南安师范。同年3月，闽西南白区党组织也调派一批党员到南师任教求学，开展革命活动。9月，成立南安师范党支部。1947年5月27日，南师学生为反对戴世龙对学校的专横控制和克扣贪污学生伙食费，无理勒令学生陈荣发退学和对第六组学生突击考试等行径而闹起学潮。在闽中与闽西南党组织的协作领导下，郑成竹以学生会主席的名义领导学生代表同校方交涉，要求撤销对陈荣发退学的决定，要求改善学生伙食，遭到学校当局蛮横拒绝后，举行总罢课。300多名学生高呼"打倒反动校长""打倒反动教官""反饥饿，反内战，反迫害""我们要民主"等口号示威。反动教官开枪威胁，激起学生震怒，驱赶教官，冲进校长住所，戴世龙溜走。当晚60多名诗山军警包围学校，国民党南安县政府派员与学生代表谈判，假意接受学生代表提出的四项条件，撤走军警，布置提前放假，逼迫学生离校，坚持一周的学潮就此结束。不久郑成竹被学校开除，并遭受县警察局通缉。他和郑汲水绕道码头、罗东经泉州至南安官桥，后又到石码隐蔽。

　　1947年冬，党组织派郑成竹到南安罗东一带工作。不久在潭边村联系工作时被敌人发现，暴露身份，只好撤离，党组织又重新安排他到官桥工作。官桥是他的故乡，他熟悉这里的山山水水，又曾在这里搞过农运，有农民朋友做基础，很快就成立工作队，组建革命武装，工作开展得很顺利。1948年8月，为执行省委有关多点建立掩蔽根据地的指示，中共泉州中心县委决定成立E区（以官桥、岭兜为重点的南安中部及晋南边界一带）区委，派傅维葵任区委书记，张尚楚任组委兼管军事，郑成竹任宣传委员。E区委成立后，便成立三个工作组，傅维葵、张尚楚分别负责第一、三组，郑成竹负责第二组。由于官桥地区是土地革命战争、抗日战争时期的革命老区，工作组便分头积极寻找老党员、老游击队员和革命群众骨干，顺利地恢复了与他们的联系。接着区委广泛宣传发动群众开展反"三征"斗争，为更好地发动群众，区委派出武工队在官桥地区频繁出击，对那些气焰嚣张的国民党反动分子进行坚决的镇压。官桥地区的革命形势得到蓬勃的发展，引起了国民党反动当局的恐慌，便派出侦缉队四处侦查。

　　1948年10月25日夜，国民党南安官桥镇侦缉队同县自卫队100多人，包围中共E区委机关驻地仙枝村李文章家。在突围中，郑成竹负伤，辗转抗争。因一路留有血迹，在其表兄家二度被围，与敌进行顽强战斗，把80多发子弹全打光，敌人架起两挺机枪猛烈扫射，郑成竹饮弹数十发，壮烈牺牲，年仅26岁。

郑成竹烈士陵园

　　1949年5月下旬，中共晋南同工委为纪念烈士郑成竹，把他的故乡改为"成竹乡"，以纪念和缅怀郑成竹烈士对党忠诚、勇于牺牲的革命精神。

淬英雄之心，铸革命精神

——记智勇双全的指挥员陈绍痕

"要带好兵才能打胜仗，一个指挥官能否带好兵，是衡量一个指挥员才能的重要标志。"

这是菲律宾归国华侨，曾任新四军苏浙军区第三支队第二营营长、中国人民解放军华东野战军第六纵队第四十八团副团长陈绍痕，在长期革命战争实践中，善于带兵，敢于用兵，常打胜仗留下的名言。

陈绍痕，又名陈藻亨、陈祖亨，1917年出生于惠安县洛阳下曾后房村（今属泉州台商投资区），少年时跟随亲友到菲律宾谋生。卢沟桥

陈绍痕烈士

事变后，全面抗战爆发，为抗击日本侵略军，他响应祖国召唤，于1938年参加"菲律宾华侨归国抗日义勇队"，随领队沈尔七、队长戴旭民等28人远渡重洋回到厦门，经漳州到达龙岩白土村，编入新四军二支队，易名"菲律宾华侨回国随军服务团"，后随二支队到皖南新四军军部。经过半年培训、学习结业后，1939年春，陈绍痕被分到句容、溧水、镇江、丹阳四县，任抗敌总会警卫连排长。

陈绍痕身材高大，长着一双炯炯有神的大眼睛。在艰苦环境中，他继承了老红军在三年游击战争时期的好传统、好作风，很快就适应了风餐野宿的军旅生活，转变为一名合格的革命军人。为带好兵，他严于律己，宽以待人，充分发挥战士们的智慧，把全排战士紧紧地团结在自己周围，出色地完成连里交给任务。1941年夏，他提任警卫连连长，感到压力大，要指挥百把号人打仗，没有把握。但是他善于学习，从战争中学习战争，不仅会带兵，还敢于

用兵。他常说:"要带好兵才能打胜仗,一个指挥官能否带好兵,是衡量一个指挥员才能的重要标志。"在半年时间里,连队从80多人发展到140多人,带兵经验越来越丰富。不仅在京杭国道的战斗打得很不错,而且在镇江高庙战斗中,他指挥的连队机动灵活地歼敌一个连受到上级的表彰。

1943年,茅山抗战处于最复杂、最尖锐、最困难的一年,日军、伪军纠集大量兵力,向苏南茅山地区进行大规模"扫荡""清乡"。在坚持茅山斗争中,他坚决执行茅山部队政治部"关于爱护兵员的指示"。他说,一个兵就是一个战斗力,指挥员一定要有爱兵观念。部队在句容时,连里战士黄福山生病发烧,他不仅想尽办法请医生,还亲自护理,直至战士烧退了他才放下心。黄福山看到连长对自己那么关心,感动得流泪说:"陈连长比我亲生父母还要亲。"他关怀战士,热爱人民群众,经常教育战士时刻不忘"三大纪律八项注意",处处爱护人民群众的生命财产。在句容毕基村宿营时,一家老百姓房子失火了,他大步跑到现场,不顾个人安危冲进火场,把一个老太婆和一个孩子抢救了出来。房子烧了,老百姓无家可归,他就把自己平时节俭下来的钱和衣服送给了这家老百姓,村里群众都说新四军是救命恩人。陈绍痕在南征北战中处处关心群众,爱护群众,被政治部评为"爱民模范"。同年秋,陈绍痕调任新四军茅山部队副营长,身为副营长,肩负着带兵冲锋陷阵执行作战任务,还要以身作则,做好表率。在反"扫荡"、反"清乡"斗争中得到更大锻炼。有一次他在战斗中负伤,同志们要他下火线,他坚决不肯,卫生员替他包扎后,他又端起机枪率部冲上去,把敌人打退。他说:"打仗免不了流血、牺牲,这我早有准备。"他英勇顽强的战斗意志鼓舞着参战的全体指战员。在天目山龙岭阻击战中,他作为指挥员,以人在阵地在的决心,率部打退敌军两个团连续几次的攻击,终于坚守住龙岭阵地,完成上级交给的阻击任务,取得天目山保卫战的胜利。

1945年1月,陈绍痕任新四军苏浙军区第三支队第二营营长,所在部队编入苏浙军区主力部队作战序列,从游击战转入运动战。随后他奉命率部向浙西进军,途经孝丰西亩市,当时夜黑不见五指,又下着毛毛细雨,发现公路上有很多兵马向南迤逦行进,穿戴与新四军一样,所不同的就是机枪比新四军多。陈绍痕从种种迹象判断是国民党顽固派的"剿共"部队,有一个团的兵力。于是他果断抓住战机,下达作战命令。在他灵活指挥下,终于把这股顽军全部歼灭,取得了俘虏300多人、缴获机枪十余挺,所部无一伤亡的重大战绩。此后,他率部与顽军作战越来越多,规模也越来越大,他不断地从实践中总结经验,研究作战方略,先后取得孝丰、天目山、草明山、狸头桥等地同日、伪、顽军战斗的胜利。

1945年8月14日,日本政府照会美、英、苏、中四国政府,宣告接受《波茨坦公告》。15日,日本天皇裕仁以广播"停战诏书"形式宣布无条件投降。9月2日,日本政府的代表在投降书上签字,中国人民取得抗日战争的胜利。根据中共中央"向北发展,向南防御"的战略方针及有关指示,新四军江南部队奉命北撤,陈绍痕率部在江苏高邮进行百日练兵。他认真学习《论中国革命战争战略问题》一书,他常高兴地说:"这本书毛主席写得非常好,为学会指挥大兵团作战指明了方向。"1946年6月,国民党挑起内战,向解放区发动全面进攻。七八月间,陈绍痕所在的华中野战军苏北部队3万余人,在一个半月中,七战七捷,歼敌六个旅及五个交警大队,共56000余人,创造了解放战争首次大量歼敌纪录,沉重地挫败敌人进攻势头,取得苏中战役的胜利。

1947年初,陈绍痕率部参加鲁南战役和莱芜战役。在山东鲁南战役中,他脸部和双手被冻得皮开肉绽,仍坚持和战士们在雪地里挖工事;在莱芜战役中,他带部队冲进圩子,连续3个晚上没有睡觉,同志们劝他休息,他说:"敌

淮海战役烈士纪念塔

人不消灭,睡觉也不安宁。"他以顽强的毅力率部执行作战任务,直到战役胜利结束。同年5月,陈绍痕又率部参加著名的孟良崮战役。在陈毅、粟裕的指挥下,华东野战军采取钳击两翼、中央突破的作战方法,选择中路敌军汤恩伯兵团主力整编七十四师为作战对象,经4天激战,全歼敌七十四师,击毙师长张灵甫,歼敌32000余人,使进犯鲁中南之敌全线溃退。孟良崮战役后,陈绍痕调任华东野战军第六纵队第四十八团副团长,率部先后参加开封战役、济南战役等大兵团作战。接着又率部参加淮海战役,不幸于1949年春在淮海战役中壮烈牺牲,年仅32岁。

陈绍痕,从1938年回国参加新四军,经历了抗日战争和解放战争血与火的洗礼,锤炼出一副铮铮铁骨,为中国人民的革命事业立下了不朽的功勋。王直将军在回忆录中写道:"陈绍痕是我军智勇双全的好指挥员,是中国共产党优秀党员,是爱国华侨的好榜样,永远值得我们学习和纪念。"

壮志豪情踏山河

——记命途多舛的"特别党员"张强

张强,1945年11月投奔革命,由中共华中分局安排到华中建设大学学习,批准为"特别党员"。后调华中分局联络部为特派员,到福建开展工作。1948年5月在香港筹建"福盟",不久后返回闽南,先后在厦门、安溪、永春、德化、大田等地开展工作,曾任中共安永德临工委负责人之一。1949年5月牺牲,1956年被追认为革命烈士。

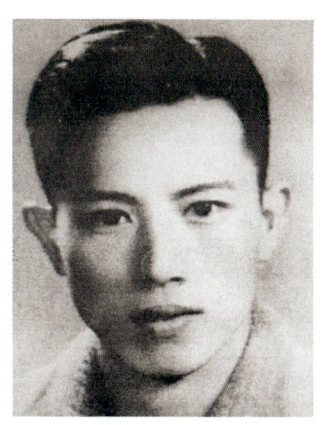

张强烈士

张强,又名秀锦,学名醒亚,1918年6月出生于惠安洛阳石任村(今属泉州台商投资区)一户清贫农家。父母早丧,遗下的3个兄弟中他最小。他先在本村私塾受启蒙教育,后转入新生小学。在学期间,他因受富家子弟欺压,乃避居厦门鼓浪屿亲友家,同时进福民小学读书,毕业后升入厦门双十中学。他勤奋好学,为人坦率豪爽,痛恨强暴,追求进步,善于接受新思想,勇于探索新事物,立志求学,造福社会。

九一八事变后,厦门各界爱国人士组织了"厦门抗日救国会",宣传抗日,抵制日货。其间,厦门大学哲学系学生创办了《黎明》周报,开展抗日宣传活动。经乡亲推荐,张强积极地参加了抗日宣传活动,在实际工作中有突出表现,引起了抗日救国会同仁的注意。1932年淞沪抗战后,上海大夏大学教授创办了马列主义学习班,张强曾被推荐前往上海接受教育。当厦门抗日救国会在厦门设点支持平潭的抗日游击斗争时,他和其他人一起担任了联络员,经受了实际的锻炼。

1934年秋,张强转入泉州晦鸣中学读书,参加泉州学联组织的抗日宣传活动，还与黎丁等人一起组织"抗日剧社"，进行抗日宣传演出。后来他到新生小学任教，创办《小拳头》刊物，向青少年宣传抗日救国思想，刊物在泉州、惠安等地发行，颇受欢迎。不久，他又到晋江沙峰小学任教，还兼任厦门《抗日新闻社》泉州分社记者。

七七事变后，全国各界人士拥护中国共产党的主张，在抗日民族统一战线的推动下，实现了国共第二次合作。1938年夏，经厦门抗日救国会张圣才的举荐，张强等人前往湖南临澧抗日特种训练班受训。入校后，他获悉这是国民党军统特务办的训练班，便毅然离训。随后，他辗转来到国共合作创办的衡阳抗日游击训练班受训。

结业后，他被委任为国民党第三战区少校参谋，并被派去某地任职，但未赴任。他看到日军已占领厦门，福建沿海形势紧张，便设法回到家乡参加抗日斗争。其间，他曾与张天昊一起在德化创办抗日游击干部训练班，由他担任国民党德化县自卫中队长，兼任训练班教官。尔后，当局将他调往泉州，但他却通过关系转去《永声报》任编辑。由于他多次拒命，因而受国民党军统当局多次通缉。1946年，他被囚禁于福州监狱。在牢中他关心时局，阅读书报，并用张生、达前等笔名为《东南日报》撰写《再论福建抗战前途与任务》等评论文章近20篇，这些文章表明了他爱国反帝的鲜明观点。太平洋战争爆发后，他获释出狱，回到了惠安。出于对抗日救国的热心和愿望，他设法摆脱国民党军统局的约束，独自行动，到惠安、莆田沿海岛屿上，与友人合作，组织武装袭击盘踞在小龟屿的汉奸队伍，缴获一批枪支弹药。随后，他在惠安獭窟组织渔民抗日武装，保卫生产。他的活动被国民党当局发觉，再次被通缉，他被迫先后转移到福鼎南镇和浙江平阳等地。

抗日战争胜利后，国民党军统局在上海设立办事处，通知当地军统人员前去报到。但张强却通过在建阳的暨南大学同学梁华光的关系，于1945年11月经上海投奔苏北解放区，他到江苏淮阴找到了苏北解放区南通军分区司令员梁灵光（梁华光之兄），说明身份和来意后，由梁灵光将他介绍给中共华中分局。在此期间，张强向有关领导人说明了自己的历史和社会关系，引起了有关领导对他特殊社会关系的重视。随即组织上安排他到华中建设大学学习。此时日本已投降，自愿投奔解放区的人不少，这些人员都先是被安排到华中建设大学学习，以接受组织上的审查，尔后分配工作。张强入学后被分配在第九队。他努力学习,积极参加校内各种活动。他撰写的政治、军事评论文章,在学校墙报比赛中名列前茅。第九队的政治指导员朱文鉴对张强的表现颇有好感,建大校长庞康对张强的经历有较深的了解,对他投奔革命的行动是信任的。后由庞康向中共华中分局谭震林等汇报和举荐,经谭震林找张强谈话后,认为他是有一定工作能力、积极追求进步的青年,在福建有较好的社会条件可开展工作。于是根据革命的需要,经组织研究,由谭震林批准,张强被作为中共特别党员,由建大调到华中分局联络部,并作为特派员派到福建开展革命工作。

在建设大学学习期间,张强与朱文鉴相爱。当时组织上考虑到开展工作的需要,征得他们俩同意,批准他们俩结婚,同时把他们俩一起派去福建执行任务,规定对外开展工作以张强为主,朱文鉴为政治交通,对内则由朱文鉴领导张强。随后,他们俩以"中共华中分局第一工作委员会上海特别支部"的名义进入蒋管区,主要任务是从事搜集情报、策反和组织武装斗争。1946年6月,他们离开苏北到了上海,拟在上海、厦门、香港一线,以商业为掩护,建立工作网点。全面内战爆发后,长江交通断绝,他们俩失去了与组织联系。在特殊情况下,张强政治上坚定,行动上积极,果断地开展活动。他根据党组织的指示,忠实地执行派出任务,不放弃任何一次可能工作的机会。他从上海到厦门,又回到惠安,先后在惠安、晋北(今洛江)、南安榕桥等地,寻找旧关系,联络新朋友,独立开展工作。他先在惠安埔东组织"新民主主义同志会",以联络各界知名人士,继之又组织"正义社"造福桑梓,又建立起"生活促进会""新民主主义读书会"等组织,以团结进步青年,培养工作骨干分子。

1947年夏,朱文鉴也从上海来到惠安。随即张强和朱文鉴一同前往香港,寻找新华分社联系。负责接待他们的李嘉人表示,在全国解放战争时期,由组织上派出的人员,一时难以清理,要求他们按原计划独立开展工作。此后,朱文鉴从香港回到惠安,张强则留在香港,广交朋友,多方联系福建在港的各界同乡,商谈国内形势。他倡议在香港的福建籍有识之士应有所作为,共同为促进家乡早日摆脱反动统治而努力开展革命工作。随着全国解放战争形势的发展变化,在香港部分闽南籍国民党军政人员及地方实力派人士,经张强的宣传联络后,审时度势,共同策划在闽南开展支援全国解放战争的工作。

当全国解放战争进入决胜阶段后,闽南各地的爱国游击战争迅速展开。

1948年5月，陈盛智、张强等人在香港成立了"福建人民自救同盟"（简称"福盟"），目的是在中国共产党的领导下进行组织准备，伺机开展武装斗争，在农村建立游击据点，发动农民开展反"三征"，减租减息斗争；在城镇争取开明绅士，策动国民党军政人员起义投诚，以迎接解放大军南下，使福建早日解放。

随后，张强于6月初向中共香港分局汇报了成立"福建人民自救同盟"组织的经过情况，得到李嘉人的认可。接着，"福盟"成员按照各自分工的任务，陆续返回闽南各地开展工作。张强抵达厦门后，于1948年12月在厦门忠孝里10号主持召开会议，听取"福盟"成员对各方面情况的汇报，分析了革命形势，研究在安溪、永春、德化等地组织"抗征队"，发动农民武装起义，开展游击战争的方法与步骤等问题。会议以厦门"民七"的名义召开，商定建立一支"福建人民军"，下辖若干支队，同时安排筹集枪支等事宜。会后，张强走访张圣才，请他设法帮助解决进山后的医药问题。

1949年1月，张强从厦门抵达安溪三洋杨玉霜家。在这里，他了解了三洋组织抗征队及农民武装起义的准备情况。这时中共泉厦临工委王新整（钟炎）也在内安溪，经杨玉霜汇报和介绍，张强与王新整接触交谈后，双方商定了建立合作关系，加强革命力量，发动武装斗争等问题。并采纳了张强的建议，在永春坑仔口建立武装斗争据点，借用地方实力派康明深的关系开展工作。还商定各自选调人员进山，并要求必须在农历正月初五到达指定地点，以便安排到各学校任教，以教员的名义为掩护，开展革命活动。2月，泉厦临工委选调厦门大学、侨师的石益、张永年等6名中共党员，先后到达永春坑仔口。这时张强、王新整也从安溪到达坑仔口，会同朱文鉴召集党员会议，成立中共安永德临工委，负责人朱文鉴、王新整、张强，并研究制订"三个月工作计划"。随后，王新整返安溪，永春、德化的工作由朱文鉴、张强负责领导。其间，他们组织"抗征会"，发动群众开展反"三征"斗争，同时又开展对国民党军政人员的统战工作。

为了更好执行"三个月工作计划"，扩大活动范围，张强奔走于永春、德化、大田等县，了解各地工作情况，联系各界人士，宣传发动群众，筹建游击武装。他在永春组织了反"三征"斗争中的积极分子、猎手，建立了打虎队，并进行军事训练。他还多方联络，收编地方实力派的武装，动员青年参加游击队，使革命武装力量有了较快发展。

由于全国解放战争的迅速发展,在人民解放军胜利渡江南下的大好形势推动下,闽南各地游击战争也取得了重大胜利。1949年4月,在厦门街头出现了闽中司令部(即闽浙赣人民游击纵队闽中支队)的布告:"警告特务张强,勒令停止活动。"此时张强正与安溪游击队合作,执行攻打湖头的行动计划。得到这一消息后,为了使计划不致于半途而废,他和石益连夜赶到安溪长坑,向中共安溪中心县委领导人说明情况。当时领导人表示张强退出领导,到隘门街头等待接上与华中分局的关系。后来经推荐,他暂时留玉坑小学任教。此时张强深信党组织,把个人安危置之度外,立即把统战工作关系等全部交给有关组织,连自己随身的3支短枪也上交,并撤到玉坑小学住下。5月中旬,中共安溪中心县委派一批军政干部到永春坑仔口,加强对永德大地区工作的领导,进一步开展游击战争,并决定成立永德大县工委。在这期间,张强被审讯,于5月25日不幸牺牲。

张强一生的经历是曲折的,生活道路是坎坷的。他经过辛勤学习和实践,提高了政治觉悟,毅然走上了革命道路,并为中国人民的解放事业献出了年轻的生命。他牺牲后被追认为革命烈士。1956年,中央人民政府为他的亲人颁发了革命烈士纪念证书,福建省人民政府在惠安洛阳石任村为他修建了烈士墓。

张强烈士墓

为信念而死，死得光荣

——记安南同边区党组织负责人林水芸

"我有我的信念，也决不后悔。"

"得人心者存，失人心者亡，共产党的队伍更应该处处想到人民，处处保护他们的利益，不要打扰群众。"

这是曾任中共龙门区工委宣传委员、安南同县工委委员兼武工队队长、安南同边区党组织负责人之一林水芸牺牲前留下的革命心声。

林水芸，1918年出生于安溪县龙门乡龙山村的一户贫苦农家，全家6口人。他7岁那年，父亲因成年累月辛勤劳作，贫病交加含恨离世。

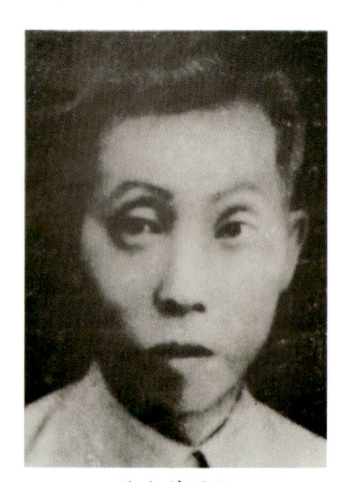

林水芸烈士

母亲为养活家人，将两个未成年的女儿卖给人家当童养媳，只剩下年幼的林水芸和小女儿林足，三人相依为命，艰苦度日。为摆脱贫困，母亲含辛茹苦，每天带着林足上山割草拾柴，挑到集市卖钱，供林水芸到龙文小学就读。林水芸不负母亲厚望，勤学好问，成绩优异，与贫苦同学打成一片，受到老师喜爱。1934年8月，在外地从事秘密革命活动的林师柴返回龙门，任龙文小学校长，同进步教师办起夜校，秘密组织农会，发动群众开展抗捐、抗税、抗租、抗债、抗饷等五抗斗争。11月，林师柴受厦门中心市委指派在龙门地区发展党组织，开辟安（溪）南（安）同（安）游击区。已是高年级学生的林水芸，深受林师柴的赏识，被派住龙山村埔顶夜校任教。他在夜校教农民识字，宣传革命道理，提高农民的阶级觉悟，发动群众，开展"五抗"斗争。在斗争中，林水芸思想逐渐成熟，革命意志坚定，于1935年由中共安南同特支书记林师柴介绍，加入中国共产党，从此走上革命道路。

为信念而死，死得光荣——记安南同边区党组织负责人林水芸

1935年底，国民党军第九师第二十六旅和省保安九团等部重点"围剿"安南同边区，到处抓捕共产党人，企图扑灭革命烈火，实行白色恐怖。林师柴等遭到国民党杀害，龙门党组织和武装队伍被严重破坏。安南同边区乌云密布，革命处于低潮。林水芸等共产党人接受党组织的指示，隐蔽下来，以待革命转机，继续开展斗争。卢沟桥事变后，在上海参加救国会进步青年林降祥与在日本留学的林火枝、童雪芝夫妇也先后回到龙门，开展抗日救亡活动。林水芸等党员与他们取得联系，继承林师柴烈士遗志，宣传党的抗日主张，继续开展革命活动。1937年底，林水芸与林火枝、林降祥、林清辉、白宗兰等组成"党的同情小组"，林水芸负责农会工作。他与白凤一起串联原农会会员，恢复龙门地区的农会组织，在龙门、内坑、目场、横山、柏叶、炙坑、溪内、五里埔等乡村发展近百名农会积极分子，恢复了苏维埃时期开办的农民夜校。1938年10月，经中共漳州中心县委批准，重建了龙门党支部，李毅然任书记，林水芸、林降祥、朱迺仁任委员。龙门党支部根据闽西南潮梅特委书记方方曾提出的"闽西南不能没有武装，否则就活不成"的指示，建立了党的武装队伍——安溪龙门武工队，林水芸任队长。党支部在龙美村目场开办造枪厂，指定林水芸等人负责造枪厂工作，生产土枪，翻制子弹，加强武工队的武器装备。

龙门武工队军训场地旧址——龙门祖厝林

1939年，中共龙门支部根据党中央关于白区工作的"秘密党员必须有很好地群众联系的合法地位"的指示，实行"白皮红心"的白区工作方针，派林降祥出任国民党政府龙榜镇副镇长，林水芸等人到镇公所供职，控制镇公所及镇武装。为进一步控制龙门地区的镇、保政权，林水芸参加龙山保竞选。由于林水芸维护贫苦群众利益，处处为群众着想，深得群众拥戴，在竞选中获胜。此后，他利用保长的合法身份，积极开展党的秘密工作。皖南事变后，国民党顽固派不断制造新的反共摩擦事件，在全国各地大肆搜捕共产党人。中共龙门支部在白色恐怖中，采取"荫蔽精干，长期埋伏。积蓄力量，以待时机"的方针，仍然坚持斗争。林水芸等隐蔽在龙山、目场、翠坑一带秘密活动，发展了林鲍鱼、林成启、林文斟、林火甲、林绍、白太山等一批党员，壮大了党组织。1942年党的南方工作委员会受破坏后，上级党组织传达停止党的活动的指令，龙门地区的党组织和一大批党员也隐蔽下来，在艰苦复杂的斗争中保存了组织，锻炼了干部，为后来各地的发展打下稳固的基础。

抗战胜利后，闽南特委决定恢复安南同地区党组织的活动，龙门党组织以"积极开辟新区，大胆发展组织"和"以龙门为中心，向四面发展，在安南同边区四周，造成星罗棋布的组织网点"的行动方略，卓有成效地恢复发展党的组织，壮大革命力量。1946年1月，闽南特委派张光领导安南同白区工作，使安南同白区工作基地党的工作进一步发展。同年9月1日，张光在龙门主持成立中共龙门区工作委员会，书记林敬平、组委林泗泰，林水芸任宣委。他深入群众做了大量的宣传、组织工作，并采取各种办法发动群众，开展反征兵、反征粮、反征税斗争，保护群众利益。1947年10月4日，中共闽南地委常委、宣传部长罗琳在目场召开安南同边区党员干部会议，林水芸等21名党员干部参加。会议集中讨论武装斗争问题，决定以目场为基地，开辟湖丘、大坪、龙涓、西坪、墩坂及南安英都等地的游击武装斗争。正式成立中共安南同县工委和安南同边区武工队，林水芸任县工委委员兼武工队队长。11月，罗琳在南靖被捕叛变，供出党的重要机密，安南同县工委受到严重破坏，致使县工委书记林金狮、组委林泗泰被捕入狱，中断了与上级组织的联系。安南同县工委坚持独立作战，在敌人继续查捕党组织领导人的严峻时刻，为转移敌人的注意力，林水芸与梁新民决定"伏击大坪乡乡长周锦标，清除桂瑶地霸林玉麟"。12月，经林水芸周密组织，武工队员林清坚、林舍蕊带领人员，假借林长青护兵的名义采取行动,巧妙镇压桂瑶国民党骨干,地霸林玉麟,促使国民党与三青团矛盾加剧。为确保党组织的安全,县工委决定各地党组织立即采取措施,加强隐蔽,大部分党员坚持在本地斗争,一些暴露的党员干部立即转移到上海、香港等地,继续寻找上级的关系。

1948年1月,闽西南白区党组织的一些骨干转移到外地后,梁新民、林水芸、白佑启挑起安南同县工委的领导工作。林水芸指挥武工队对敌人进行数次的反击,有力地打击了边区的反动势力,稳定了局势。5月,中共泉厦临工委成立,统一领导闽西南白区党组织。10月,派林文芳回安溪龙门,11月成立中共安南同临时县工委,林水芸任县工委委员,兼武工队队长。12月,他与已营救出的林泗泰,武工队副队长林土墙,率领武工队直奔南安沙溪村,袭击反动地霸陈植坚,缴获大量物资。陈植坚逃遁后,再也不敢回村。1949年1月,为清除南安福庭保长卓荣达组织的"防共巡逻队",在林水芸领导下,30多名目场武功队员化装上山打猎,藉与敌人争夺猎物山羊,智夺"防共巡逻队"步枪8支,土枪10多支,子弹数百发。并在目场组织武装抗征队50多人,实行全村百分之百抗"三征",确保地下党和抗征队过境人员的安全。

1949年春,中共泉厦临工委开辟了以安溪为中心的安南永德游击区后,经闽南地委批准,于4月18日在长坑玉湖正式成立中共安溪中心县委,代替泉厦临工委,统一领导闽西南党组织,进入推翻国民党反动派统治的游击战争阶段。同时,安南同临工委改称为安南同县工委,林水芸任县工委武委兼龙门区委书记。4月26日,林水芸与林文芳等率领安南同游击队及抗征队300多人,在南安福庭起义,并解放了南安翔云乡。翌日,乘胜回师解放了龙门,俘虏队副谢春辉及兵丁20人。5月2日,成立解放官桥前敌指挥部,林水芸为指挥部成员,率领500多名游击队员,包围安溪重镇官桥镇公所和警察所。在战斗中,林水芸冲锋在前,率队抢占制高点,包围镇公所官郁土楼,与敌激战四昼夜。6日,解放官桥重镇,俘敌官兵120人,缴获机枪1挺,长短枪120支,并击退了国民党县政府派援官桥的刘智勇自卫队。随后,按照安溪中心县委和游击队总部的部署,安南同游击大队兵分两路,一路参加解放安溪县城,一路由林水芸等率领开赴南安、英都、苍巷,截击泉州、南安增援安溪之敌。10日,安溪中心县委领导的武装力量首次攻克安溪县城后,林水芸率领部队在安溪增援队伍的配合下,于5月15日解放南安英都乡。

福庭起义的策划地

在14年的革命斗争环境中，林水芸磨炼成为一个具有坚定的革命理想信念和崇高品德的成熟领导者。他对人民群众有着深厚的感情，在反击敌保二团"围剿"的斗争中，目睹保二团在福庭村枪杀群众，掠夺群众粮食、牲畜，烧毁民宅的惨状，伤心地流下眼泪，内疚地对群众说："我们来晚了，你们受苦了。"群众无不赞叹："共产党游击队才真正是自己队伍。"英都解放后，部队驻乡公所，他对同志们说："得人心者存，失人心者亡，共产党的队伍更应该处处想到人民，处处保护他们的利益，不得打扰群众。"他率领的部队所到之处受到人民群众的热烈欢迎和热情支持。由于长期游击战争的劳累，林水芸积劳成疾，1949年5月22日突发高烧病倒，不肯就地休息，仍坚持率队步行10多公里山路。返回龙山，不幸被捕。8月14日被押赴刑场时，龙门圩街道两边挤满了泣不成声的群众，三姐林足冲上去抱着弟弟不放，林水芸坚定地对姐姐说："他们不会发善心的，我有我的信念，也决不后悔。"并嘱咐："我死后，请你常回家看望母亲，我也就没有牵挂了。"他从容走向刑场，英勇就义，年仅31岁。

林水芸可歌可泣的革命事迹，至今仍在安南同地区广为传颂。

刚直豪爽，以身许国

——记深受拥戴的教导员王福庆

"烈士刚直、豪爽，善于联系群众。所到之处，深受群众欢迎，而今虽与世长辞，但其爱祖国、爱人民、恨敌人的崇高品德永在。我们决继他未竟事业，奋勇前进！"

这是王福庆生前战友、曾任晋江专区副专员张海天对王福庆烈士的确切评价。

王福庆，1944年秋加入中国共产党，先后担任中共东园区工委书记、惠安县工委委员、闽浙赣人民游击纵队闽中支队司令部警卫营教导员、晋江军分区警备团团党委委员兼二营教导员等职。1951年9月5日，在剿灭从惠安登陆的"国民党东南反共救国军南海纵队"的战斗中牺牲，年仅26岁。

王福庆烈士

王福庆，1925年6月9日出生于惠安县东园镇玉坂村（今属泉州台商投资区）一户农家，少时先后在玉坂、竞新、螺峰等小学念书。1938年小学毕业后，就读集美中学，结识惠安进步青年刘祖丕、陈纯元、刘森南、张海天、李焕堂等人。在老乡、同学的影响下，接受进步思想，积极参加集美学村地下党开展的革命活动。1941年王福庆临毕业时，因替同学打抱不平，顶撞教师，被学校无理开除。同年秋，王福庆通过陈纯元的关系，几番周折，才以同等学历升入集美水产学校学习。在集美学村浓厚的革命氛围影响下，他与陈纯元、张海天等人的接触更加频繁，他们共同学习中国共产党关于抗日民族统一战线的正确主张，讨论时事，关心祖国抗战局势，抨击国民党当局破坏抗日民族统一战线的罪行和黑暗统治，积极参加学村的抗日救亡运动。历来对国民党

王福庆旧居——东园玉坂地下交通站

黑暗统治不满的王福庆在政治上逐渐走向成熟。1942年春，水产学校一对教员夫妇受当地警察侮辱而辞职，消息传开后，校内掀起轩然大波，学生们激于义愤，派代表到警察局评理，王福庆据理力争，毫不退让，事态闹大后，引起校方不满，结果王福庆被校方开除。辍学后王福庆回惠安，先后在后龙田里小学和洛阳西方小学任教。以教书为掩护，开展抗日救亡宣传活动。

1942年4月，中共泉州临工委改为特派员制。1943年3月，刘祖丕接任泉州工委惠安区特派员，王福庆受命到南安一带开展工作，唤起民众投入抗日救亡运动。是年冬，王福庆到惠安港墘，与复兴小学校长张海天一起，以学校为革命活动基地，进行抗日救国宣传教育。1944年秋，经刘祖丕、刘森南介绍，王福庆加入中国共产党。此后，他以坚定的革命信仰，践行入党誓言，全心身地投入革命活动。1945年2月，刘祖丕调闽中特委机关工作，陈纯元接任惠安特派员。张海天、洪瑞星、王福庆在港墘秘密建立了革命据点和地下交通站，并成立中共港墘支部，张海天任书记，洪瑞星任组织委员，王福庆任宣传委员。同年4月，闽中特委恢复中共泉州中心县委，惠安党组织成立中心县委惠安直属区委，书记陈纯元，港墘党支部隶属惠安直属区委领导。

1945年6月，因发生"科任事件"，泉州党组织的干部名单落入敌特手中，使党的骨干力量受到严重损失。惠安党组织也遭到敌人的破坏，陈纯元、洪

刚直豪爽，以身许国——记深受拥戴的教导员王福庆

瑞星、李焕堂等人先后被捕，王福庆与张海天等遭敌人通缉。为了尽快恢复与上级党组织的联系，王福庆与张海天辗转南安、安溪一带，未能与组织接上联系，只好返回惠安王福庆家乡。不久，国民党特务突然进村搜捕，王、张两人发现情况异常，立即隐蔽在薯围中事先挖好的掩体内，外面由王福庆二兄王宝庆应付敌人的盘问。敌人入室搜查，没有发现破绽，将王宝庆作为人质抓走，声言只有王福庆去替换才能放人。王宝庆被关押

王福庆在崇武港墘秘密活动遗址

在县警察局108天，后又押解到莆田第五绥靖区监禁40天，直到第五绥靖区同省13保训处合并，清理积案时，才交保释放。经过火与血的严峻考验，王福庆对革命信念毫不动摇，始终踔厉前行。他与张海天返回港墘整顿、恢复、发展组织，创建闽中海上交通站，筹集武器、弹药，组建武工队，开展游击斗争。

1946年6月，中共闽中特委针对抗日战争胜利后中共惠安直属区委遭受破坏的情况，派交通员刘文辉到三朱交通站通知朱汉膺、林平凡去福清渔溪闽中特委机关参加整风学习，学习省委《关于目前形势与我们的方针任务的指示》和特委扩大会议的精神。特委指示：在惠安加紧恢复原有关系，开辟新区，发展党的组织，建立武装队伍。并成立中共惠安县工委，任命林平凡为书记，张海天、王福庆为委员，朱汉膺协助。县工委隶属中共泉州中心县委领导，机关设在三朱闽中交通站，中心县委派王经贤协助林平凡工作。此后，王福庆在东园、港墘、三朱等地发动群众反"三征"，整顿发展党组织，开展武装斗争。他兼任东园区工委书记期间，曾率武工队袭击崇武国民党接兵部队和东园乡公所。1947年10月，惠安县工委划归闽中地委直接领导，工委书记先后为粘文华、朱汉膺接任，林平凡、张海天、王福庆、何邦基任县工委委员。

1949年春，由于王福庆在革命斗争中党性坚强，立场坚定，年轻有为，善于做政治思想工作，被闽中地委调任为闽中司令部警卫营副教导员，负责警卫营的筹建工作。"万事开头难"，组建工作困难重重，尤其是处于国共两党大决战时期，难度更大，人员、武器装备得靠各县抽调、输送。但他知难而上，每件事都能落实好，如惠安输送的张树木、唐墙、张扬金、张金春、胡美金等人，他亲自接到闽中司令部。又如他率一个班从晋江接运一大批武器，在途中遭遇上百名敌军，他指挥战士们边战边撤，他的衣服留下弹孔，连盒子枪的佩带也被打断，所幸未受伤，安全地把武器运到目的地。闽中司令部设在莆田大洋，在敌人的严密封锁下，物质生活条件极端困难。王福庆与战士同甘共苦，关心战士，处处以身作则，下雨时就把雨具让给战士，转移时替体弱的战士扛枪背被包，与战士们建立了情同手足的亲密关系，受到指战员的拥戴。警卫营组建后，王福庆任教导员。警卫营长陈振标说："王福庆平常政治工作抓得紧，因此每个战士的觉悟都很高，很勇敢，不怕牺牲，能服从党的领导，整个警卫营在最困难时没发生过违反纪律现象。"警卫营下辖三个连，是闽中游击支队的主力。

1949年4月20日，国民党政府拒绝签定国内和平协定。4月21日，毛泽东、朱德发布向全国进军的命令，人民解放军随即发起渡江战役。4月23日，解放国民党的反革命统治中心南京，宣告国民党反动统治的覆灭。接着人民解放军势如破竹，歼敌46个师共43万余人，解放了苏、浙、赣、鄂等广大地区，为进军中南、西南和华东的福建创造了有利条件。渡江战役之后，逃至福建的国民党军第六兵团5个军13个师，共有兵力6万人。同年6月，国民党军第80师李良荣为了打通败退通道，倾巢出动"围剿"大洋闽中游击支队司令部。闽中游击支队采取敌进我退，跳出包围圈，然后四处出击，歼灭顽敌的作战方略，王福庆同营长陈振标接到支队司令部作战任务后，率部与敌浴血奋战数日，终于化险为夷，确保了司令部的安全转移和部队胜利突围。随后，又率部赶往仙游西乡砺山与驻守石牌兜的敌军陈维金团激战6小时，从战斗开始到部队撤出，王福庆和陈振标分别守在两挺机枪旁，临危不惧，沉着指挥，直到部队安全撤出战斗。闽中司令部安全撤离后，警卫营又投入主动出击、骚扰、击杀顽敌的战斗中去，为党为人民立下重大战功。

1949年9月，人民解放军第十兵团与长江支队及泉州地区党组织在泉州

刚直豪爽，以身许国——记深受拥戴的教导员王福庆

王福庆烈士纪念碑

胜利会师。10月，以闽中游击支队司令部警卫营为基础，组建了福建省军区第五（晋江）军分区警备团，团长赵仲伦、副团长姚俊生、副政委祝增华，下辖三个营。王福庆任团党委委员、第二营教导员。警备团担负维护社会治安、保卫新生红色政权、剿匪反霸等新任务。1951年9月4日晚，台湾"国民党东南反共救国军南海纵队"第一大队500余人，在司令陈令德的带领下，分成两股，假扮成"人民解放军"，携带大量假人民币，从惠安东园秀涂和后龙郭厝海岸登陆。驻守在仙游枫亭的军分区警备团二营，奉命前往围歼。9月5日晚，王福庆率领一个连赶往惠安涂岭义路（后由仙游县管辖）堵截匪特，在激烈的战斗中壮烈牺牲，年仅26岁。

1962年8月1日，王福庆生前战友、时任晋江专区副专员张海天在纪念碑文中对其做了很高的评价："烈士刚直、豪爽，善于联系群众。所到之处，深受群众欢迎，而今虽与世长辞，但其爱祖国、爱人民、恨敌人的崇高品德永在。我们决继他未竟事业，奋勇前进！"

参考文献

[1] 中共福建省委党史研究室编:《中共福建党史人物辞典》,福州:福建教育出版社,1993年9月。

[2] 中共泉州市委党史研究室编:《中共泉州党史人物》,北京:中央文献出版社,2001年6月。

[3] 陈方、黄夏莹主编:《闽南现代史人物录》,北京:中国华侨出版社,1992年2月。

[4] 中共泉州市委党史研究室编:《中共泉州地方史(新民主主义革命时期)》,北京:中央文献出版社,1997年8月。

[5] 刘西水主编:《从中共泉州特支到泉州中心县委的革命斗争史》,北京:中央文献出版社,2007年1月。

[6] 中共晋江市委党史研究室编:《中共晋江地方史(新民主主义革命时期)》,北京:中央文献出版社,2006年9月。

[7] 周荣林主编:《中共南安地下革命斗争简史》,北京:人民日报出版社,2008年8月。

[8] 中共泉州市委党史研究室编:《中共泉州地方史主要事件(1919—1949)》,福州:福建人民出版社,1994年10月。

[9] 许集美著:《不改其乐》,香港:天健行出版社,2010年10月。

[10] 中共泉州市委党史研究室、泉州市民政局编:《泉州英烈》,厦门:鹭江出版社,1991年11月。

[11] 中共惠安县委组织部、惠安县委宣传部、惠安县委党史和地方志研究室、惠安县档案局编:《红色惠安》,北京:中共党史出版社,2020年9月。

[12] 王玉树、黄夏莹著:《华侨将军李子芳传》,北京:八一出版社,1993年12月。

[13] 德化党史研究室编:《德化人民革命史》,厦门:鹭江出版社,1993

年12月。

[14]中共惠安县委党史研究室编:《烽火岁月》,福州:福建教育出版社,2008年9月。

[15]中共晋江市委党史研究室编:《中共晋江党史人物》,福州:福建人民出版社,2007年5月。

[16]中共泉州市委组织部、中共泉州市委党史工作委员会、泉州市档案局编:《中国共产党福建省泉州市组织史资料(1926年12月—1987年12月)》,福州:福建人民出版社,1993年9月。

[17]中共晋江县委组织部、晋江县委党史工作委员会、晋江县档案局编:《中国共产党福建省晋江县组织史资料(1927年1月—1987年12月)》,福州:福建人民出版社,1992年3月。

[18]中共南安县委组织部、南安县党史工作委员会、南安县档案局编:《中国共产党福建省南安县组织史资料(1927年1月—1987年12月)》,厦门:鹭江出版社,1993年11月。

[19]中共安溪县委组织部、安溪县委党史工作委员会、安溪县档案局编:《中国共产党福建省安溪县组织史资料(1927年8月—1987年12月)》,福州:福建人民出版社,1989年4月。

[20]中共惠安县委组织部、惠安县委党史工作委员会、惠安县档案馆编:《中国共产党福建省惠安县组织史资料(1926年12月—1988年12月)》,内部资料,1990年10月。

[21]中共永春县委组织部、永春县委党史工作委员会、永春县档案局编:《中国共产党福建省永春县组织史资料(1927年1月—1987年12月)》,内部资料,1990年8月。

[22]中共德化县委组织部、德化县委党史工作委员会、德化县档案局编:《中国共产党福建省德化县组织史资料(1927年1月—1987年12月)》,1990年2月。

[23]中共泉州市委党史工作委员会、泉州市人民政府民政局编:《泉州英烈(第一辑)》,内部资料,1985年8月。

[24]中共永春县委党史研究室编:《中共永春地方史(新民主主义革命时期)》,内部资料,2005年3月。